0.1그램의 희망

강인식 _ 기자다.
편집부와 스포츠부를 거쳐, 지금은 사회부에서 서울대 취재를 담당하고 있다. 2008년 3월, 이상묵 교수의 이야기를 세상에 알렸다. 글 쓰는 것을 즐긴다. 읽는 걸 좋아하고, 사람 만나는 걸 두려워하지 않는다. 이 책은 그의 첫 저서다.

0.1그램의 희망

1판 1쇄 발행 2008년 9월 12일
1판 10쇄 발행 2022년 4월 5일

지은이 이상묵 · 강인식

발행인 양원석
영업마케팅 조아라, 신예은, 이지원
펴낸 곳 ㈜알에이치코리아
주소 서울시 금천구 가산디지털2로 53, 20층 (가산동, 한라시그마밸리)
편집문의 02-6443-8902 **도서문의** 02-6443-8800
홈페이지 http://rhk.co.kr
등록 2004년 1월 15일 제2-3726호

ISBN 978-89-255-3028-4 (03810)

※ 이 책은 ㈜알에이치코리아가 저작권자와의 계약에 따라 발행한 것이므로
  본사의 서면 허락 없이는 어떠한 형태나 수단으로도 이 책의 내용을 이용하지 못합니다.
※ 잘못된 책은 구입하신 서점에서 바꾸어 드립니다.
※ 책값은 뒤표지에 있습니다.

0.1그램의 희망

| 이상묵 · 강인식 지음 |

RHK
알에이치코리아

2006년 7월 2일, 지질탐사의 마지막 코스인 데스밸리(Death Valley)를 향해 다섯 대의 차량이 사막을 달리고 있었다. 앞 차가 일으킨 뿌연 모래 먼지의 궤적을 따라 달리던 중 내가 운전하던 네 번째 밴이 갑자기 전복되었다.

혼수상태에서 완전히 벗어난 건 그로부터 3일 뒤였다. 나는 손가락 하나 까딱할 수 없을 만큼 큰 중상을 입은 상태였다. 사고의 희생자가 나 하나뿐이라는 게 그나마 다행이었다.

넉 달 가까이 나는 그렇게만 알고 있었다.

……하지만 그것은 사실이 아니었다.

0.1 그램의 희망

프롤로그
    휠체어 위의 과학자   08

하늘은 모든 것을 가져가시고 희망이라는 단 하나를 남겨 주셨다
    원시 지구의 흔적을 찾아 나선 13인의 탐사대   17
    캘리포니아에서 맺은 인연들   32
    데스밸리의 어두운 그림자   43
    내 인생의 감시자, 오토노믹 디스리플렉시아   60

바다를 꿈꾸다
    자카르타에서 보낸 어린 시절   83
    야호, 반에서 48등이나 했어!   90
    해양학자가 되는 길   99
    MIT, 전쟁 같은 나날들   106
    처음부터 다시 시작!   113
    숀 솔로몬, 지독한 천재와의 만남   123
    세계적 연구에 동참하다   133
    천재들의 게임   143
    보금자리를 꾸미다   155
    킬리안 코트   166

Contents

태평양에 서다
영국에서 시작한 새로운 도전   175
예스야, 노야?   181
탐욕과 두려움   195
26년 만의 자카르타行   206
태평양에 울려 퍼진 메리 크리스마스   217

나에겐 멈출 이유가 아무것도 없다
랜초에서의 재활 트레이닝   231
나를 살린 것은 줄기세포가 아니라 IT기술이었다   240
형, 한 체급 올렸다고 생각해   252
당신들의 사소한 배려가 나를 움직이게 만든다   255
AGU 모노그래프   264
학교에 돌아오다   273
내가 세상과 만나는 방법   282
AOGS   286
'한국의 스티븐 호킹', 쑥스러운 별명을 얻다   297
Life on a wheelchair   310
    루 게릭│뉴욕 타임스│휴먼 네트워크
슈퍼맨 with IT   323
    난 당신 나이 때 날아다녔어│모든 것을 지배하는 엄지│세상을 그리다

에필로그
가족이라는 테두리를 벗고   336

프롤로그

휠체어 위의 과학자

2008년 2월 27일, 서울대학교 홍보실에서 보도자료가 나왔다. '서울대 발전기금 장학금 수여식'에 관한 것이었다. 보도자료에는 여러 종류의 장학금과, 장학금의 재원을 마련하는 데 공헌한 이들에 대한 정보가 실려 있었다.

눈에 띄는 항목이 있었다. 이혜정 장학금. '2006년 미국에서 지질조사 중 교통사고로 사망한 제자 이혜정 씨를 추모하며 지구환경과학부 이상묵 교수가 출연했다'는 짤막한 설명이 덧붙여져 있었다. 기사 데이터베이스를 이용해 과거의 기사를 찾아보았다. 사고 소식을 알리는 짤막한 기사 두어 개를 발견할 수 있었다. 이상묵 교수도 적지 않게 다쳤다는 내용이었다. 그 이후의 삶은 알 수 없었다. 장학금까지 출연했다고 하니, 건강을 회복하고 강의 잘하고 있겠구나, 라고만 생각했다. 그래서 자연대의 안면이 있는 교수에게 지나치듯 물었다.

"이상묵 교수는 다치신 데가 없나요?"

그 교수가 대답했다.

"무슨 말씀을요. 척추를 심하게 다쳐서 휠체어 신세를 지고 있습니다. 대단한 분입니다."

한번 들러 보기로 마음먹었다. 전화번호를 알아내 연구실로 연락을 했다. 수화기 너머로 들려온 목소리는 차분했고 발음도 또렷했다.

"괜찮습니다. 오시지요."

25-1동. 최근에 지어진 자연대 건물이다. '318호 이상묵'이라는 문패를 확인하고 연구실에 들어섰다.

이상묵 교수는 휠체어에 앉아 컴퓨터 작업을 하고 있었다. 입에 무언가를 물고 있었다. 두 팔은 휠체어에 묶여 있었다. 몸도, 다리도 그랬다. 그는 나를 보더니 "이리 와 앉으세요."라고 말했다.

그를 만나기 전까지만 해도 나는 그저 휠체어 신세를 진 장애인 교수일 거라고만 생각했다. 손이 자유로운 모습일 거라고 생각했다. 자기 손으로 휠체어의 바큇살을 밀어 움직일 거라고 생각했다. 컴퓨터 자판을 두드리고, 칠판에 글씨를 쓸 수 있을 거라고 생각했다. 스스로 밥을 먹는 것도 당연하게 여겼다. 그러나 이상묵 교수는 그 모든 것이 불가능한 사람이었다. 그는 오직 목 위쪽만 움직일 수 있었다. 목 아래의 몸은 '식물'이었다. 순간, 영국 케임브리지 대학의 천재 물리학자 스티븐 호킹이 떠올랐다. 아니, 스티븐 호킹은 손에 미세한 근육이 아직 살아 있다고 하니 그보다도 못했다. 그런 그가 서울대학교 교수를 하고 있다…….

조심스러웠다. 무슨 말부터 꺼내야 할지 몰랐다. 말을 꺼내기가 조심스러웠다. 꺼낸다면, 장애 얘기를 먼저 해야 할 것 같았다. 다행히 그가 먼저 말을 건넸다.

"다 묶여 있어서, 보기에 좀 그렇죠?"

웃는 얼굴이었다.

"처음 봤으니, 악수를 해야 하는데요. 하하하."

그 말에 나도 웃었다.

어색한 분위기를 깨려고 그랬는지, 그는 입에 물고 있던 장비에 대해서 설명하기 시작했다.

"이게 저한텐 정말 중요한 겁니다."

"뭐 하는 물건이죠?"

"컴퓨터 마우스입니다. 오스트리아 업체에서 만든 겁니다."

"어떻게 작동하나요?"

마우스는 박카스 병 정도의 크기로, 이 교수의 입 주변에 고정되어 있었다. 끝이 뾰족하게 돌출돼 있었다. 돌출된 부분을 입으로 물고 작동한다.

"이 끝을 입에 물고 움직입니다. 일반 마우스와 같은 방식으로 움직이는 거죠. 원하는 곳에 가져다 놓고 한 번 빨면 클릭이 됩니다. 두 번 빨면 더블 클릭이 되는 거죠."

"오른쪽 클릭도 가능한가요?"

"물론입니다. 한 번 불면 되죠. 드래그도 가능해요."

그는 그렇게 세상과 만나고 있었다. 그렇게 수업 준비를 하고, 논문을 썼다. IT 장비를 통해 전화도 스스로 받았다.

2006년 여름, 이상묵 교수는 야외 지질연구를 위해 미국으로 떠났다. 그리고 캘리포니아의 넓은 사막지대를 달리다 사고를 당했다. 목뼈의 중간쯤에 있는 척수가 완전히 손상되었다. 그는 목 아래쪽의 몸을 쓰지 못하게 됐다. 그런데도 그는 2007년 1월 2일 학교에 복귀했고, 그해 봄부터 수업을 시작했다. 갑자기 찾아온 엄청난 장애를 단 6개월 만에 극복하고 교단에 돌아온 것이다. 어떻게 이런 분의 이야기가 세상에 알려지지 않았는지, 의아할 따름이었다.

그의 이야기를 세상에 알리기로 마음먹었다. 3월 4일은 그의 1학기 첫 수업이 있는 날이었다. 그 날을 기해 기사를 쓰기로 했다. 이상묵 교수에게 기사를 발표해도 되느냐고 물었다. 그는 잠시 망설이다가 말했다.

"그래요. 이젠 얘기해도 되겠죠."

"그동안 선생님 얘기가 알려지지 않은 이유가 뭐죠?"

"제가 부담스러웠어요. 뭐, 처음에 몇 번 거절하니까 그 다음부터는 찾아오는 사람이 없더라고요."

나는 1학기 첫 수업이 있기 전에 그를 세 번 더 찾아갔다. 그는 자신의 장애와, 장애를 입은 후의 삶에 대해 이야기했다. 그리고 장애를 입기 전의 삶에 대해서도 들었다.

그는 MIT 출신의 해양학 박사다. 해양학 분야의 최전선이라고 할 수 있는 심해저 해양탐사와 순수 지구물리학을 전공했다. 세계적 석학들과 함께 연구를 진행했으며, 1년에 3~4개월은 바다 위에서 지냈다. 태평양에서 인도양, 대서양, 남극해까지 안 가본 곳이 없다고 했다. 그는 전 지구를 무대로 연구를 수행해 온 대단히 정력적이고 활동적인 과학자였다.

지금, 그의 삶은 휠체어 안으로 들어왔다. 그러나 그는 "나의 삶은 조금도 좁아지지 않았어요."라고 말한다. 그는 스스로를 리사이클 맨(Recycle Man, 재활용 인간)이라고 불렀다. 스스로 웃음거리를 만들어 위안을 얻으려는 가학적인 심리가 아니다. 버린 삶이 아니라, 다시 찾은 삶이라는 자기긍정이다.

그에게서 큰 에너지가 느껴졌다. 그 에너지를 따라가 보고 싶었다. 휠체어에 갇혔지만, 여전히 삶이 좁아지지 않았다고 말하는 그의 삶을 들여다보고 싶었다. 그를 더 자주 만나면서, 호기심은 경외감으로 바뀌어 갔다.

2008년 3월 5일, 그의 이야기가 지면을 통해 세상에 알려졌다. 두 개 면을 할애한, 보기 드문 대형 기사였다. 하지만 그것으로 모든 것을 말할 수는 없었다. 더 많은 것을 알리기 위해서는 더 넓은 공간이 필요했다. 이 교수와 나는 지난 몇 달간 많은 이야기를 나누었고, 함께 원고를 써 나갔다. 이 책은 그렇게 만들어졌다.

이제 나는 그의 이야기를 시작하려 한다.

하늘은 모든 것을
가져가시고 희망이라는
단 하나를 남겨 주셨다

0.1그램의 희망

희망의 끈을 조일 수 있다는 것만으로도 삶의 이유는 충분하다.
그것만으로 충분하다.

원시 지구의 흔적을 찾아 나선 13인의 탐사대

나는 시야를 넓혀 전 지구적인 관점에서 보면 매우
재미있는 현상과 문제들이 많다는 사실을 일깨워 주는
데 강의의 초점을 맞추어 왔다. 캘리포니아로 학생들을
데리고 떠나기로 했던 데에는 이 같은 고민이 있었다.

    2003년 12월 24일 서울대학교 교수로 임용된 나는 2004년 봄 학기부터 곧바로 강의를 시작했다. 맨 처음 나에게 주어진 과목은 〈바다의 탐구〉였다. 당시 지구환경과학부에 입학한 학생은 3학년으로 진학하면서 자기 전공을 선택해야 했다. 전공은 지질, 해양, 대기, 천문 과목으로 나누어져 있었다. 2학년은 전공 탐색 기간이다. 〈바다의 탐구〉는 2학년 1학기 전공 선택 과목이자, 전공을 탐색하는 2학년들이 듣는 첫 강의다.

    내가 가르치고 싶었던 것은 해양학과 지질학이었다. 자연과학 분야가 대개 그렇듯, 인간은 자연에 대한 관측과 실험을 통해 지식의 수평선을 넓혀 나간다. 대학 입시를 갓 치른 학생들에게는 이 같은 사실이 크게 와 닿지 않을 것이고, 그것은 당연한 일이다. 그래서 나는 〈바다의 탐구〉를 통해 자연에 대한 관찰의 중요성을 일깨워 주고 싶었다. 서울대에 임용되기 전 내가 6년 반 동안 한국해양연구원(KORDI)이라는 정부 출연 연구소에 있으면서 한 일이 바로 배를 타고 아주 먼 바다에 나가 바다 밑을 탐사하고 관찰하는 것이었다. 그래서 나는 이 과목만큼은 어느 누구보다도 잘 가르칠 수 있다고 자신했다. 단지 교과서에 나오는 내용을 넘어 내가 대양을 탐사하면서 느끼고 배운 점을 전할 수 있기 때문이었다. 대부분의 사람들과 학생들에게 자연과학은 생소할 수밖에 없다. 나 역시 한동안은 그랬다.

나는 학생들에게 대학 교수와 고등학교 교사의 차이가 뭐냐고 가끔 물어본다. 둘 다 누군가를 가르친다는 점에서는 비슷하다. 이때 나는 운동선수를 예로 든다. 동네 체육관에서 관원들에게 태권도를 가르치는 운동선수는 어쩌면 고등학교 선생님에 해당된다. 열심히 제대로 가르치기만 하면 되기 때문이다. 만약 운동선수 중에 올림픽에 나가 세계 신기록과 금메달에 도전하는 사람이 있다면 그는 대학 교수에 가깝다.

대학이라는 것을 이해하기 전에 학술학회에 대해서 먼저 이야기할 필요가 있다. 예전에는 귀족들이 동호회 같은 모임을 만들어 과학을 논했다고 한다. 이들 동호회 학회의 목적은 물론 해당 학문 분야의 지식 발전이었을 것이다. 그런데 어쩌다가 회원 중에 똑똑한 사람이 나타나 주목할 만한 성과를 이루면서 그 학문 분야가 발전할 수 있을 것이라는 공감대가 형성된다. 그리고 그 사람이라면 이 분야에서 새로운 발견을 하고 학문적 발전을 이룩할 거라는 기대감이 점점 확산된다. 이때 회원들 중의 연장자들이, 그 사람도 먹고살아야 하는데 마침 어떤 대학에서 사람을 뽑으니 그 사람을 추천하자고 제안한다. 다시 말해 학문의 발전을 위해 유망한 사람에게 연구 환경이 갖추어진 직업을 마련해 주는 것이다. 이처럼 대학 교수는 가르치는 것 못지않게 해당 학문 분야의 발전을 이룩해야 할 막중한 사명을 띠고 있다. 운동선수가 금메달을 따기 위해 노력하는 것과 마찬가지다. 강의가 전부가 아니라는 이야기다. 그 분야의 발전을 위한 연구가 어쩌면 더 중요한 사명일 수 있다.

이제 왜 자연과학자들이 후속 세대의 학문 발전에 관심을 가질 수밖에 없는지 이해했을 것이다. 나는 최소한 서울대가 학부와 대학원 교육을 통해 미래에 새로운 지구환경 문제들을 풀 수 있는 연구과학자(Research Scientist), 즉 문제 해결사를 양성하는 곳이어야 한다고 생각한다. 하지만 대부분의 학생들은 이 같은 자연과학의 본질에 대해 대학 입학 후 시간이 한참 지난 뒤에야 깨닫거나, 아예 그러한 깨달음을 갖지도 못하고 졸업하는 경우가 허다하다.

나는 학생들이 지구과학, 나아가 자연과학을 택하도록 동기를 부여하고 싶었다. 과학의 즐거움과 함께 도전의식을 심어 주고 싶었다. 또한 아직도 우리 인간이 채워야 할 지식의 빈 공간이 너무도 많다는 점을 이해시키고 싶었다. 단지 머릿속에서가 아니라, 실험과 관측을 통해 새로운 지식이 창출될 수 있다는 명백한 사실을 일깨워 주고 싶었다. 하지만 백 번 말해 보았자 학생들의 가슴에 울림을 일으킬 수는 없었다. 그래서 뭔가 특별한 일을 경험하게 해 주고 싶다는 생각을 늘 했다. 그리고 기회가 왔다.

   지구의 내부가 뜨겁고 말랑말랑한 데 반해 지구의 껍질은 비교적 단단한 여러 개의 조각으로 이루어져 있다. 문제는 이들 조각이 움직인다는 것이다. 움직이는 원인은 지구 내부의 뜨거운 물질들이 대류를 하기 때문이다. 우리는 이러한 조각들을 소위 '판(Plate)'이라고 한다. 지구과학자에게 지구 표면은 거대한 퍼즐 판이다. 이들 판이 과거에 어디 있었고 현재 어떻게 움직이느냐 하는 것이 지구과학자들이 풀어야 할 숙제다. 과거에 판이 열대지방에 있었느냐, 추운 곳에 있었느냐, 육지였느냐, 바다였느냐, 또 깊은 바다였느냐, 얕은 바다였느냐에 따라 석유를 비롯한 지하자원이 생성될 수 있느냐 없느냐가 결정된다. 또 현재 판들 사이에 어떤 상호작용이 있느냐에 따라 화산과 지진의 형태가 달라진다.

   우리나라는 지진과 화산의 위험으로부터 벗어나 있는, 지구상에 몇 안 되는 안정된 지역 가운데 하나다. 태평양 주변에는 지진과 화산이 끊이지 않는 '환태평양대'라고 하는 지역이 있는데, 다행히 우리나라는 이곳으로부터 벗어나 있다. 우리와 가까운 일본과 대만만 하더라도 늘 지진과 화산의 공포에 휩싸여 있지만, 이들로부터 얼마 떨어져 있지 않은 우리나라는 이들과 대조적이다. 나 같은 지구물리학자에게는 할 일이 없어 문제가 될지 몰라도 우리나라 국민 전체에게는 참으로 다행스러운 일이다. 단군이 부동산에는 일가견이 있지 않았나 싶다.

미국 캘리포니아는 환태평양 지진대의 일부로, 지구에서 가장 역동적으로 움직이는 곳 가운데 하나다. 서부캘리포니아는 태평양판과 북아메리카판이 만나 경계를 이루는 곳에 위치해 있다. 그리고 판과 판의 마찰에 의한 지진의 위험이 상존하고 있다. 그 가운데 우리에게 잘 알려진 곳이 산안드레아스 단층(San Andreas Fault)이다. 샌프란시스코와 LA 같은 대도시가 이 단층 선상에 놓여 있다. 캘리포니아에 사는 미국인들은 언제 닥칠지 모를 산안드레아스 단층 선상의 대지진에 대해 늘 불안을 느끼고 있다. 덕분에 일반인도 판구조론에 대해 상당한 지식을 가지고 있다(농담으로 미국 사람들은 캘리포니아를 '태풍 없는 플로리다'라고 하고, 플로리다를 '지진 없는 캘리포니아'라고 한다).

멕시코의 캘리포니아만에서 시작하는 산안드레아스 단층은 LA 동쪽을 지나 샌프란시스코 북쪽을 가로질러 태평양까지 이어진다. 7천만 년의 역사를 지닌 이 단층의 총 길이는 약 560km에 이른다. 산안드레아스 단층은 가까이에서 보면 그저 산이고 계곡이다. 그러나 하늘에서 바라보면, 북미 대륙을 남과 북으로 가로지르며 기어가는 거대한 뱀 같다.

산안드레아스 단층은 1년에 약 0.5cm씩 틀어진다고 한다. 만약 단층 선상에 집을 가지고 있고 10년을 그곳에서 살았다면, '이론적으로' 거대한 땅덩이가 5cm 정도 어긋나는 것을 목격할 수 있는 셈이다. 물론 큰 지진이 일어나면 단번에 그 이상의 움직임을 목격할 수 있다. 실제로 교과서에 나와 있는 사진을 통해 어긋난 연석과 도로를 확인할 수 있다.

　많은 사람들이 내 전공에 대해서 궁금해 한다. 해양학과를 나와 해양지질학을 전공했다고 하더니 또 지구물리학은 무슨 이야기냐고. 지구의 나이는 45억 년이다. 우주의 나이는 지구의 약 3배 정도 된다고 한다. 지구 나이 45억 년 중에 최근 2억 년에 대해서는 비교적 잘 알려져 있다. 왜냐하면 최근 2억 년의 기록이 바다에 고스란히 남아 있기 때문이다. 나는 바다에 대한 조사를 통해 최근 2억 년 동안 일어난 일들을 정확히 알아낸 다음 이를 근거로 지난 45억 년 동안의 지구 역사를 밝히는 데 기여하고자 한다. 그런데 바다에서 지구 내부를 탐사하기 위해서는 인공지진파, 중력, 자력, 수중음향 등의 지구물리적인 방법을 동원한다. 그래서 나는 내 전공을 설명할 때, 화산과 지진을 연구한다고 말하기도 하고, 조금 더 유식한 사람에게는 판구조론을 연구한다고 이야기하기도 한다.

　앞에서도 이야기했지만, 현재 우리나라는 화산과 지진으로부터 피해를 거의 받지 않는 아주 안정된 지반에 속해 있다. 하지만 과거에는 그렇지 않았다. 우리나라도 일본이나 캘리포니아처럼 땅이 움직이고 용암이 분출했다. 그런데 이 같은 일들은 지난 2억~5억 년 전에 마무리되었다. 가장 최근에 일어난 큰 지각변동이 동해가 만들어진 것인데, 이것도 약 2천만 년 전의 일이다. 한마디로 우리나라는 지각변동에 관한 한 노년기에 접어들었다고 보면 된다. 때문에 한반도라는 조그만 땅덩어리에 나타나는 현상들을 가지고는 우리나라의 과거를 알아내기가 상당히 어렵다. 주변 지역과의 관계를 통해서 알아낼 수도 있지만, 우리나라의 경우 삼면이 바다이기 때문에 그것도 쉽지가 않다. 그리고 풍화와 변질이 심해서 원래의 모습을 복원하기도 어렵다. 이런 여러 가지 면에서 볼 때 한반도의 지질사(地質史)를 밝히는 문제는 난제임이 틀림없다. 하지만 한국의 과학자인 이상, 그것은 반드시 밝혀내야 할 숙제이기도 하다.

우리나라의 이러한 상황 속에서 어떻게 하면 학생들이 지질학에 재미를 느낄 수 있을까, 하는 것이 나의 고민거리 중 하나였다. 나뿐만 아니라 그것은 우리나라에서 지질학을 연구하는 많은 교수님들의 고민이기도 할 것이다. 나는 학생들에게 시야를 넓혀서 전 지구적인 관점에서 보면 매우 재미있는 현상과 문제들이 많다는 사실을 일깨워 주는 데 강의의 초점을 맞추어 왔다. 하지만 그것만으로는 뭔가 부족하다는 생각이 들었다. 캘리포니아로 학생들을 데리고 떠나기로 했던 데에는 이 같은 고민이 있었다.

한반도는 태평양판과 유라시아판 사이에서 변모되면서 만들어졌다. 우리나라가 과거에는 지질학적으로 매우 활발하고 변화무쌍한 곳이었다고 짐작은 가지만 여러 가지 어려움 때문에 이를 정확히 밝히기란 무척 어렵다. 그런데 우리나라처럼 판과 판 사이에 놓여 있으면서 변화무쌍한 변혁을 겪었을 곳이 바로 캘리포니아다. 알래스카에서 시작해 캘리포니아를 거쳐 중남미까지 이르는 기다란 산악지역을 일명 콜딜레라(CORDILLERA)라고 한다. 나는 이 지역에 대한 연구가 우리나라의 과거를 밝히는 데 도움을 줄 거라고 생각했다. 특히 사막 지역인 캘리포니아가 적절하다고 생각했다. 우리가 확인하고자 하는 대상은 기반암 같은 거대한 돌덩어리들인데, 만약 그곳이 우리나라처럼 토양과 식물로 덮여 있다면 관측이 불가능하기 때문이다.

　MIT 대학원에 갓 입학했을 무렵, 나는 퇴적물 이동에 대해 공부했다. 연구실이 MIT 그린 빌딩 12층에 있었는데, 육상 구조지질을 전공하던 조앤 스톡(Joann Stock)을 처음 만난 것이 바로 그때였다. 나는 학위 과정을 막 시작했을 때였고, 그녀는 거의 마무리 단계에 있었다. 당시 나는 그녀가 하버드대 학부를 나왔다는 사실을 제외하고는 그녀를 그다지 특별하다고 생각하지 않았다.

　그녀는 피터 모나(Peter Molnar)라는 좀 괴짜인 과학자를 지도교수로 두고 있었다. 피터 모나는 처음 MIT 교수로 발령을 받았다가 야외 조사와 연구에 몰두하기 위해 스스로 교수직을 반납하고 연구원을 자처했다는 점에서부터 무척 특이했다. 이러한 사실을 모르는 외부의 과학자들은 피터 모나 같은 대가가 교수가 아니라는 사실에 놀란다고 한다. 형식에 구애 받지 않는 그의 성격과 행동은 여러모로 놀라운 점이 있었다.

　훗날 내가 학위를 받은 후 우즈홀 해양연구소(Woods Hole Oceanographic Institution, WHOI)에서 일하게 되었을 때의 일이다. 연구소 측에서는 공간이 부족한 탓에 대학원생들이 사용하는 방의 옆방 조금은 허름한 곳에 내 자리를 마련해 주면서 다소 불편하더라도 참아 주기를 바란다고 말했다. 그러면서 그들은 놀라운 이야기를 해 주었다. 피터 모나도 복도 끝에 책상을 가지고 있다는 것이었다. 그 같은 대가가 연구실도 없이 복도 끄트머리에 겨우 마련한 책상에 서 씨름하고 있을 모습을 상상하기란 결코 쉽지 않았다.

> 야외 지질조사는 가이드가 누구냐에 따라 크게 영향을 받는다. 조앤 스톡은 이 분야의 세계적인 대가였고, 남편인 브라이언 워너키는 〈텍토닉스(Tectonics)〉라는 구조지질 저널의 편집자였다. 만약 이 두 사람이 함께해 준다면 이는 완벽한 '드림팀'이었다.

조앤 스톡은 학위를 받은 후 자신의 모교인 하버드대 교수로 임용되었다. 나와 그녀는 서로 연락을 주고받는 사이가 아니었다. 다만 그녀가 하버드에서 같은 전공의 과학자를 만나 결혼했고, 후에 부부가 같이 칼텍(Caltech, 캘리포니아 공과대학)으로 자리를 옮겼다는 이야기를 어디선가 들은 것이 전부였다. 그녀는 분명 MIT를 졸업한 뒤 승승장구하고 있었다. 하지만 그런 사람이 한둘이 아니었기 때문에 만약 학회 등에서 마주쳤다 하더라도 그냥 간단한 인사만 하고 지나쳤을 것이다.

내가 그녀의 일에 관심을 갖게 된 것은 판을 재구성하는 일을 시작하고 나서부터였다. 우연히 우리 분야에서 상당히 권위 있는 〈지올로지(Geology)〉라는 저널에서 그녀가 쓴 논문을 읽었는데, 이론적으로 상당히 복잡한 문제를 그녀는 기하학적으로 간단하게 설명하고 있었다. 나는 석사 과정에 있는 한 학생에게 이러한 방법을 응용해서 적도 부근에 있는 판의 움직임을 재구성해 보도록 시켰다. 하지만 그 학생은 결국 그 문제를 제대로 시작해 보지도 않고 대학원을 중퇴해 버렸다. 언젠가 다시 도전해 볼 생각을 아직도 갖고 있다.

2004년 미국 지구물리학회에 참석했을 때였다. 거기서 절친한 친구가 된 칼텍의 마이크 거니스(Mike Gurnis)를 만나 이런저런 이야기를 나누던 중, 조앤 스톡이 안식년을 맞아 일본의 동경대 해양연구소에 있는데 동해에 상당한 관심을 갖고 있다는 이야기를 전해 들었다. 처음에는 조금 의아했지만, 거니스가 헛소리를 할 사람은 아니었다.

미국 출장에서 돌아온 뒤 조앤 스톡에게 이메일을 보냈다. 그녀에게 연락한 것은 이때가 처음이었다. 나는 두 가지 사항에 대해 언급했다. 그녀의 〈지올로지〉 논문에 대해 우리가 상당히 관심을 가지고 있다는 점과, 소문에 동해에 관심이 있다고 하는데 그게 사실이냐는 것이었다. 그녀는 사실이라고 답했고, 자신이 한국을 방문할 수도 있다고 제안해 왔다.

"내 돈을 들여서 한국에 갈 의향이 있습니다."

그녀의 지적 호기심이 발동한 듯했다. 이메일로는 긴 이야기를 나누지 않았다. 그녀가 한국에 도착한 뒤 나는 다시 한 번 동해에 관심이 있느냐고 물었고, 그 이유도 물어보았다. 그녀는 자신이 연구하고 있는 바하(Baja) 캘리포니아 분지가 거리상으로 약 200~300km 정도 확장했는데, 그처럼 짧은 시간 내에 빠르게 확장한 또 다른 사례가 전 세계적으로 동해라고 생각한다고 답했다.

"울릉분지가 바하 캘리포니아 지역의 분지와 비슷해요. 그곳에 대해 더 알고 싶어요."

그녀는 한국에 방문한 동안 세미나에 참석해 발표를 해 주었고, 또판 재구성 프로그램과 그 사용법에 대해서도 알려 주었다. 그리고 그녀는 자신이 생각한 대로 동해가 바하 캘리포니아와 비슷한지에 대해 정확히 알기 위해 동해에 대한 정보를 최대한 많이 얻어 가려고 노력했다. 나는 그녀를 조성권 교수님에게 소개시켜 주었다. 동해의 지질구조와 전반적인 사항에 대해서는 조성권 교수님만큼 잘 아는 사람도 없기 때문이다.

조성권 교수님은, 얼핏 보기에는 비슷해 보이지만 바하 캘리포니아와 동해가 지질학적으로 다르다는 점들을 관측 자료를 통해 보여 주었다. 그리고 조 교수님은 자신이 쓴 《마린 지올로지 오브 코리안 씨(Marine Geology of Korean Seas)》라는 책을 그녀에게 선물로 주었다. 좀처럼 드문 일이라는 생각이 들었다. 아마 조성권 교수님도 외국의 전문가가 우리 동해에 대해 관심을 갖고 있다는 사실이 나처럼 흥미로웠던 모양이다.

조앤 스톡과의 대화는 동해에서 한반도의 지질구조로 넘어갔다. 야외 구조지질이 전공인 그녀에게는 당연한 관심사였다. 나는 우리나라 지질이 아주 오래되고 복잡해서 이를 연구하는 사람들뿐만 아니라 학생들의 관심을 끌기도 힘들다고 털어놓았다. 그러자 그녀가 파격적인 제안을 했다.

"매년 여름 칼텍 학생들을 이끌고 야외 지질연구를 진행합니다. 서울대도 함께할 생각이 있나요? 학생들에게 좋은 경험이 될 겁니다. 특히 캘리포니아는 사막이라 지질조사가 아주 용이합니다."

마다할 이유가 없었다. 야외 지질조사는 특히 가이드가 누구냐에 따라 크게 영향을 받는다. 그녀는 이 분야의 세계적인 대가가 아닌가. 또 그녀의 남편인 브라이언 워너키(Brian Wernicke)는 〈텍토닉스(Tectonics)〉라는 세계적인 구조지질 저널의 편집자였다. 만약 이 두 사람이 함께해 준다면 이는 완벽한 '드림팀'이었다.

나는 당장이라도 이 사업을 추진하고 싶었다. 다른 교수님들의 의견도 들어 보았다. 다들 아주 좋은 기회라고 이구동성으로 입을 모았다. 하지만 시기는 2년 뒤로 미루어야 했다. 2004년에는 BK21의 1단계 사업이 마무리되는 시기였다. 만약 서울대-칼텍 공동 야외 지질연구가 시작된다면 그것은 2단계 사업이 시작된 후에나 가능했다.

그리고 처음에는 새로 부임한 정해명 교수님과 함께 학생들을 인솔해 다녀오려 했다. 그런데 정 교수님이 어떤 학회에 기조연설자로 초청받는 바람에 나 혼자 학생들을 이끌고 가게 되었다. 나도 그해 여름은 눈코 뜰 새 없을 만큼 바쁜 일정을 소화해야 했다. 캘리포니아에서 돌아오면 곧바로 공동연구 및 논문 작업을 위해 프랑스에 3주간 다녀와야 했다. 그리고 연이어 적도 파푸아뉴기니 해저화산에 대한 지구물리 탐사를 위해 미국 연구선을 45여 일간 승선할 예정이었다. 9월 초에는 새로 만든 장비로 약 15여 일간 동해에서 해저지열 측정 실험을 하는 일정이 잡혀 있었다. 2006년 그해 여름방학 동안 집에 있는 시간은 고작 일주일이 되지 않았다. 바다에 떠 있거나 해외출장으로 시간표가 꽉 짜여 있었다. 하지만 학생들과 함께 하는 캘리포니아 야외 지질연구를 포기할 수는 없었다.

나는 가장 싸게 캘리포니아를 다녀올 수 있는 방법을 모색했다. 만약 일본 항공 JAL을 이용해서 동경을 경유해 LA로 간다면 1인당 100만 원 이내에서 항공료를 해결할 수 있다는 사실을 알았다. 약 9일 동안의 야외 조사 기간 동안 야외에 천막을 쳐서 잠자리를 해결한다면, 숙박비용도 최소화할 수 있었다. 결국 1인당 200만 원에 가능하다는 계산이 나왔다. 다른 교수님들도 그 정도 비용이면 아주 좋다고 했다. 하지만 과거 사례를 비추어볼 때, 학교에서 모든 비용을 부담하면 학생들이 학술여행의 가치를 제대로 깨닫지 못한다며 걱정했다. 그래서 200만 원의 비용 중 참가하는 학생들이 개인적으로 각각 50만 원씩 부담하는 것으로 결정을 했다.

원래 학부생은 데려갈 생각이 없었다. 그런데 막상 대학원생을 모집해 보니 당초 조앤 스톡과 약속한 인원에서 2명이 모자랐다. 칼텍 측에서는 학부생이 동행하기 때문에 우리도 학부생 한두 명을 참가시키는 것이 괜찮겠다는 생각이 들었다. 어차피 두 대의 밴이 우리에게 할당되어 있었고 밴 한 대당 일곱 명씩 탑승할 수 있었다.

이 사실을 수업 때 알렸고, 두 명의 학부생이 지원했다. 2학년 학생인 이혜정과 김지원이었다. 2006년 1학기에 내 과목인 〈바다의 탐구〉를 수강한 학생들이었다.

BK21 사업은 대학원 중심의 프로그램이었다. 많은 대학원생들이 이를 통해 혜택을 받았다. 때문에 대학원생의 참가비용은 BK21 사업비에서 지원되었지만 학부생은 그렇지 않았다. 나는 이 점을 두 학생에게 설명했다. 혜정이와 지원이는 그 정도 돈은 어렵지 않게 마련할 수 있다고 했다. 그리고 회계를 맡고 있던 대학원생에게 제일 먼저 참가비를 냈다.

나는 혜정이에게 부모님의 허락을 받았느냐고 물었다. 혜정이는 약간 거만한 표정으로 "교수님, 우리 나이 정도면 그런 것은 허락받지 않아도 돼요. 당연히 허락하시겠죠."라고 대답했다. 나는 속으로 세상 참 많이 변했다고 생각했다. 나는 혜정이나 지원이와 그 전에 별다른 대화를 나누어 본 적이 없다. 특히 혜정이가 해양지질학에 상당한 관심을 가지고 있다는 사실조차 전혀 알지 못했다.

캘리포니아 지질연구 계획은 조앤 스톡과 틈틈이 이메일을 주고받으면서 착착 준비되고 있었다. 나는 우리 학생들이 칼텍 학생들과 비교될지도 모른다는 우려 때문에 출발 전에 여러 차례 세미나를 가져 관련 자료를 읽고 공부하는 시간을 가졌다. 그리고 여권을 준비하고, 우리가 9일 동안 야외에서 먹고 자기 위해 준비해야 할 물품들을 하나둘 사 모으기 시작했다. 텐트를 사서 학부 건물 앞에서 펼쳐 보이며 일종의 리허설도 했다. 단체 해외관광을 떠날 때처럼 각자의 비상 연락처와 신상 자료 등도 정리했다.

하루는 학생들의 여권을 보면서 생년월일을 확인하는데, 대학원생 중에 학부생인 혜정이와 지원이보다 나이가 어린 학생이 있었다. 나는 그 학생을 쳐다보며 "너, 왜 이렇게 어려? 혹시 과학고 2년 만에 졸업하고 월반하고 그런 거 아냐?"라고 물었다. 내가 모르는 그들만의 사연이 있었다. 그때 테이블 한 구석에 앉아 있던 혜정이와 지원이가 "선생님, 실은 저희 나이가 많은 거예요."라고 말했다.

혜정이는 2학년이었지만 24살이었고, 지원이는 23살이었다. 두 학생 모두 다른 대학 인문대를 다니다가 서울대 자연대에 재입학했다. 두 학생은 언니동생 하며 붙어 다니는 사이였다. 나중에 한 생각이지만, 다른 이들보다 늦게 입학한 두 학생으로서는 전공을 일찍 선택하는 문제가 절실했을 것이다. 그래서 다른 2학년생들보다 마음이 조급했을지도 모른다.

이렇게 해서 나와 학생 13명으로 구성된 캘리포니아 야외 연구팀이 꾸려졌다. 학생들 중 11명은 지질 전공 여러 교수님의 대학원생이었고, 2명은 학부생이었다. 학생 13명 중에 무려 6명이 여학생이었다. 나는 이것이 아무런 문제가 되지 않는다고 생각했다. 비록 야외에서 목욕도 제대로 못하면서 지내야 하지만, 오히려 좋은 기회라고 생각했다. 야외 지질조사를 이끌 조앤 스톡 교수도 여자였고, 함께 참가할 캘리포니아 샌타바버라 대학의 타냐 아트워터(Tanya Atwater) 교수도 여자였다. 이들은 여학생들에게 아주 좋은 롤 모델이 될 것이라고 생각했다.

캘리포니아에서 맺은 인연들

뭔가 보였을 때 벌떡 일어나 앉는 것, 호기심에 따라 몸을 움직이는 것, 기어가는 벌레에 반응하고, 등 밑의 작은 돌을 피해 몸을 뒤척이는 것…… 그때는 몰랐다. 그것이 얼마나 기적 같은 일인지.

서울대학교 야외 지질연구팀은 6월 24일 인천국제공항을 출발했다. 학생들은 들떠 있었다. 일본을 경유하는 것이 직항 노선에 비해 2~3시간 정도 더 소요되었지만 우리는 개의치 않았다. 미국에 도착했을 때, 조앤 스톡이 공항에 마중 나와 있었다. 우리는 먼저 공항에서 두 대의 밴을 렌트했다. 나 외에 3명의 학생이 국제면허를 소지하고 있었다.

두 대의 밴에 나누어 탄 우리는 칼텍이 있는 LA 북쪽의 패서디나(Pasadena)로 향했다. 조앤 스톡이 우리를 위해 학교 근처의 모텔에 예약을 해 놓았다고 했다.

처음 이틀은 시차 적응 기간으로 편성했다. 유니버설 스튜디오를 방문해 즐거운 시간을 보냈다. 강행군 전에 릴렉스가 필요하기 때문이었다.

미국에 온 이유가 야외 지질연구 때문이기는 했지만 나는 칼텍의 세미나에 참가해서 그동안 수행해 온 파푸아뉴기니 해역에 대한 연구를 발표했다. 마이크 거니스를 비롯해, MIT에서 공부할 때 같은 지도교수 밑에 있었던 마크 사이먼스(Mark Simons)도 참가했다. 재미있는 사실은 내가 꼭 한번 만나고 싶어 했던 휴스턴 대학의 밥 스턴(Bob Stern) 교수가 마침 그곳을 방문하고 있었다는 것이었다. 세미나를 마친 후 나는 대학원생인 김윤미와 함께 그와 이야기를 나누었다. 야외 조사와 스턴과의 만남, 이 두 가지를 한방에 해결했으니 일석이조라는 생각이 들었다.

칼텍의 밴은 14~15인승의 아주 큰 차량이었다. 비포장도로를 달리기에 용이하도록 차체가 높게 들려져 있었다. 원래 칼텍에서는 이 차를 자기네 직원만 운전할 수 있다고 했지만, 일종의 자체 면허시험을 통과한다는 조건으로 나에게만은 운전을 허락했다.

한국에서 출발하기 전에 야영을 위한 장비를 어느 정도 준비했지만, 대부분의 장비는 칼텍이 준비해 주었다. 이렇게 세심하게 배려를 해 준 조앤 스톡이 너무나 고마웠다. 나는 올해뿐만 아니라 2년마다 정기적으로 서울대와 칼텍 간의 공동교육이 이루어지기를 바랐다.

우리 학생 중에 윤숙영이 이번 행사를 기념하기 위해 티셔츠에 도안을 해 왔다. 서울대와 칼텍의 영문을 아주 기발하게 겹치게 만든 디자인이었다. 우리는 이것을 칼텍 측에 선물했다. 그리고 나는 모든 조사가 끝나면 조앤 스톡에게 건네 주기 위한 감사패를 준비해 두고 있었다.

2006년 6월 27일, 스톡과 칼텍의 학생 14명이 우리 팀과 합류하면서 본격적인 야외 연구가 시작되었다. 연구 지역은 LA에서 북쪽으로 40km 떨어진 교외에 위치한 작은 도시 패서디나를 기점으로 크게 세 구간으로 나누었다.

첫 번째는 패서디나에서 시작해 북쪽 샌프란시스코에 이르는 해안 지역을 조사하는 것이다. 미국에서 가장 아름답다는 '1번 국도'를 만끽할 수 있는 코스였다. 나는 예전에 이 도로를 두 번 달려 본 적이 있었다. 한 번은 가족들과 함께였고, 한 번은 출장을 가면서였다. 하지만 그때는 이렇게 아름다운 도로가 지질학적으로도 소중한 곳이라는 사실을 몰랐다. 이 구간에서 우리를 이끌 가이드는 타냐 아트워터였다.

두 번째 구간은, 내륙으로 들어와서 위에서 다시 남쪽 아래로 향하는 코스였다. 산안드레아스 단층을 따라 내려오는 길이었다. 지구물리학을 공부하는 학생이 산안드레아스 단층을 직접 보고 조사한다는 것은 기독교인이 성지순례를 하는 것에 비견할 수 있다. 지진이 언제 일어날지 몰라 미국 지질조사소가 설치한 장비와 시추공을 직접 볼 수 있는 좋은 기회가 되기 때문이다.

마지막 세 번째 구간은 동쪽 데스밸리 쪽으로 이동하며 낮은 경사의 정단층(low-angle normal fault)을 조사하는 코스였다. 캘리포니아와 네바다의 경계에 위치한 데스밸리는 미국에서 가장 척박하고 거칠며 뜨거운 지역이다. 얼마나 위협적이면 '죽음의 계곡'이라는 이름이 붙었을까. 여름이면 섭씨 50도까지 올라간다. 들소의 앙상한 머리뼈가 딱 어울리는 곳이다. 이곳에 나타나는 낮은 각도의 정단층은 전 세계적으로 유례를 찾기 힘든 것으로, 이것이 어떻게 만들어졌는가를 설명하는 것은 널리 알려진 지질학적 수수께끼다. 조앤 스톡의 남편 브라이언 워너키를 포함해 많은 학자들이 연구를 했지만 아직 모두가 수긍할 만한 답을 찾지 못한 상태였다.

칼텍 팀은 첫 번째, 두 번째 코스만 조사를 진행하고 돌아갈 예정이었다. 세 번째 코스는 우리 서울대 팀만이 조앤 스톡과 함께 돌 계획이었다. 마침 탐사가 끝나는 날이 미국 독립기념일인 7월 4일이 될 것 같았다. 그래서 우리는 지질조사를 끝낸 뒤 가까운 마을에 들어가 불꽃놀이를 비롯한 미국의 독립기념일 행사를 구경하기로 했다.

본격적인 연구가 시작된 6월 27일, 우리는 첫 번째 코스의 지휘를 맡을 타냐 아트워터를 만나기 위해 샌타바버라에 있는 그녀의 집으로 향했다. 아트워터는 UC샌타바버라 대학(University of California at Santa Barbara, UCSB)의 지질학 교수였다.

타냐 아트워터는 MIT에서 학부를, 버클리에서 석사를, 스크립스 연구소(Scripps Institute of Oceanography)에서 박사 과정을 마쳤고, 지질학의 황금기라고 할 수 있는 1970년대 판구조론이 확립될 시기에 공부를 했다.

타냐 아트워터가 공부했던 스크립스 연구소는 우즈홀 연구소와 더

불어 세계 해양학의 양대 산맥을 이루는 연구 기관이다. 내가 학위를 딴 MIT-우즈홀 공동 과정과 아트워터가 졸업한 UC샌디에이고-스크립스 공동 과정은 미국 동부와 서부의 해양학 연구, 아니 어쩌면 전 세계의 해양학 연구를 대표한다고 해도 과언이 아닐 것이다.

하지만 스크립스 연구소 출신이라는 사실만으로 타냐 아트워터의 뛰어난 연구 업적을 다 설명할 수는 없다. 아트워터는 미국학술원(The National Academy of Sciences)의 멤버였다. 어느 나라에나 학술원이 있지만 미국학술원의 회원이 된다는 것은 과학자로서 올라갈 수 있는 최고의 단계라고 평가받고 있다. 과학 전 분야의 최고 권위자 약 2000여 명으로 구성된 미국학술원의 멤버가 된다는 것은 노벨상을 타는 것만큼이나 영예로운 일이다. 실제로 미국학술원에 추대되는 과학자들의 명단을 보면 전년도의 노벨상 수상자들이 포함되어 있는 것을 확인할 수 있다. 전 세계에서 몰려든 수많은 천재 과학자들이 활동하는 미국에서도 미국학술원은 그들이 오를 수 있는 정점이다. 때문에 과학자들은 이곳을 '더 서밋(The Summit)'이라고 부르기도 한다. 그냥 정점이 아니라 '유일한 정점'이라는 뜻이다.

타냐의 집으로 출발하기 전에 조앤 스톡은 타냐의 집에 대해서 이야기해 주었다. 샌타바버라라는 동네는 전에 몇 번 지나친 것이 전부였지만, 그때의 짧은 기억으로도 무척 아름다운 곳이었다는 인상이 강하게 남아 있는 곳이었다. 조앤은 타냐의 집이 모든 미국인이 선망하는 아주 좋은 집이라고 말해 우리 모두의 기대를 부풀게 만들었다. 미국의 인기 시리즈물 〈베이워치(Baywatch)〉의 배경이기도 한 샌타바버라는 미국에서도 알아주는 부촌이다. 부동산 값만 해도 만만치 않다. 교수의 월급으로는 절대로 그런 집을 구할 수가 없었다. 그 집은 그녀가 아버지로부터 물려받은 것이라고 했다.

> 호주의 연구소 CSIRO를 방문했을 때, 야영지에서 이틀을 지낸 적이 있었다. 그때도 꼭 다음에는 가족과 함께 다니면서 아이들에게도 자연의 아름다움을 가르쳐 주리라고 생각했다. 하지만 그때도 생각뿐, 실천에 옮기지는 못했다.

타냐가 혼자 살고 있는 그 집은 조앤의 말대로 무척 훌륭했지만, 그녀의 집으로 향하는 동네와 길이 너무나 아름다워 그다지 특별해 보이지는 않았다. 아기자기한 정원이 딸려 있는 그 집은 고색창연한 느낌을 주었다. 우리는 집 앞에서 아트워터를 기다렸다.

정문이 열린 순간 넉넉한 몸집의 인상 좋은 아주머니 한 명이 나타났다. 그녀가 크게 웃으며 말했다.

"타냐입니다."

환하게 웃자, 두 눈이 통통한 볼 살에 파묻혔다.

나는 솔직히 타냐를 보고 적잖이 실망했다. 예전에 그녀가 쓴 논문도 읽어 보았고, 그녀의 다양한 활동과 거침없는 성격, 그리고 그녀가 사귀었던 남성 지구과학들과의 전설 같은 연애담에 대해서도 익히 들어온 탓이었다. 그와 같은 학문적 명성과 남성 과학자들과의 염문이 나로 하여금 그녀를 여장부 같으면서도 매력적이고 지적인 외모를 지닌 여성으로 상상하게 만들었다. 하지만 내 앞에 나타난 그녀는 투박하고 배가 많이 나온 중년의 아줌마에 불과했다.

조앤 스톡이 그녀를 우리에게 소개했다.

"인사들 하세요. 아트워터 교수님입니다."

"아트워터 교수님이라고 부르지 말고, 그냥 타냐라고 부르세요."

내 기대에 어긋나기는 했지만 나는 그녀로부터 일종의 여유로움을 느낄 수 있었다. 어쩌면 그것은 칼텍이나 MIT같이 생존을 위해 투쟁하듯이 공부하는 곳과는 대조적인 샌타바버라가 주는 여유로움일 수도 있었다. 또한 그녀는 이미 자신을 증명한 셈이었고, 조앤과 나에 비해 나이가 훨씬 많았으며, 무엇보다도 판구조론의 확립이라는 지질학의 대변혁기에 공부하면서 자신이 전공하는 분야의 선두에 서 보았다. 타냐에게는 나나 조앤 스톡에게는 없는 교육자로서의 인자함과 너그러움이 풍겼다.

　타냐는 순식간에 학생들을 사로잡았다. 학술원의 멤버답게 고상한 말을 늘어놓을 줄 알았는데, 그녀는 학생 한 명 한 명과 포옹을 하며 푸근한 말로 반가움을 표시했다. 그리고 곧 그녀는 우리에게 달콤한 케이크를 내놓았다.

　타냐와 함께했던 일주일은 '1번 해안국도'만큼이나 아름다웠다. 그녀의 주변에는 늘 학생들이 몰려 있었다. 그녀는 흡착기처럼 학생들을 빨아들였다. 나는 미국으로 떠나오기 전 여학생들에게 조앤 스톡과 타냐 아트워터가 여성 과학자로서의 롤 모델이 될 것이라고 강조했다. 그 말이 과장이 되지 않아서 나로서는 참 다행이었다. 그것만으로도 야외 지질교육의 의미는 충분했다.

　2박 3일 동안의 짧은 만남 뒤 우리는 타냐와 헤어졌다. 처음 만났을 때처럼 그녀는 학생 한 명 한 명을 안아 주었다. 어떤 학생은 눈물을 보였다.

캘리포니아는 날씨가 무척 좋아 텐트 밖에서 하늘의 별을 보며 잘 수 있을 정도였다. 다만 1번 국도 근처는 해안가라 안개가 자주 출몰해 텐트 안에서 주로 생활해야 했다. 미국으로 오기 전 나는 지질조사를 진행하다가 야영을 할 시간이 되면 아무데서나 텐트를 칠 것이라고 예상했다. 하지만 야영은 조앤이 미리 예약해 놓은 캠핑 장소에서 해야 했다.

캠핑 장소에는 우리 일행 말고도 다른 사람들이 꽤 있었다. 미국에서 9년 반이나 살면서 이런 경험을 해보지 못한 것이 후회스러웠다. 그리고 속으로 앞으로는 가족을 데리고 다니면서 좀 더 여유롭게 살겠다고 다짐했다. 어른이 되고 난 뒤 야영을 한 것은 딱 한 번이었다. 호주의 연구소 CSIRO를 방문했을 때인데, 마침 연구소 사람들이 일 년에 한 번 정기적으로 갖는 야영 행사와 맞물려 시드니 공항에 도착하자마자 곧바로 야영지로 가서 이틀을 지낸 적이 있었다. 그때도 꼭 다음에는 가족과 함께 다니면서 아이들에게도 자연의 아름다움을 가르쳐 주리라고 생각했다. 하지만 그때도 생각뿐, 실천에 옮기지는 못했다.

원래 칼텍 팀과 우리 팀은 가급적 모든 일을 함께 하려고 했다. 하지만 처음 만났을 때의 서먹함이 좀처럼 사라지지 않아 식사 준비와 취침은 제각각 했다. 행선지로 향하면서 마을을 지날 때면 기름을 넣기 위해 주유소를 들렀는데, 여섯 대의 커다란 차량이 한꺼번에 주유소로 들이닥치자 마을 사람들은 꽤나 놀라는 눈치였다. 또 가끔씩 마을의 슈퍼마켓에 들러 그때그때 필요한 음식 재료를 사기도 했다.

한번은 미국에 온 김에 스테이크를 먹기로 작정했다. 캠핑 장소마다 석탄 그릴이 마련되어 있어서 고기와 석탄만 사면 가능할 것이라고 생각했다. 약 스무 덩어리의 티본스테이크를 샀다. 슈퍼마켓 진열대에 있는 것으로는 모자라 창고에서 고기를 내와야 했다. 그런 우리의 모습을 보고 조앤 스톡을 비롯한 미국 애들의 눈이 휘둥그레졌다. 심지어 정말 그걸 다 먹을 거냐고 묻기까지 했다. 미국 사람들은 고기를 자주 먹는 식습관 때문에 갖은 질병에 시달리고 있다. 조금이라도 건강을 걱정하는 사람들은 고기 먹는 것을 자제한다. 때문에 전원이 한꺼번에 달려들어 일사불란하게 고기를 구워 먹겠다고 하는 우리를 보고 놀라지 않을 수 없었던 것이다. 특히 몸이 깡마른 한국 여학생들조차 그런 모습을 보이는 걸 보고는 더더욱 그랬다.

칼텍 측이 어떻게 생각하든 말든 역시 고기를 산 것은 잘한 일이었다. 우리 학생들은 신이 났고, 칼텍 측 사람들은 멀리서 우리를 지켜보기만 했다. 나는 그들에게 다가가 우리나라 사람들은 그다지 고기를 자주 먹지 않기 때문에 걱정할 필요가 없다고 말해 주었다. 그리고 고기를 나누어 주기도 했는데, 아마 남겼을 것이다.

또 한번은 내가 총각 때 실력을 발휘해 해산물 스파게티를 만들었다. 14인분을 한꺼번에 만들다 보니 엉망이 되고 말았지만, 고맙게도 학생들은 아주 잘 먹어 주었다. 아직까지도 그때의 스파게티 이야기를 하는 학생이 있을 정도다.

두 번째 코스까지 마친 7월 1일 밤, 우리는 캠핑 장소가 아닌 외딴 지역에서 처음으로 밤을 보내게 되었다. 과거에 석유를 퍼 올리던 시추공 주변이었다. 약간 경사진 곳이었는데, 시추탑이 사라진 것은 이미 오래전 일이지만 과거에 많은 인부들이 이곳에서 살았다는 흔적이 여전히 남아 있었다. 그리고 언덕에서는 멀리 산안드레아스 단층이 희미하게 선을 그으며 지나는 것을 볼 수 있었다. 아마도 한낮에는 잘 보이지 않겠지만 석양빛이 단층에 그림자를 드리운 덕분에 잘 보이는 것 같았다.

조사 지역을 이동하면서 다양한 곳을 지났다. 캘리포니아가 이처럼 다양한 모습을 갖고 있는지는 미처 몰랐다. 나무와 숲이 어우러진 곳이 있는가 하면 끝없는 평지가 나타나기도 했다. '소다 레이크(Soda Lake)'라는, 나트륨이 말라 땅 전체가 하얀색으로 뒤덮인 곳도 있었다. 이렇게 가다가는 TV에서나 보았던, 과거에 바다였다가 바닷물이 완전히 메마르면서 땅 전체가 소금(암염)으로 뒤덮인 곳도 나타날 것만 같았다.

우리는 평평하게 다져진 언덕배기에서 야영을 했다. 그곳의 밤은 아름다웠다. 다들 침낭을 하나씩 깔고 누웠다. 별이 쏟아졌고, 잠은 쉬 오지 않았다. 나는 몸을 일으켜 멀리 산을 바라보았다. 사방이 어둠천지였지만 멀리 산 너머로 후광 같은 것이 자리 잡고 있는 것이 보였다. 산 너머에 도시가 있었다. 나는 조앤에게 저곳이 어디냐고 물었다. 베이커스필드(Bakersfield)라고 했다. 그 도시에서 뿜어져 나온 빛이 산 너머의 후광을 만들고 있었다. 드넓은 사막 한가운데에 있었지만 저곳에 도시가 있다는 생각을 하니 그다지 외롭다는 생각은 들지 않았고 다소 안심이 되기도 했다.

눈앞에 뭔가 보였을 때 벌떡 일어나 앉는 것, 호기심에 따라 몸을 움직이는 것, 기어가는 벌레에 반응하고, 등 밑의 작은 돌을 피해 몸을 뒤척이는 것. 그렇게 나의 감각이 다른 사물과 교통하는 그 모든 것…….

그때는 몰랐다. 그것이 얼마나 기적 같은 일인지.

꿈에도 몰랐다. 그날 밤이 잠을 자며 몸을 뒤척일 수 있는 마지막 밤이 되리라는 사실을…….

데스밸리의 어두운 그림자

그날 아침 내가 최은서 군에게 차를 바꾸어서 운전하자고 제안했다고 한다. 그동안 잘 몰던 밴을 운명의 그날 아침 바꾼 것이다. 나는 나중에 그 이야기를 듣고 일이 그렇게 되려고 그랬구나, 하는 생각을 하지 않을 수 없었다.

  7월 2일, 우리는 여행의 마지막 하이라이트인 낮은 경사의 정단층지대를 보기 위해 데스밸리를 향한 여정을 시작했다. 그 지역은 바다보다도 지대가 낮기 때문에 기온이 매우 높았다. 더욱이 7월이었다. 바람을 타고 더운 열기가 전해져 왔다. 건조하고 뜨거웠다. 공기는 퍼석퍼석했다. 학생들은 손수건에 물을 묻혀 입에 대고 있어야 했다. 칼텍 측이 두 번째 코스까지만 소화하고 패서디나로 돌아가려는 것도 이해가 되었다. 그들을 태운 차량 한 대가 대열에서 빠져나갔다.

  데스밸리로 가기 위해서는 특별한 준비가 필요했다. 사막에서는 뜨거워서 도저히 잠을 청할 수가 없기 때문에 조앤이 마련한 캠핑 장소에서 숙박을 해결해야 했다. 캠핑 장소는 고도가 2000m 넘는 산 정상에 있다고 했다. 그리고 물이 귀하기 때문에 특별히 준비한 커다란 수통에 물을 가득 채웠다. 밥을 지을 때나 설거지를 할 때 이 물을 이용해야 했다. 그리고 그동안 칼텍 측과 공동으로 사용했던 캠핑 장비와 발전기 등등을 우리가 타고 있는 밴으로 모두 옮겼다. 공기가 매우 뜨거운데도 불구하고 차량이 열을 받지 않게 하기 위해서는 에어컨이 아니라 히터를 틀어서 방열을 해야 한다는 말을 듣고는 대경실색했다. 사막은 식물이 자라지 않기 때문에 지질 관측을 하기에는 매우 적합하다. 조앤 스톡도 많은 시간을 사막에서 보냈을 것이다. 하지만 이렇게까지 세세하게 준비하고 또 많은 장비를 가지고 다닌다는 사실은 그때 처음 알았다.

미국에 온 이후로 가장 험난한 코스가 우리를 기다리고 있었다. 하지만 우리는 일주일 동안의 실전을 통해 준 유랑민이 되어 있었다. 그리고 롤러코스트를 탈 때처럼, 우리를 기다리고 있는 곳이 두려움을 불러일으키기는 하지만 절대로 위험하지는 않을 거라는 믿음도 있었다. 조앤 스톡만 하더라도 이미 여러 번 다녀간 곳이었다. 그러니 그것은 일종의 계산된 모험이었다.

한국의 학생들은 두 대의 밴에 나누어 타고 있었다. 밴은 15인승이었지만 많은 짐을 싣고 있어서 대당 일곱 명씩만 타고 있었다. 그중 한 대는 내가 몰았고, 나머지 한 대는 칼텍의 박사과정 유학생으로 있던 서울대 출신의 최은서 군이 몰았다.

그동안 지질조사를 하면서 최은서 군이 모는 밴에 탄 학생들은 아무래도 교수인 내가 운전하는 밴에 탄 학생들보다는 덜 긴장했을 것이다. 이제 일정이 얼마 남지 않았는데, 최은서 군의 밴에 탄 학생들이 긴장의 끈을 놓지 않았을까 하는 의구심이 들었다. 그 때문이었는지, 그날 아침 내가 최은서 군에게 차를 바꾸어서 운전하자고 제안했다고 한다. 그동안 잘 몰던 밴을 운명의 그날 아침 바꾼 것이다. 나는 나중에 그 이야기를 듣고 일이 그렇게 되려고 그랬구나, 하는 생각을 하지 않을 수 없었다.

비포장도로를 다섯 대의 차량이 일렬로 달렸기 때문에 먼지가 많이 일어 운전을 하는 게 다소 불편했다고 한다. 그래서 속도를 제대로 내지도 못했다고 한다. 그리고 사고가 나기 바로 직전에 차를 멈추고 잠시 쉬었다고 한다. 나는 그날, 그러니까 2006년 7월 2일에 대한 기억이 전혀 없다. 시간이 많이 지난 뒤, 누군가가 "그때 그랬잖아요."라고 이야기하면 '그런 것 같다'는 정도로밖에 생각이 나지 않는다.

내가 몰던 차가 전복되었다고 한다. 다섯 대의 차량 가운데 뒤에서 두 번째였다. 사고 전에 몰던 밴에는 조수석에 김영균 군이 앉아 있었고, 사고 당시에는 이현석 군이 조수석에 앉아 있었다. 사고 직후 내가 현석 군에게 "학생들은 괜찮아? 다친 사람 없어?"라고 물었고, 현석 군은 순간 "네, 없습니다."라고 대답했다고 한다. 나는 이어서 "그런데 나는 팔이 느껴지지 않아."라고 말했다. 그리고 정신을 잃었다.

사고 직후 학생들은 뒤집어진 밴에서 엉금엉금 기어 나갔다. 그리고 곧 그들은 혜정이가 차에 깔려 있는 것을 발견했다. 모두들 힘을 합쳐 밴을 들어 올리고 혜정이를 끌어냈다. 이 모든 일이 벌어지는 동안 나는 차에 거꾸로 매달려 있었다. 누군가가 내가 의식을 잃고 숨을 쉬지 않는다는 사실을 알아차렸다. 그들은 처음에 망설였지만, 안전벨트를 풀고 나를 차에서 끌어내리는 수밖에 없다고 판단했다. 숨이 멎은 나를 뜨거운 한낮의 사막 한가운데 눕혀 놓고 칼텍 학생 중 한 명이 인공호흡을 실시했다. 조앤 스톡과 이 학생이 번갈아가면서 계속 인공호흡을 했다. 약 40~50분 후에 의료헬기가 현장에 도착했고, 나를 신고는 전날 산 너머에서 후광을 발하던 베이커스필드의 어느 병원 옥상에 내려놓았다. 신원 확인이 되지 않아 헬리콥터와 응급실 기록에는 이름을 존 도우(John Doe)라고 적었다. 굳이 우리말로 옮기면 '홍길동'이다.

・・・

이상묵 교수는 2006년 7월 2일의 기억을 애써 복원하지 않았다. 결과는 이미 정해져 있기 때문이었다. 사고 당시의 상황을 안들 달라질 것은 아무것도 없었다. 같이 차를 탔던 학생이 있었고, 바로 뒤에서 차를 몰고 오던 학생도 있었지만 누구에게도 당시 상황을 묻지 않았다. 이 교수는 이렇게 말했다.

"결과는 바뀌지 않잖아요."

바뀌지 않을 과거를 애써 들추지 않겠다는 태도…… 나로서는 그 마음을 정확히 알 방법이 없다.

나는 사고 당시 상황에 대해 듣기 위해 당시 동행했던 학생들을 만났다. 그들은 쉽게 말을 꺼내지 못했다. 동료가 죽고 교수가 중증 장애인이 되었다. 당시의 충격이 아직도 학생들을 짓누르고 있는 것 같았다.

그들에게서 전해 들은 부분적인 이야기들의 퍼즐을 맞추어 보았다. 또 학교가 보관하고 있는 '당시 사고 상황을 담은 이메일'을 참고했다. 그렇게 해서 당시의 사고 상황을 재구성해 보았다.

데스밸리로 향하는 카리조 평원의 비포장도로는 단단하게 다듬어져 있었다. 하지만 건조한 날씨 탓인지 먼지가 많이 일었다. 다섯 대의 차량은 일렬로 달렸다. 먼지 때문에 앞에서 달리고 있는 차량을 확인할 수는 없었다. 다만 앞차가 일으킨 모래 먼지를 따라 천천히 나아갈 뿐이었다.

7월 2일 아침, 이 교수 일행은 카리조 평원의 소금 호수를 관찰한 뒤 곧바로 데스밸리 쪽으로 향했다. '죽음의 계곡'이라는 지명, 척박한 환경, 그리고 그곳을 향해 달려가는 몇 대의 밴……. 데스밸리의 긴 그림자가 밴 위로 드리워져 있다는 걸 어느 누구도 짐작할 수는 없었다.

이상묵 교수가 몰던 밴에는 여섯 명의 학생이 타고 있었다. 1열 드라이버 이상묵 교수, 조수석 이현석, 2열 드라이버 뒤쪽 유승훈, 조수석 뒤 이상현, 3열 드라이버 뒤쪽 최미경, 가운데 김윤미, 오른쪽 이혜정.

모래 먼지 때문에 속도를 낼 수가 없었다. 기껏해야 직선도로에서 최고 시속 30~40마일(48~64km/h) 정도였다. 일렬로 달리던 차들이 커다란 우회전 도로를 만났다.

이 교수가 몰던 차를 따라가던 밴의 운전자는 칼텍 유학생 최은서였다.

최은서는 앞차가 일으키는 모래 먼지를 따라갔다. 그가 몰던 밴의 조수석에는 대학원생 김영균이 타고 있었다. 그런데 갑자기 모래 먼지의 크기가 커졌다. 코너길이라 그러려니 했다. 그러나 먼지 속을 뚫고 시야가 확보되는 순간, 뒤집혀진 밴이 눈에 들어왔다. 김영균이 반사적으로 "브레이크!"라고 소리쳤다. 최은서는 발차기를 하듯 브레이크를 잡았다. 급제동을 한 차는 뒤집혀진 앞차를 키스하듯 스치며 섰다.

뒤차의 학생들이 뛰어내렸다. 다른 차의 칼텍 학생들도 뛰어왔다. 뒤집어진 차에서 학생들이 하나둘 기어 나왔다. 학생들은 크게 놀란 듯했지만 큰 부상을 입은 것 같지는 않았다.

대학원생 김영균이 소리쳤다.

"어떻게 된 거야?"

기어 나오던 학생들이 말했다.

"우리도 졸고 있어서 잘······."

사고 원인을 물을 때가 아니었다. 학생들은 앞좌석으로 갔다. 이상묵 교수가 안전벨트에 묶인 채 운전석에 거꾸로 매달려 있었다. 찌그러진 차체 지붕이 이 교수의 목을 누르고 있었다. 이 교수의 목은 앞으로 심하게 꺾여 있었다.

이 교수 옆 조수석에 앉아 있던 이현석이 차량에서 빠져나온 뒤 이 교수에게 소리쳤다.

"괜찮으세요?"

그때까지만 해도 이 교수는 의식이 있었다.

"괘, 괜찮은 것 같아. 다른 학생들은?"

그때 차 뒤쪽에서 학생들의 비명 소리가 터져 나왔다.

"혜정이가 깔렸어!"

학생들은 '교수님은 일단 괜찮다'고 판단했다. 심각한 건 차에 깔린 이혜정이었다. 뒷좌석 오른쪽에 앉은 이혜정은 허리가 앞으로 굽혀진 채 뒤집혀진 차의 오른쪽 지붕에 깔려 있었다. 몸에서 피가 배어 나왔다.

학생들이 이혜정에게 뛰어갔다. 의식이 없었다. 손목을 만져 본 학생이 소리쳤다.

"미세한 맥박이 느껴져!"

칼텍 학생들 몇 명이 인공위성 전화로 911에 연락했다. 그들은 마구 소리를 지르며 현장의 위치를 설명했다.

학생들은 일단 이혜정을 차 밖으로 빼내야 한다고 생각했다. 건장한 남학생들이 앞장섰다. 남학생 세 명이 차를 온몸으로 밀어 들어 올리려 했다. 하지만 차는 꿈쩍도 하지 않았다. 차를 밀어내는 학생들의 목에 핏발이 섰다. 한 학생이 소리쳤다.

"중구난방으로 하지 말고, 동시에 해! 하나, 둘, 셋 하면 동시에!"

"하나, 두울, 셋!"

차는 잠시 꿈틀거렸지만, 이혜정을 빼낼 만큼 들리지는 않았다. 차 앞쪽에 달라붙은 학생들의 입에서 거친 욕설이 터져 나왔다.

"젠장, 왜 안 움직여!"

칼텍 학생 한 명이 소리쳤다.

"잭을 쓰자! 잭 가져와, 잭!"

그는 타이어를 바꿔 끼울 때 쓰는 잭을 가져와 차를 들어 올리려 했다.

> 7월 6일, 이혜정의 장례식이 미국에서 치러졌다. 이혜정의 가방에는 어머니에게 줄 비타민제가 여러 병 들어 있었다. '엄마 줄 거'라고, '미국이 싸다'며 많이 샀다. 가방에서 비타민제가 쏟아져 나오는 모습을 보며 이혜정의 가족들은 오열했다.

그러나 땅이 완전히 평평하지 않아 쉽게 잭이 고정되지 않았다. 차 양쪽으로 잭을 끼우고 돌렸다. 몇몇은 잭을 돌렸고, 몇몇은 들어 올렸다. 순간 차 밑으로 큰 틈이 생겼다. 남학생 한 명이 이혜정을 밑으로 빼냈다.

이혜정의 몸을 차 밑에서 빼냈지만, 굽혀진 허리는 그대로였다. 서울대 학생 한 명이 누워 있는 이혜정을 향해 달려갔다. 목과 손목을 만졌다.

"맥박이 뛰는지 안 뛰는지 잘 모르겠어. 조금 있는 거 같아!"

그 사이 몇몇 학생들이 이 교수를 차에서 끌어내리는 데 성공했다.

"선생님 괜찮니?"

"의식이 없어!"

"좀 전엔 있었잖아!"

"지금은 없다니까!"

이 교수는 의식을 놓았다.

"맥박도 약해진 거 같아."

칼텍의 라이언이라는 남학생이 응급 도구를 가지고 달려왔다. 그는 즉각 심폐소생술을 시행했다. 그는 이 교수의 가슴에 압박을 가했다. 조앤 스톡 교수도 인공호흡을 시작했다. 두 사람은 손발을 맞춰 심폐소생술을 이어 갔다.

학생들은 이혜정에게도 심폐소생술을 시도했다(맥박이 뛰고 있었는지, 맥박이 뛰고 있다고 믿고 싶었는지, 아무도 제대로 기억하는 사람이 없었다).

사고가 난 후 1시간 정도가 지났을까, 환자 구급 헬기가 도착했다. 헬기에서 두 명의 구조대원이 내렸다. 그들은 이혜정에게 뛰어갔다. 목을 짚어 보더니, 일어서서 곧장 이 교수 쪽으로 이동했다.

학생 한 명이 소리쳤다.

"그냥 가면 어떡해요?"

구조원이 뒤도 돌아보지 않고 소리쳤다.

"늦었어요!"

"뭐라고요?"

"늦었다고요!"

"……."

"이 남자분은 아직 살아 있네요."

구조대원들은 능숙한 솜씨로 이 교수를 옮겼다. 학생들은 떠나가는 헬기를 올려다봤다. 이혜정은 여전히 바닥에 누워 있었다. 곧 구조차량이 이혜정을 싣고 갔다.

카리조 평원은 건조했다. 한여름, 그곳의 열기는 숨이 막힐 듯 뜨거웠다. 학생들의 등에는 한 줄기 서늘한 땀이 흘러내렸다. 날씨는 더웠다.

이상묵 교수는 신원이 확인되지 않아 곧바로 수술을 받을 수가 없었다. 가까스로 신원이 확인된 7월 3일, 의료진은 목뼈가 부러지면서 손상된 척수 부위에 대한 긴급 수술을 실시했다. 그날 오후 4시쯤 뉴욕에 살고 있는 이 교수 동생의 아내가 병원에 도착했다. 가장 먼저 도착한 가족이었다. 이 교수의 제수는 수술을 끝마치고 나오는 이 교수의 모습을 제일 먼저 확인했다. 하지만 이 교수의 얼굴이 퉁퉁 부어 있어서 처음에는 그를 알아보지 못했다. 응급실에도 번호로만 기록되어 있어 더욱 그랬다.

의사는 이 교수의 제수에게 코마(혼수상태)가 3일은 갈 것이라고 했다. 그러나 저녁 7시, 이 교수는 눈을 떴다(이 교수는 이 사실을 전혀 기억하지 못한다). 이 교수는 최근까지도 자신이 사고 후 3일 동안 코마 상태에 빠져 있었다고 믿었다. 그러나 중간중간 눈을 떠 무언가를 말하려 했고, 그러다 다시 잠이 들었다. 깨어나고 다시 까무룩 정신을 놓는 과정을 여러 차례 반복하면서 3일을 보냈다. 담당 의사는 이 교수의 제수에게 최악의 상황을 대비하라고 했고 이 사실을 한국에 있는 가족들에게도 알리라고 했다. 이 교수는 이 때 아주 생생한 꿈을 꿨으며 그 꿈에서 자신이 죽는 것을 몇 차례 경험했다고 한다.

이 교수의 의식이 비교적 명확하게 돌아온 날은 7월 5일이었다. 그는 인공호흡기에 의지하여 목숨을 이어 가고 있었다. 이날 의사는 이 교수의 폐에 이상이 생긴 것 같다고 했다. 의사의 표정이 밝지 않았다. 그리고 이날 이 교수의 제수는 그의 여행 가방을 병원으로부터 넘겨받았다. 가방에는 윤수(2008년 현재 고3, 딸), 원석(중3, 아들), 진석(6살, 아들)에게 줄 선물이 들어 있었다. 디즈니 숍에서 산 캐릭터 상품들이었다.

7월 6일, 이혜정의 장례식이 미국에서 치러졌다. 이혜정의 가방에는 어머니에게 줄 비타민제가 여러 병 들어 있었다. '엄마 줄 거'라고, '미국이 싸다'며 많이 샀다. 가방에서 비타민제가 쏟아져 나오는 모습을 보며 이혜정의 가족들은 오열했다.

같은 날, 이 교수의 어머니가 미국에 도착했다. 아들을 본 어머니는 많이 울었다. 이 교수의 어머니와 긴급히 비보를 접하고 달려온 서울대 교수

두 사람(김구 교수와 김규범 교수)이 이혜정의 장례식에 참석했다. 장례 후 이혜정의 어머니가 이 교수를 보고 싶다고 했다. 이 교수의 어머니는 순간 당황했다. 사경을 헤매는 아들을 붙들고 탓할까, 염려스러웠다. 그래서 제발 나중에 만나 줄 수 없느냐고 사정했다. 그러자 이혜정의 어머니는 "우리 딸아이가 존경하고 따랐던 교수라기에, 어떻게 생긴 사람인지 한번 보고 싶었다."고 조용히 말했다. 이혜정의 어머니는 아마도 이 교수로부터 딸을 다시 한 번 느끼고자 했던 것 같다.

이혜정의 어머니와 가족이 병원에 도착하자 이상묵 교수의 제수는 깜짝 놀랐다. 이혜정의 어머니가 검은 상복을 입고 있었기 때문이다. 혹시 이 교수가 이 모습을 보고 이혜정의 죽음을 눈치 채지 않을까, 걱정되었다. 하지만 마침 그는 깊은 수면 상태에 빠져 있었다. 이혜정의 어머니는 먼발치에서 이 교수를 보고 떠났다.

이상묵 교수는 사고 후 넉 달 가까이 이혜정의 죽음을 몰랐다. 미국 의사가 절대로 알리지 말라고 했기 때문이다. 이 교수의 가족들뿐만 아니라, 이후에 병실을 찾아온 미국인 동료 과학자들까지도 입을 맞추어 이 사실을 숨겼다. 이 교수는 불행을 당한 것이 자신뿐이어서 그나마 다행이라고 생각했다. 그래서 자신만 다시 일어서면 된다고 생각했다.

7월 7일부터 이 교수가 입을 벙긋거리기 시작했다. 가족들은 눈을 한 번 깜빡이면 '예스(Yes)', 두 번 깜빡이면 '노(No)'라는 식으로 약속을 하고 이 교수와 의사소통을 했다. 어릴 때 하고는 했던 스무고개 식의 대화가 계속 이어졌다. 다행스럽게도 미국인 간호사들은 대부분 환자의 입술 모양만 보고도 말을 알아듣는 훈련이 되어 있었다.

7월 9일, 아내가 병원에 도착했다. 미국 비자가 만료돼 다시 발급 받는 데 시간이 걸렸다. 마침 미국 출장을 가려던 같은 학부의 젊은 교수(이성근 교수)가 동행해 주었고, 병원까지 운전해 주었다. 이성근 교수가 인사라도 하고 가겠다고 했을 때, 이 교수는 눈을 두 번 깜빡였다.

베이커스필드는 컨 카운티(Kern County)에 속한다. 이 교수가 이송된 병원 이름도 컨 메디컬 센터(Kern Medical Center)였다.

베이커스 필드는 캘리포니아에 오일 러시가 한창일 때 만들어진 사막 한가운데의 조그마한 도시다. 지금은 석유보다는 컨트리 음악의 본고장으로 더 잘 알려져 있다. 컨에서는 3주가량을 머물렀다. 이상묵 교수는 척수 외에는 특별히 다친 데가 없었다. 병원에서는 다양한 기구를 이용해 호흡기능을 향상시키기 위해 노력했다. 당시 진통제 등의 약물 때문에 이 교수는 비몽사몽에 빠져 있었지만 병원 측에서 시키는 대로 호흡 훈련을 했다.

이 교수 곁은 어머니와 아내, 제수가 지켰다. 중환자실의 각종 계기가 이 교수의 상태를 모니터링 했다. 기도에 구멍을 내 호스를 꽂고 있었으며, 음식은 배에 구멍을 뚫어 직접 위장으로 투입되었다. 척추 4번을 다쳤지만 부분손상이냐, 완전손상이냐에 따라 결과가 크게 달라질 수 있었다. 하지만 당시로서는 몸에 붓기가 오른 상태여서 판단하기가 어려웠다.

처음에 가족들은 척추 손상이 무엇을 의미하는지 몰랐다. 한국에 있는 이 교수의 여동생은 서점에서 크리스토퍼 리브(Christopher Reeve, 영화 〈슈퍼맨〉의 주인공. 낙마 사고로 **척추를 다쳐 전신마비가 됨**)의 자서전 두 권을 사서 이 교수의 아내에게 주었다. 이 교수의 아내는 이 책들을 미국으로 향하는 비행기

안에서 읽었다. 덕분에 척추 손상에 대한 약간의 지식을 갖출 수 있었다. 이 교수의 가족들은 부분손상이기를 간절히 기도했다. 또 이 기간 동안 이 교수의 사고 소식이 전 세계 지구과학계 동료들에게 알려지면서 쾌원을 비는 메시지와 전화가 쇄도했다. 또 가까이 있는 미국 동료들은 직접 방문을 하기도 했다.

이 교수와 그의 가족은 좀 더 큰 병원에서 정밀검진을 받기로 결정했다. 이 교수가 옮겨간 병원은 USC(University of Southern California) 대학병원이었다.

USC 대학병원은 캘리포니아에서 두 번째로 훌륭한 병원이라고 한다. 서울대학교에서 고용한 미국인 변호사가, 이 교수가 이 병원에 입원해 진단을 받아 볼 수 있도록 주선했다. 하지만 여러 가지 행정적인 난관에 부딪쳤다. 서울대학교로서도 이런 일은 처음 당한 입장이라 많이 당황했다. 더욱이 총장 선거 후 새로운 총장 임명을 대통령이 차일피일 미루고 있던 시기였다. 판단을 내리고 책임질 사람이 없었다. 행정적인 공백기였다. 이혜정 양의 장례식, 가족 및 장례식 참가자 경비 마련, 학생들 귀국 조치, 그 밖의 사건 처리 등 책임자의 결정을 요구하는 일들이 끊임없이 발생했다. 가족들은 발을 동동 굴렸다. 이 교수와 그의 가족들은 당시 학부장이었던 김경렬 교수의 빠른 판단과 현명한 대처로 그나마 어려운 시기를 넘길 수 있었다고 한다.

7월 하순, 이 교수는 컨 병원에서 처음 밖으로 나왔다. 햇빛이 눈부셨다. 그리고 LA 중심가에 있는 USC 대학병원으로 이송됐다. 그곳에서 3주 동안 정밀진단을 받은 뒤, 이 교수는 신경외과 전문의 마이클 왕으로부터 최종진단을 받게 된다.

∙ ∙ ∙

　가운을 입은 30대 후반의 동양인 남자가 병실에 들어섰다. 그는 나를 향해 똑바로 걸어오더니 미소를 지으며 말을 건넸다.
　"안녕하십니까? 담당 의사 마이클 왕입니다."
　볼펜을 끼고 있는 가운의 왼쪽 가슴 주머니가 눈에 들어왔다. 주머니에는 'Michael Wang'이라는 이름과 'USC University Hospital'이라는 글자가 새겨져 있었다.
　USC 대학병원은 캘리포니아에서 샌프란시스코 대학병원 다음으로 좋은 병원이며, 특히 신경외과 분야에 있어서는 미국 최고 수준이다. 시설 면에서도 전에 있었던 컨 병원과는 많은 차이를 보였다. 직원들의 생김새나 차림새도 한층 단정해 보였다.
　마이클 왕은 그곳에서 늘 '최고'라는 찬사를 받는다고 했다. 나는 그의 입에서 나올 '결론'을 기다렸다. 일어설 수 있는가, 손을 쓸 수는 있는가, 상태가 나아질 것인가······.
　"기다렸습니다(이제 그만 뜸들이고 말하시지요)."
　나는 의연한 척 약간 미소를 지었다.
　컨 병원에 있는 3주 동안, 나의 호흡 기능은 조금씩 나아졌다. 말도 특수한 기구를 사용해 조금씩 할 수 있게 됐다. 이 상태로 조금씩 나아지면 결국에는 손도 움직이고 일어나 걸을 수도 있을 것 같았다. 누구나 가질 만한 그런 기대감 속에서 하루하루를 버텼다. 컨 병원의 의사 한 명이 말했다.

"아직 붓기가 가라앉지 않아서 정확한 진단을 하기 힘듭니다."

나는 그때 좀 더 정확한 진단은 권위 있는 사람에게 맡기고 싶다는 생각을 했다. 그래서 가족과 나는 큰 병원으로 옮기자는 데 의견을 모았다.

3주 전 컨 병원에서 USC 대학병원으로 옮길 때만 해도 나는 희망의 끈을 부여잡고 있었다. MRI나 신경검사 같은 지루한 정밀진단도 나에게는 희망적인 결론을 얻기 위한 기분 좋은 절차로 여겨졌다. 그런데 며칠 전부터 검사 스케줄이 확 줄었다. 할 건 다 했다는 의미였다. 이제 의사의 소견만 남아 있었다. 그런데 아무런 언급도 없었다. 나는 병원 측에 담당 의사를 만나고 싶다고 정식으로 요청했다.

마이클 왕과의 면담을 요청했을 때, 간호사는 망설였다.

"의사와 가족이 먼저 만나야 할 것 같습니다."

나는 즉시 대답했다.

"천만에요. 그들은 영어에 능하지 않습니다. 전달 과정에서 오해가 있을 수 있어요."

간호사는 아무 말 없이 걱정스러운 눈길로 나를 쳐다봤다. 나는 웃으며 말했다.

"정확히 알아야, 남은 내 인생을 정확히 계획하죠."

마이클 왕을 기다리면서 나는 스스로를 '과학자답지 못하다'고 책망했다. 의사가 그렇듯, 나도 과학자답게 생각할 필요가 있었다. 내 스스로를 진단해 봤다. 나는 C4를 다쳤다. 뇌에서부터 가까운 순서대로 척추에는 번호가 매겨진다. C1~C2를 다친 사람은 호흡마저 불가능하다. 평생 인공호흡기를 달고 살아야 한다. C2~C3가 손상된 환자들은 배변이나 배뇨 기능을 통제할 수 없다. C4 이하로 손상된 환자들도 이 기능은 제대로 통제하지 못한다. 성기능은 더더욱 불가능하다. 나는 이 이야기를 들으면서, 그 와중에도 자식농사를 다 지은 것이 정말 다행이라고 생각했다.

병실에 들어선 뒤 마이클 왕은 내 앞에 공손히 앉아 있었다. 그가 내릴 결론 앞에서 내가 어떤 반응을 보일지 나 스스로도 짐작할 수 없었다.

내가 물었다.

"상태가 호전될까요?"

마이클 왕이 뜸을 들였다. 질문이 모호한 것 같아 다시 물었다.

"다시 일어설 수 있겠습니까? 손을 쓸 수는 있을까요?"

마이클 왕이 대답했다.

"그럴 수는 없을 겁니다. 그러나 완전한 절망은 아닙니다. 희망을 버리지 마세요."

내가 다시 물었다.

"C4가 완전히 손상됐나요?"

"그렇습니다."

간결한 대답이었다. 대화는 그것이 전부였다. 걸어 나가는 그의 뒷

모습을 보면서 나는 생각했다.

'이런, 괜히 큰돈 쓰면서 비싼 병원에 왔잖아.'

USC 대학병원 중환자실의 사용료는 하루에 2천만 원이 넘었다.

내 인생의 감시자, **오토노믹 디스리플렉시아**

> 나는 항상 이런 생각을 한다. 사고를 통해 장애를 입었지만, 다시 재기해 활동하는 데 필요한 최소의 부분은 하늘이 가져가지 않았다고. 나는 언제나 운이 좋았다. 위기나 기회의 순간마다 누군가의 도움이 있었다. 그 덕분에 지금도 예전과 마찬가지로 나는 하늘이 내린 행운을 누리고 있다.

사고가 나고 6주가 지난 2006년 8월 중순, 나는 USC 대학병원에서 LA 다우니(Downey)에 있는 세계적 척수 재활병원 랜초 로스 아미고스(Rancho Los Amigos)로 옮겼다.

랜초 로스 아미고스는 미국 국립재활원으로, LA시에서 운영한다. USC 대학병원과 같은 사립병원에 비해 겉보기에는 다소 허술해 보이고 느슨해 보이기도 한다. 하지만 물리치료와 작업치료를 공부하는 사람들에게는 교과서와 같은 곳이 바로 랜초 로스 아미고스다. 이곳은 말 그대로 재활의 역사라고 할 수 있다.

원래 이곳은 수도원이었다. 신의 자비를 실천하기 위해 다친 사람들을 치료해 주기 시작하면서 치료 기관으로 거듭났다. '우리 친구들의 목장'이라는 이름에서도 나타나듯이 돈 없는 사람들이 나중에 목장에서 일을 해 주는 것으로 치료비를 대신했다고 한다. 시에서 운영하는 병원이면서도 미국 5대 재활병원 중 하나로 평가받고 있다.

사회복지사인 조앤 임이 매일같이 나를 찾아왔다. 조앤 임은 뉴욕대학을 나왔고, 그녀의 언니인 헬렌도 랜초에서 일하고 있었다. 나보다는 아내와 다른 가족들을 돕는 것이 그녀의 임무였다. 그녀는 원래 내가 있던 병동 소속이 아니었다. 하지만 우리 가족이 영어를 제대로 못했기 때문에 병원에서 재미동포인 그녀를 우리의 사회복지사로 지정해 준 것이었다.

병원에서는 척수장애인이 알아야 할 사항들에 대한 교육을 끊임없이 반복했다. 장애인 본인뿐만 아니라 가족들에 대한 교육 시간도 꽤 많았다. 욕창은 어떻게 예방해야 하는지, 약은 어떤 것으로 복용해야 하는지, 휠체어는 어떻게 선택해야 하는지 등의 사항들은 사소하지만 새로운 방식의 삶에 적응하기 위해 반드시 필요한 것들이었다.

나는 솔직히 내 상태가 얼마나 심각한지 랜초에 오기 전까지는 잘 몰랐다. 컨 병원에서도 그랬고, USC 대학병원에서도 마찬가지로 의사, 간호사, 치료사들 모두 나처럼 이렇게 회복이 빠른 사람은 처음이라는 둥 좋은 이야기밖에 하지 않았다. 랜초에 도착해 다른 척추 손상 환자들과 함께 치료를 받으면서 나는 비로소 내가 아주 많이 다쳤다는 사실을 깨달았다. 처음에는 재활만 열심히 하면 나중에 퇴원할 때는 걸어서 나갈 수 있으리라고 생각했다. 그런데 나보다 다친 정도가 덜한 사람들도 그럴 수 없다는 것을 보고서야 내가 다시는 일어설 수도, 손과 팔을 움직일 수도 없다는 사실을 깨달았다. 당시 내가 있던 랜초 재활병원 병동에는 약 열다섯 명 정도의 척추 손상 환자들이 있었는데, 그중에서도 내가 제일 심하게 다친 사람이었던 것으로 생각된다.

뜨거운 LA의 여름이 막바지로 접어든 8월 하순의 어느 날이었다. 나는 여느 때와 마찬가지로 같은 병동에 있는 환자들과 함께 세미나에 참가했다. 그날 세미나의 주제는 오토노믹 디스리플렉시아(AD, Autonomic Dysreflexia, 자율신경과반사)에 관한 것이었다.

AD는 T6(척추는 26~29개 정도의 뼈로 구성되어 있다. 뼈의 숫자는 성장 과정 중에 변한다. 목과 관련된 뼈(경추)를 Cervical bone이라고 하고 C로 나타내며 C1에서 C7까지 있다. 그 아래의 뼈들을 Thoracic 그리고 Lumbar bone이라고 하고 이는 흉부와 허리에 해당되는 것들이다. T1~T12까지 있고 그 아래로 L1~L5가 있다. 그리고 꼬리뼈가 그 아래에 있다. T6은 흉부뼈 중간쯤에 해당되는 것이다) 이상을 다친 척추장애인들에게 일어날 수 있는 질병이다. AD는 갑자기 자율신경이 과반사를 해서 일어나는데, 문제는 이것이 발생하면 죽음으로 이어질 수 있다는 것이다. 때문에 이후로 세미나 비디오 교육 등을 통해 AD에 대한 대처방법을 귀가 따갑게 들었다.

우리 몸에는 교감신경과 부교감신경이 있어 이들이 상황에 따라 호르몬을 배출함으로써 몸의 항상성을 유지한다. 예를 들어 교감신경이 자극되어 혈압이 올라가면 부교감신경은 이를 억제하기 위한 호르몬을 분비한다. 그런데 문제는 부교감신경이 척추에 있다는 사실이다. 나같이 척추를 다친 환자는 교감신경에 의해 혈압이 올라가도 이를 제어할 부교감신경이 작동하지 않는다는 것이 문제다. 교감신경 자극에 의한 갑작스런 혈압상승은 뇌출혈 등으로 이어지며 빨리 응급처치를 하지 않을 경우 고통스러운 죽음으로 이어질 수 있다. 가끔 휠체어 장애인들은 일부러 자기의 교감신경을 자극시킴으로써 장애인 올림픽 등에서 경기능력을 향상시키기도 한다고 한다.

AD의 증상과 대치요령에 대해서는 여러 차례 이야기를 들었지만 그 원인에 대해서는 잘 설명되어 있지 않았다. 인터넷을 뒤져도 책을 보아도 그다지 만족할 만한 답을 얻기가 힘들었다. 때문에 나는 왜 그런 현상이 일어나는지에 대해서 아주 궁금해 했다. 그런데 마침 랜초의 베테랑 간호사가 다음과 같이 설명해 주었다. 이것이 의학적 정설인지는 아직 모르지만, 제법 그럴싸한 설명이었다고 생각한다.

"예전에 우리 선조들은 동굴에서 생활을 했어요. 그런데 어느 날 추위를 피해 그 동굴에 곰이 들어왔어요. 아메리카 불곰의 선조라고 해 두죠. 인간의 선조들은 직감적으로 알게 됩니다. 저 녀석에게 지면 우린 죽는다. 먹이가 된다. 하지만 인간의 선조들도 야수성을 가지고 있었어요. 우리 선조들의 몸에서는 순간적으로 엄청난 양의 아드레날린이 분출됩니다. 아드레날린은 교감신경 물질 중 하나입니다. 혈압이 극도로 상승하면서 몸이 일종의 '전투 모드'로 변하는 거죠. 헐크를 상상해 보세요."

세미나에 참석한 환자들은 그때까지도 간호사가 무엇을 말하고 싶어 하는지 알지 못했다. 그녀의 이야기가 이어졌다.

"인간은 오랜 진화를 거치며 그런 야수성을 차츰 잃게 됩니다. 급격히 아드레날린이 분출하며 혈압이 오르면, 진화된 인간은 통제 시스템을 작동시킵니다. 교감신경이 작동할 때 부교감신경이 작동해 몸의 '항상성'이 유지되는 거죠. 고등학교 때 배우셨죠?"

"너무 오래돼서 기억이 안 나는데요."

"호호. 그럼 제가 가르쳐 드리면 되겠네요. 선사시대 인간의 몸은 위험 상황에서 항상성을 무시했죠. 혈압이 오르면 혈압을 내리는 신경이 작동하고, 심장이 과도하게 뛰면 박동 수를 늦춰 주는 호르몬이 분비되는 원리를 말이죠. 평상시보다 훨씬 많은 에너지를 모으기 위해서죠. 그래야 몸이 전투 모드가 되기 때문입니다. 헐크처럼 되는 거죠."

"선사시대 인간의 몸은 그런 비정상적인 '전투 모드 상태'를 견딜 수 있을 만큼 강했나 봐요."

"그때는 인간도 하나의 야수였으니까요."

"흥미롭네요."

"잘 들어 보세요. 오랜 시간 동안 문명 속에서 진화된 현대 인간은 야수성을 잃었습니다. 더 이상 곰 같은 맹수를 만날 일이 없기 때문이죠. 인간의 몸은 '항상성'을 잘 유지하는 안정적인 몸으로 발전하죠. 현대 인간의 몸은 선사시대 조상의 '전투 모드'를 견딜 수 없습니다. 아드레날린이 과도하게 분비되면 전투력이 오르는 게 아니라, 뇌출혈로 죽을 수도 있습니다. 몸에 유해한 자극이 오면, 몸이 위험 신호를 보냅니다. 유해한 자극을 피하라고 신호를 보내는 겁니다. 그래도 계속 피하지 않고 있으면, 몸은 극단적인 위험 상태로 판단합니다. 그래서 교감신경이 자극되고 혈압이 오르죠. 몸은 머리와 계속 신호를 보내고 받습니다. 그러나 척수를 다친 사람에게는 이 같은 뇌와의 교신이 안 됩니다. 그런 신호를 계속 보내는데도 뇌로부터 아무런 회답이 없게 되면 혈압은 계속 올라가죠. 그러다가 어느 순간 혈관이 터져 버릴 수도 있습니다. 그리고 더 심한 경우 죽음으로 이어질 수 있습니다."

"그게 우리 몸과 무슨 관계가 있는 거죠?"

"오토노믹 디스리플렉시아. 이것을 설명해 드리려고 그랬어요. 중증 척수장애인의 상당수가 이것 때문에 목숨을 잃습니다."

T6 이상의 척수를 다친 중증 척수장애인들 가운데 일부는 늘 오토노믹 디스리플렉시아의 위험에 놓여 있다. 이 증상이 없는 축복받은 척수장애인들도 있다. 이 증세의 대부분은 '방광에 오줌이 가득 찬 경우'에 의해 발생한다.

소변이 방광에 꽉 차면, 정상인은 적절한 반사행동을 취하게 된다. 쉽게 말해 오줌이 마렵더라도 뇌가 이를 참으라고 지시한다. 그러나 척추 손상 장애인의 경우 이 같은 뇌의 신호가 몸에 전달되지 않는다. 따라서 몸은 이것을 비상상황으로 착각한다. 그래서 내 경우 몸에서는 교감신경이 자극되어 혈압이 높아지지만 이를 제어할 부교감신경이 작동하지 않기 때문에 혈압은 계속 올라갈 수밖에 없다.

바지로 가려져 있어 사람들은 볼 수 없지만, 내 휠체어의 다리 부분에는 오줌주머니가 숨겨져 있다. 호스가 이물질에 의해 막히거나,

호스 자체가 살에 눌려 접히게 될 경우 오줌이 배출되지 못한다. 배출되지 못한 오줌은 방광에 계속 쌓인다. 방광이 오줌으로 꽉 차면 몸은 위험 신호를 보낸다. 뇌와의 교신이 끊어졌기 때문에 내 몸은 이를 비상상황으로 착각한다. 그리고 교감신경이 자극되어 혈압이 올라간다. 반면 척추손상으로 인해 끊긴 부교감신경은 제 기능을 하지 못하기 때문에 상황은 계속 악화된다.

오토노믹 디스리플렉시아. 몸이 뭔가 행동을 취해야 한다고 계속 위험 신호를 보내는데, 몸이 그것을 실현하지 못하는 상태. 교감신경이 폭발적으로 반응하고, 아드레날린이 급격히 분비되며 혈압이 크게 상승한다. 선사시대의 인간으로 되돌아가는 것이다. 그러나 나의 몸은 그런 극단적 상황을 버틸 수 없다. 결국 뇌의 혈관이 팍, 터져 죽게 되는 것이다.

나중에 랜초의 의사에게 물었다.

"어떤 증세로 오토노믹 디스리플렉시아가 왔다는 걸 알 수 있죠?"

그가 대답했다.

"아주 심한 두통이 옵니다."

"어느 정도죠?"

"오는 순간, 그 녀석이 왔다는 걸 알게 됩니다."

다시 물었다.

"어떻게 하면 되죠."

"머리가 아프면 아스피린을 먹지 마세요. 911(응급전화)에 연락하세요. 수십 분 내에 상황을 해결하지 못하면 당신은 머리 혈관이 터져 죽을 수도 있습니다."

이후의 교육 과정에서도 머리가 아프면 아스피린을 찾을 게 아니라 앰뷸런스를 불러 가까운 병원 응급실로 직행해야 한다고 강조했다. 그리고 일반 의사들은 AD에 관해서 잘 모르기 때문에 별도의 설명서를 항상 지니고 다니도록 권장했다.

> 오토노믹 디스리플렉시아는 내가 놓여 있는 현실을 상징적으로 보여 준다. 나는 죽을 때까지 녀석과 싸워야 한다. 하지만 이런 생각을 한다. 다시 주어진 제2의 인생을 가볍게 볼까 봐, 또 내가 방심을 할까 봐 하늘이 AD라는 감시자를 붙여 준 것이 아닐까.

척추 손상 환자들의 대부분이 소변과 대변을 스스로 보지 못한다. 그런데 대변과는 달리 소변과 관련된 일들이 환자 건강에 큰 영향을 끼친다. 항생제가 개발되기 이전에는 대부분의 척수 손상 환자들이 UTI(Urinary Track Infection)라는 질병에 걸려 생명을 잃었다고 한다. 항생제가 개발되고 UTI에 대한 처방 방법이 발견된 이후에야 척수 손상을 입더라도 생명을 유지할 수 있게 되었다. 아마도 2차 세계대전 이후의 일일 것이다. AD에 앞서 UTI가 척수 손상 환자들의 사망원인 1위였다. 병원에서는 우리에게 물을 많이 마시도록 권장한다. 아무래도 방광에 관이나 이물질을 꽂고 있으면 감염의 위험이 크고 이는 또 콩팥으로 전염될 수 있다. 계속 물을 마시면 병균이 씻어 내려가거나 희석될 수 있기 때문이다.

랜초 로스 아미고스에서 재활을 마친 나는 어렵게 2006년 9월 23일 한국으로 돌아왔다. 한국 병원에 입원한 지 2주 정도 지난 어느 날이었다. 인턴으로 보이는 젊은 의사가 요도에 관을 삽입해 주었다. 익숙해 보이지는 않았지만, 정성스레 작업을 마쳤다.

밤이 되고 잠이 쏟아졌다. 난 눈을 감았다. 그때였다. 누군가 벽돌 같은 흉기로 내 머리를 세게 내려치는 것만 같았다. 지금껏 당해 본 그 어떤 타격보다 강도가 컸다. 정신을 차릴 수가 없었다. 가느다란 의식을 부여잡고 눈을 뜨려는 순간, 다시 한 번 공격이 들어왔다. 필사적으로 눈을 떠 주위를 살폈다.

옆에 있던 여동생이 화들짝 놀라 나를 흔들었다.

"오빠, 무슨 일이에요?"

"머리…… 머리……."

"머리가 아파?"

순간, 알 수 있었다.

'오토노믹 디스리플렉시아!'

랜초 로스 아미고스의 의사가 했던 말이 떠올랐다. '오는 순간, 그 녀석이 왔다는 걸 알게 됩니다.'

"의사를 불러. 빨리."

잠시 후 요도관을 삽입했던 인턴이 들어왔다. 그는 헐레벌떡 뭐가 잘못됐는지 찾았다. 호스의 중간 부분이 꺾여 오줌이 배출되지 못하고 있었다. 막힌 관이 뚫리자 엄청난 양의 오줌이 분비됐다. 저 많은 양의 오줌이 방광을 압박하는 동안 나는 전혀 느끼지 못한 것이다. 의사에게 물었다.

"오토노믹 디스리플렉시아죠?"

"맞습니다. 상당히 고통스럽다고 들었어요. 혈압이 200 넘게까지 올라갔습니다. 큰일 날 뻔했어요."

그날 나는 운이 좋았다. 인턴이나 대부분의 의사들은 AD에 대해 잘 알지 못한다. 때문에 아주 사소한 실수 하나가 나에게 얼마나 큰 고통을 야기하는지 그들은 아마 모를 것이다. 한번은 오줌주머니를 교체하면서 연결관을 잠시 잠근다고 했는데 잊어버리고 풀지 않아 AD가 찾아온 적도 있다. 나는 어깨 이하로는 감각이 없어 다른 고통은 별로 느끼지 못한다. 내가 만약 고통스럽게 죽는다면 그것은 AD로 인한 것일 것이다. 나는 가끔씩 제발 그런 일만은 없기를 빈다.

앞에서 이야기했듯이 모든 척추 손상 환자들에게 AD가 있는 것은 아니다. 왠지 모르지만 어떤 사람에게는 이것이 심하고 어떤 사람들에게는 이 증상이 없다. 불행히도 나는 AD에 매우 민감하다. 이후로 한 달에 한 번 꼴로 AD는 도둑처럼 나를 찾아온다. 대부분은 이 물질이 관을 막아서 생긴다. 몸에 튜브라던가 플라스틱 이물질을 삽입하면 우리 몸은 이에 대응해 보호막 같은 또 다른 이물질을 만들어 낸다. 이같이 만들어진 이물질들이 어떤 때는 관을 막고, 그래서 AD가 발생하는데 별다른 처방책이 없다. 그래서 나는 이중삼중으로 안전장치를 해 놓는다. 간병인이 자리를 뜰 때면 나는 버릇처럼 "핸드폰 가져가지?" 하고 묻는다. 컴퓨터에는 학교 숙직실과 25-1동 경비실 전화번호, 정문 경비실 전화번호까지 등록돼 있다. 오토노믹 디스리플렉시아가 찾아올 때 나에게 주어진 시간은 수십 분에 불과하다. 더 이상 지체하면 뇌출혈을 일으켜 뇌 장애자가 되거나 심한 경우 죽을 수도 있다.

척추 손상 장애인이라고 해서 모두가 나처럼 24시간 내내 누군가가 옆에서 지켜봐야 하는 것은 아니다. 미국의 경우, 척추 손상 장애인들이 혼자 살면서 정해진 시각에 활동 보조인이 방문해 장애인을 도와주기도 한다. 하지만 AD 때문에 나는 항상 주변에서 누군가가 지켜봐 주어야 한다. 최소한 몇 분 내에 뛰어올 수 있는 거리에 있어야 한다.

몇 번 위기를 겪으면서 나는 AD에 꽤 익숙해지긴 했지만, 그렇다고 통증의 크기까지 줄일 수는 없었다. 나는 간혹 내가 나쁜 일을 해서 하늘로부터 천벌을 받는다면 그것은 아마도 AD가 아닐까 생각한다. 제발 죽을 때 AD로 고통 받으며 죽지 않기를 바란다.

2008년 5월 8일 목요일, 새벽 2시 30분이었다. 오토노믹 디스리플렉시아가 찾아왔다. 나는 간병인을 깨웠다. 그녀가 호스를 자세히 살펴보았지만 꺾인 곳을 찾을 수가 없었다. 아무래도 호스가 몸에 삽입된 부분, 그 안에서 문제가 발생한 것 같았다. 요도와 호스의 연결 부분을 눌러 관에 낀 이물질을 제거하자 조금씩 오줌이 나왔다.

"850cc는 되겠어요."

나는 다시 잠이 들었다. 그런데 새벽 4시, 또다시 AD가 찾아왔다. 통증도 심했지만, 무엇보다도 이렇게 연속적으로 AD가 발생한 이유를 알 수 없어 불안했다.

간병인은 침대를 세워 내 머리를 위로 가게 했다. 혈압이 오를 때 가장 먼저 취해야 할 조치는 머리를 높게 하는 것이다. 이번에도 겉으로 봤을 때는 문제가 없었다. 요도와 호스의 연결 부분을 비트니 또다시 다량의 오줌이 나왔다. 호스에 이물질이 많이 낀 것 같았다. 간병인이 말했다.

"아무래도 호스를 바꿔야겠어요."

"그래 주세요."

호스를 뺀 다음 새 호스를 낑낑대며 갈아 끼우려 했다. 그때부터 문제가 시작되었다. 요도의 끝부분, 오줌이 나오는 곳은 괄약근이 있어 오므렸다 폈다를 반복한다. 그런데 그 부분이 열리지 않았다. 나는 자극을 느끼지 못하지만, 내 몸은 자극을 느낀다. 호스를 끼우려고 애쓸 때마다 날카로운 두통이 머리로 파고들었다. 몸이 호스를 끼우는 것 자체를 유해한 자극으로 받아들이고 있는 것이다. 호스는 끼워지지 않고 호스를 끼우려고 할 때마다 오토노믹 디스리플렉시아가 찾아왔다. 방광에는 계속 오줌이 차기 때문에 마냥 호스를 끼우지 않은 채 있을 수는 없다. 앙다문 이 사이로 신음소리가 새어나왔다.

"안 되겠어요. 가정 간호사를 부를게요."

가정 간호사에게 전화를 했다. 척수 환자 여러 명을 책임 환자로 두고 있는 가정 방문 간호사는 호스를 끼는 데는 누구보다 전문가였다. 특히 요즘 나를 돌보는 최금묘 간호사는 경험이 많은 베테랑이었다.

간호사는 아침 7시가 다 되어서야 도착했다. 하지만 그녀가 왔다고 해서 문제가 곧바로 해결되지는 않았다. 간호사는 의사와 전화하며 다양한 방법으로 호스 연결을 시도했다. 그녀가 호스를 끼우려 할 때마다 여전히 혈압만 급격히 상승하고 요도의 괄약근은 열리지 않았다. 결국 간호사가 말했다.

"안 되겠어요. 응급실로 가요."

"가면 누구한테 맡기려고요? 응급실의 인턴이나 레지던트?"
"그럼 어쩌려고요?"
"그 사람들보다 당신이 나아요. 나이 어린 그들보다 이 일에 대한 경험이 더 많으시잖아요."
"알았어요. 일단 만약을 대비해 휠체어로 옮기죠."
간호사와 간병인은 나를 휠체어로 옮겼다. 나는 간호사에게 앉은 자세로 다시 시도해 볼 것을 요구했다.
"앉은 자세로는 호스가 더 안 들어가요."
간호사가 말했다.
"알고 있어요. 하지만 응급실로 가기 전에 마지막으로 한 번 더 해 봐요."
성모병원에서 온 최 간호사는 그날 연수중인 간호대학생 두 명과 동행했다. 간호대학생들은 어쩔 줄 모른 채 그 광경을 지켜보고만 있었다. 도움을 줄 수도 없고 그렇다고 마냥 서 있을 수만도 없어서 난처해하는 표정이 그녀들의 얼굴에 역력했다.
마지막이라고 생각하고 간호사가 호스 연결을 시도했다. 드디어 가까스로 요도 끝의 경직이 풀리며 호스가 들어갔다. 간호사는 다리에 힘이 풀리는 듯 의자에 털썩 주저앉았다. 몇 시간의 사투 끝에 드디어 성공한 것이었다. 그것도 앉은 자세에서. 나는 풋내기 간호사들에게 최 간호사의 실력을 추켜세웠다.
"여러분은 오늘 의학의 신기원을 목격한 겁니다. 원래 앉은 자세에서는 잘 안 되는데, 최 간호사님은 해냈습니다."

내 주치의인 서울대 분당병원 신형익 박사에게 연락을 취했다. 그는 "근본적인 치료가 필요할 것 같아요."라고 말했다. 다음 날, 나는 서울대 분당병원 비뇨기과를 찾았다. 비뇨기과 전문의가 진단 결과를 내놓았다.

"지속적으로 찾아오는 자극을 피하기 위해 배에 구멍을 뚫고 직접 방광에서 오줌이 배출되도록 수술을 해야겠어요. 생각보다 아주 간단한 수술입니다."

오줌을 빼는 방법은 보통 3가지다. 넬라톤이라는 1회용 고무관으로 나오게 하는 것과 나처럼 요도에 관을 삽입해 자연적으로 오줌이 주머니로 흘러 들어가게 하는 것, 그리고 아예 배와 방광에 구멍을 내서 주머니로 나오게 하는 것이다. 나는 미국에서 첫 번째 방법을 쓰다가 이후로 두 번째 방법을 써 왔다. 그리고 비뇨기과 수술을 통해 이제 세 번째 방법을 쓰게 되었다. 장기적인 수단으로는 세 번째 방법이 많이 사용된다고 한다.

척수 환자의 몸은 불가사의하다. 환자는 고통을 느낄 수 없지만, 자율신경은 몸의 고통을 알아챈다. 그런 과정에서 몸의 신경 일부분이 민감해질 수 있다. 사고 후 거의 2년 가까이 나의 요도에는 호스가 끼워져 있었다. 때문에 그 부분이 오랫동안 자극을 받아 자극에 크게 민감해져 있었다. 생식기 부분에 대한 조그마한 자극에도 혈압이 순식간에 200을 넘었고 이는 큰 두통으로 이어졌다. 근본 원인을 제거해야 했다. 나는 그날로 입원했다.

그런데 사실 내 몸의 일부가 왜 그렇게 민감해졌는지에 대해서는 의사들도 의아해 했다. 경우에 따라서는 신경 체계가 변할 수 있다는 것이 그들의 이야기였다. 처음에는 민감하지 않던 부분이 시간이 지나면서 민감해질 수 있다는 것이다. 나는 이 말을 듣고 다소 걱정이 되었다. 왜냐하면 지난 2년 동안 나름대로 이 상태에 적응해 왔는데, 다시 상태가 변화할 수 있다는 것을 의미하기 때문이었다. 만약 내 몸 상태가 또다시 달라진다면 거기에 적응하기 위해서는 또 얼마나 많은 고통이 따를까……

그날 밤 지독한 감기가 찾아왔다. 새벽부터 그 고생을 했으니, 몸이 놀란 것도 무리가 아니었다. 척수 장애를 얻은 후 걸린 가장 지독한 감기였다. 감기를 특별히 조심했어야 하는데 결국 걸리고 말았구나, 하는 생각이 들었다. 그리고 한편으로는 감기가 걸리면 어떨지 궁금하기도 했다.

열이 40도까지 올랐다. 비뇨기과 전문의가 말했다.

"오늘 밤엔 내과의사가 된 기분이군요."

나는 기침을 제대로 하지 못한다. 정상인이 호흡을 할 때는 복근과 가슴 근육, 등 근육 등이 복합적으로 작용을 한다. 그러나 목 아래로 신경이 끊어진 나는 그런 근육들을 쓸 수가 없고 단지 횡경막 하나로 숨을 쉬기 때문에 폐활량이 정상인의 최대 40% 정도밖에 안 된다. 그래서 나는 기침을 제대로 하지 못하고 혼자 힘으로 가래를 뱉어낼 수도 없다. 이 같은 사실은 랜초 로스 아미고스의 재활치료사가 알려주었다. 맨 처음 호흡 훈련을 받을 때 나의 호흡량은 정상인의 15% 정도밖에 되지 않았다. 그나마 랜초에서 열심히 호흡치료를 한 덕분에 퇴원할 무렵에는 40%에 이르렀다. 나는 치료사에게 내가 최대로 올릴 수 있는 수치가 얼마냐고 물었다. 치료사는 도표에서 C4 척추 손상 환자의 해당 칼럼을 찾더니 40%라고 읽어 주었다.

처음 '40%'라는 말을 들었을 땐 기분이 우울했다. 하지만 횡경막의 운동을 관장하는 신경이 C4에 있는데 나는 가까스로 그 신경 부분을 다치지 않아 그나마 횡경막이라도 움직일 수가 있다고 했다. 그 말을 듣고 나는 나 자신이 행운아라고 생각했다. 만약 몇 밀리미터 차이로 횡경막을 다쳤다면 기계의 도움으로 숨을 쉴 수밖에 없었을 것이고, 말도 제대로 할 수 없었을 것이다. 말을 제대로 할 수 없다면 과연 강단에 다시 설 수 있겠는가. 서울대 병원에 있을 때 바로 옆방에 C3를 다친 환자가 있었다. 홍동민 씨라는 분이었는데 나와 연배도 같았다. 나보다 한 끗 더 높은 곳을 다친 그는 거추장스러운 기계를 늘 가지고 다녀야 했다. 그리고 그것 때문에 그의 활동반경은 자연히 좁아질 수밖에 없었다. C4와 C3의 차이는 매우 큰 것이었다.

〈슈퍼맨〉의 주인공 크리스토퍼 리브도 C3를 다쳤다. 그 역시 나보다 한 끗 높은 셈이다. 그는 인공호흡기를 달고 목에 호스를 낀 채 방송에 출연했고, 여기저기 다니며 활발한 사회활동을 펼쳤다고 한다. 랜초에서 들은 이야기 중 하나가, 크리스토퍼 리브가 휠체어를 타고 다니는 척수 손상 환자에 대한 사회의 인식을 많이 바꾸었다고 하는 것이었다. 특히 그는 목에 호스를 낀 채로 TV 방송에 하도 많이 출연해 호스를 끼고 다니는 것이 대단치 않은 일이라고 생각하게끔 만들었다고 한다. 어쩌면 그것이 그가 이 사회에 남긴 가장 큰 공헌인지 모른다고도 했다.

감기를 심하게 앓은 날, 나는 더 이상 감기에 대한 궁금증을 갖지 않게 되었다. 기침을 하고 싶어도 기침을 할 수 없을 때가 있다. 그럴 때는 누군가가 내 배를 힘껏 눌러 주어야 한다. 그러면 숨이 빠르게 빠져나오며 기침과 유사한 효과가 발생한다. 이때 가래도 함께 배출된다. 감기가 나에게 얼마나 고통스러운 것인지, 또 가래를 뱉으려고 할 때마다 내 배를 눌러 주어야 하는 주변 사람들에게 얼마나 힘든 일인지 비로소 알게 되었다.

나는 2008년 5월 9일, 수술을 받았다. 그리고 나의 몸에는 또 하나의 구멍이 생겼다.

오토노믹 디스리플렉시아는 내가 놓여 있는 현실을 상징적으로 보여 준다. 나는 죽을 때까지 녀석과 싸워야 한다. 얼마 전 나는 나와 비슷한 척추 손상을 입고도 18년째 삶을 이어가고 있는 분과 전화 통화를 나눈 적이 있다. AD에 대해서 이야기했더니 자신은 그런 일을 겪지 않는다고 했다. 18년 동안이나 투쟁을 벌이고 있는 그분에게 찬사를 보내면서도, 한편으로는 AD를 겪지 않는 것이 정말 부러웠다.

나는 사람들과 얘기를 나누다가도 전동 휠체어를 뺨으로 작동해서 몸을 뒤로 눕힌다. 의자가 젖혀져 누운 자세를 만들듯, 몸을 뉘어야 한다. 체중의 압력을 분산시키기 위해서다. 이는 욕창을 예방하기 위해서 반드시 해야 하는 일이다. 영어로 bed sore 또는 pressure sore 라고 불리는데 장시간 같은 자세로 오래 있으면, 뼈와 피부 사이의 살에 피가 통하지 않아 피부 세포가 죽는다. 이렇게 되면 몸의 다른 곳에서 피부를 떼어와 이식해야 된다. 욕창은 다른 감염이나 합병증으로도 이어질 수 있다. 운동신경이 살아 있는 정상인은 스스로 욕창을 방지하기 위해 이리저리 몸을 뒤척인다. 잠을 잘 때 몸을 뒤척이는 것은 이런 눌림을 막기 위해 몸이 스스로 반응하는 것이다. 하지만 감각도 없고 움직일 수도 없는 나는 그럴 수가 없다. 인위적으로 자세를 바꿔 주어야 한다. 그래서 휠체어를 작동해 몸을 누인다. 사람들은 내가 타고 있는 전동 휠체어가 아주 특수한 것으로 착각한다. 특수한 기능이 있다면 그건 욕창을 방지하기 위한 'recline/tilt(눕다. 기대다)' 기능이다. 욕창을 방지하기 위해 병원에서는 서너 시간마다 환자의 체위를 바꿔 준다. 이건 쉬운 일이 아니다. 어떨 땐 보호자도 제대로 못 자고 환자도 못 잔다. 내가 있던 랜초 병원에서는 공기 매트리스 사용을 권장했다. 나는 좌우로 번갈아가며 공기가 들어왔다 나왔다 하는 매트리스 덕분에 잠을 편히 잘 수 있다.

나와 비슷한 처지에 있는 장애인이나 가족들과 인사를 나눌 때면 어김없이 욕창을 조심하라는 말을 한다. 다들 한 번쯤은 욕창에 걸려 고생을 한 경험이 있기 때문이다.

내가 말을 하다가 갑자기 몸을 뒤로 누이면 사람들은 일순 입을 다물고 놀란 표정을 짓는다. 그럴 때 난 이렇게 말한다.

"당신의 대화 내용이 재미없어서 눕는 것이 아니니 양해해 주세요."

이럴 때 가벼운 웃음은 필수다. 그리고 나서 천천히 설명을 해 주면 누구나 이해한다. 가끔씩 내가 뒤로 눕는 것을 보고 휠체어가 뒤로 넘어지는 것으로 착각한 행인들이 깜짝 놀라기도 한다. 일반 전동 휠체어보다 내가 타고 있는 휠체어가 높고 무거운 것은 이 같은 뒤로 눕는 기능 때문이다. 휠체어가 커서 서울시가 운영하는 일반 장애인 콜택시를 탈 수 없는 것은 조금 아쉽다.

30분에 한 번씩 자세를 바꾸는 것, 이것은 생존을 위해 내가 죽을 때까지 기억해야 할 일이다. 아프거나 불편해서가 아니다. 나는 그런 느낌이 없다. 살아남기 위해서 자동타이머처럼 그냥 기억해야 하는 것이다.

나의 현실은 이렇다. 이렇게 살아온 지도 2년이 지났다. 하지만 2년 전만 해도 나는 전 세계 오대양을 누비며 역동적으로 연구 활동을 펼쳤다. 자연을 관측하고 새로운 자연현상을 발견하며 보고하는 것이 나의 직업이자 가장 큰 즐거움이었다. 사고 자체는 불행했지만 나는 나 자신이 불쌍하다고 생각해 본 적이 없다. 44년 동안 정상인으로 살면서 안 해 본 일이 거의 없다. 그리고 정상인으로 살 때도 항상 행복한 것만은 아니었다. 죽을 수 있었는데 그래도 살아남아 남은 인생을 좀 다르게 살아 보는 것도 그리 나쁘지 않다고 생각한다. 선천적으로 장애를 입고 태어난 사람들이 불쌍하지, 난 거기에 비하면 너무도 행복한 사람이다.

나는 항상 이런 생각을 한다. 사고를 통해 장애를 입었지만, 다시 재기해 활동하는 데 필요한 최소의 부분은 하늘이 가져가지 않았다고. 횡경막만을 이용해서라도 정상인처럼 이야기할 수 있는 것만 보아도 나는 큰 행운아다. 그리고 또 이런 생각도 한다. 다시 주어진 제

2의 인생을 가볍게 볼까 봐, 또 내가 방심을 할까 봐 하늘이 AD라는 감시자를 붙여 준 것이 아닐까.

  나는 언제나 운이 좋았다. 위기나 기회의 순간마다 누군가의 도움이 있었다. 그리고 나는 남들과 조금 다른 길을 가는 것을 두려워하지 않았다. 그 덕분에 지금도 예전과 마찬가지로 나는 하늘이 내린 행운을 누리고 있다.

0.1그램의 희망

숨쉬고, 뒤척이고, 가려움을 느낀다는 것이 얼마나 큰 축복인지 아는 사람은 많지 않을 것이다.
삶의 행복은 지극히 사소한 것들에서부터 시작된다.

자카르타에서 보낸 어린 시절

책 속에는 전 세계 곳곳의 바다와 사막과 계곡과 산이 펼쳐져 있었다. 독수리가 날고 사자가 뛰어다니고 고래가 물을 뿜었다. 가끔씩 혼자 부록으로 나오는 지도를 펼쳐 놓고 여행과 탐험하는 것을 상상하기도 했다.

1969년, 내가 초등학교 1학년 때였다. 그해 가을 어느 날 아버지가 말했다.

"자카르타로 갈 거다."

아버지는 한일은행 국제부에서 근무하고 있었다. 그런데 인도네시아의 벌목권을 따낸 기업이 한일은행에 큰돈을 빌렸고, 아버지는 이 기업의 사업을 관리감독 하는 일을 맡아 해외 근무를 하게 된 것이었다.

"남방개발이라는 회사인데, 아빠가 먼저 가 있을게."

아버지는 맏이인 나의 머리를 쓰다듬으며 말했다. 둘째인 여섯 살 유진이는 "아빠 어디 가는 거야?"라며 울었고, 막내 네 살배기 원재는 우는 누나를 멍하니 바라보고 있었다. 나는 자카르타라는 곳이 어디 있는지 지도에서 찾아보았다. 그리고 이듬해인 1970년 봄, 우리 가족은 자카르타로 떠났다. 아버지가 떠난 지 6개월 만이었다.

당시 한국 TV에서는 〈털보 가족〉이라는 외화가 방영되고 있었다. 드라마의 주인공들은 뉴욕의 고층 아파트에서 살았는데, 나는 우리 가족이 가는 인도네시아를 미국쯤으로 착각하고 있었다. 하지만 자카르타 공항에 도착했을 때, 검은 피부를 가진 사람들을 보고 놀라지 않을 수 없었다.

당시 인도네시아의 달러화 환율은 우리나라와 비슷했다. 풍부한 인적 자원과 지하자원 덕분에 대국으로 성장할 가능성이 매우 큰 나라였고, 세계 비동맹 국가들 중에서도 리더 역할을 하고 있었다. 그리고 북한과도 우리보다 먼저 수교를 했다. 인도네시아는 비록 국민들 개개인의 삶은 궁핍했지만, 국제사회에서의 위상은 매우 높았다.

우리 가족은 스나얀 88번지에 둥지를 틀었다. 동네에서 가장 큰 집이었다. 차고에는 벤츠를 비롯한 자동차가 3대나 있었고, 3명의 가정부 외에 운전기사까지 있었다. 집이 하도 커서 동생이 집 안에서 자전거 타는 것을 배울 수 있을 정도였다. 자카르타에 가서 갑자기 신분이 상승한 셈이었다.

내가 진학한 학교는 자카르타의 JES(Joint Embassy School, 이 학교는 훗날 JIS : Jakarta International School로 이름을 바꾸었다)라는 국제학교였다. 학교 이름에서 알 수 있듯이 주로 외교관의 자녀들이 다녔지만, 현지 근무를 하는 해외 기업의 자녀들도 많았다. 학교는 초등학교부터 고등학교까지 갖추어져 있었고, 교사들은 모두 외국인이었다. 도서관을 비롯한 시설들도 매우 훌륭했다. 아버지는 당시 이 학교의 등록금이 한국에 있는 사립대학 등록금의 4배라고 했다.

집에서는 한국어, 밖에서는 인도네시아어, 학교에서는 영어를 써야 하는 생활이 시작되었다. 인도네시아어는 생활을 해 나가면서 자연스럽게 익힐 수 있었지만, 학교 수업을 따라가기 위해 영어는 가급적 빨리 익혀야 했기 때문에 별도의 레슨을 받았다.

한국과 달리 국제학교는 9월에 첫 학기를 시작했고, 그해 9월에 나는 3학년으로 학기를 맞이했다. 한국에서 2학년 과정을 마무리하지 못한 채 월반을 한 셈이었다.

당시 3학년 우리 학급에는 나와 사정이 비슷한 동갑내기 아이가 두 명 더 있었다. 편선장과 애리나 마츠모토였다. 특이한 이름의 선장이는 나와 같은 한국인이었고, 애리나 마츠모토는 일본 여자 아이였다. 학교에서는 우리 세 명을 위해 특별 클래스를 편성했다. 우리 식으로 하면 '영어 집중 교육반'쯤 됐을 것이다. 셋은 4학년까지 꼭 붙어 다니면서 특별 클래스에서 수업을 같이 받았다. 학교에서는 아이들의 영어 실력이 향상될 때까지 2년을 기다려 주었다. 어머니는 가끔 선장이와 어울리지 말라는 충고를 하고는 했다. 선장이와 어울리면 자연 한국어를 쓸 테니 영어 실력이 늘지 않을 것이라는 게 이유였다. 우스운 일은 선장이 어머니도 나와 어울리지 말라고 했다는 것이다.

초등학교 수업은 아침 8시에 시작해 오후 1시 30분에 끝났다. 하지만 아버지는 언제나 4시가 되어서야 나를 데리러 왔다. 학교는 한국과 달리 토요일에 등교를 하지 않았기 때문에 비싼 수업료를 내는 만큼 평일에는 학교 도서관에서라도 공부를 하라는 뜻이었다. 때문에 나는 매일 아이들이 집으로 돌아간 학교에서 여동생과 함께 미술실과 도서관을 오가며 시간을 보냈다.

학교 도서관은 공간이 매우 넓었을 뿐만 아니라 소장하고 있는 도서도 상당히 많았다. 일개 학교의 도서관 수준을 넘어 거의 시에서 운영하는 시립도서관 규모였다. 나는 평소 수업시간 중에도 도서관을 자주 찾고는 했는데, 아버지 덕분에 방과 후 매일 3시간을 그곳에서 보낼 수 있었다. 나는 오후마다 장서들 사이에서 마음껏 상상의 날개를 폈다.

다른 나라 말로 씌어 있어 내용을 잘 알 수는 없었지만 책에 나와 있는 그림을 보는 것만으로도 충분히 즐거웠다. 초등학교 3학년 때 심취했던 책은 주로 전쟁과 관련한 책들이었다. 그 또래 사내아이들이 대부분 그렇듯, 1·2차 세계대전과 관련한 사진에 등장하는 탱크와 비행기, 군함들이 나를 매료시켰던 것이다. 조금 시간이 지난 뒤에는 플라스틱 모형에 빠져들기도 했다. 하지만 뭐니뭐니해도 한국어로 된 책을 읽는 것이 가장 즐거웠다. 그래서 가끔씩 〈소년중앙〉이나 〈어깨동무〉가 인편을 통해 한국에서 배달되어 오면 책의 첫 페이지부터 끝까지 몇 번이고 다시 읽었다.

그러던 어느 날, 노란색으로 테두리가 쳐진 책을 발견했다. 전쟁에 관한 책은 아니었지만 그보다 사진은 훨씬 더 많았다. 책 속에는 전 세계 곳곳의 바다와 사막과 계곡과 산이 펼쳐져 있었다. 독수리가 날고 사자가 뛰어다니고 고래가 물을 뿜었다. 또 세상 사는 사람들의 다양한 모습과 주변 환경이, 어떻게 찍었을까 싶은 사진 속에 담겨 있었다. 가끔씩 혼자 부록으로 나오는 지도를 펼쳐 놓고 여행과 탐험하는 것을 상상하기도 했다. 그런데 이 책은 내가 즐겨보던 다른 잡지처럼 정기적으로 새 것이 간행되어 도서관의 책장을 채웠다. 연재만화의 다음 편을 기다리듯, 나는 다음 달 나올 새 책을 손꼽아 기다렸다. 이 책의 제목은 '내셔널 지오그래픽'이었다.

국제학교는 지리 과목을 중시했던 것으로 기억난다. 세계 각국에서 모인 학생들을 지도하기 위해 지리만큼 좋은 것이 없었다. 친구의 나라가 어디에 있고, 그 나라와 우리나라는 어떤 관계이고, 친구의 나라에서는 무엇이 유명한지 등을 지리 과목을 통해 알아 나갔다.

학교에서는 프로젝트 형태의 수업이 많았다. 강이나 산맥을 주제로 잡고 각자 자기가 원하는 곳을 선택해 이에 대한 조사를 한 뒤에 리포트를 쓰고 발표하는 것이었다. 지금도 기억나는 프로젝트 수업 중에 산맥에 관한 것이 있다. 선생님이 전 세계의 대표적인 산맥 이름을 칠판에 적었다. 그날 나는 수업에 늦어 우랄산맥이라는 아주 생소한 곳을 맡게 되었다. 히말라야나 로키산맥처럼 비교적 유명한 지역을 뽑은 아이들은 환호했다.

도서관에서 자료를 찾아보아도 우랄산맥에 관한 것은 도저히 찾을 수가 없었다. 브리태니커 백과사전에서 찾아낸 짤막한 내용이 전부였다. 발표를 어떻게 준비할까, 고민에 빠져 있는데 마침 〈내셔널 지오그래픽〉에서 우랄산맥 주변에 살고 있는 소련 사람들에 관한 사진을 발견할 수 있었다. 하지만 그것만으로 발표를 준비하기에는 너무 부

> 당시 한국은 정치적으로 매우 불안정한 상황이었다. 부모님은 한국으로 아이들을 데리고 갈지 말지 고민이 많았다고 한다. 아버지는 나를 미국으로 보낼 생각을 하기도 했지만, 차마 아들을 머나먼 타지에 혼자 보낼 수 없어 나를 데리고 한국으로 돌아왔다.

족했다. 그동안 다른 아이들은 충분한 자료와 정확한 사실에 근거하여 발표를 준비했지만, 나는 그럴 수가 없었다. 하는 수 없이 나는 〈내셔널 지오그래픽〉에 나와 있는 사진을 바탕으로 상상력을 발휘하기 시작했다. 이들의 모습과 생활을 머릿속에 그리고 그것을 토대로 글을 썼다. 속된 말로 뻥이었다. 지금 생각해 보면, 그때의 그 사진도 우랄산맥이 아니라 안데스산맥에 사는 인디언 부족에 관한 것이었던 것 같다.

나는 국제학교에서의 프로젝트 수업 덕분에 자료를 검색하고 보고서를 만들어 발표하는 훈련을 제대로 할 수가 있었다. 당시 한국에 있는 학생들이 암기식 교육에 매달리고 있을 때 나는 전 세계를 대상으로 상상력의 나래를 펼칠 수 있었고, 자유로운 분위기 속에서 선진적인 학습을 받을 수가 있었다. 그리고 방학이 길고 많은 덕분에 인도네시아 주변 국가들을 두루두루 여행하는 기회를 자주 가질 수도 있었다. 이것은 나에게 큰 행운이자 축복이었다.

초등학교 5학년이 되었을 때는 별도의 영어 수업을 받지 않아도 정상적으로 수업을 따라갈 수 있었다. 그러자 부모님은 나를 월반시킬 계획을 세웠다. 여동생과 연년생이어서 혹시 한국에 돌아가 재수라도 하게 되면 동생과 함께 시험을 치러야 하는 상황에 처하는 걸 막기 위해서였다. 그래서 나는 5학년 도중에 월반 시험을 봐서 중학교 1학년으로 뛰었다. 돌이켜 생각해 보면 내가 정상적으로 초등학교 생활을 한 기간은 6년 중 통틀어 채 2년도 되지 않는 것 같다. 그러니 초등학교 동창이랄 것도 딱히 없다.

어느 날 아버지가 나를 미국에 혼자 보내면 그곳에서 잘 지낼 자신이 있냐고 물었다. 아버지의 해외 근무 기간이 끝나 가고 있었다. 당시 한국은 월남 패망과 유신 등으로 인해 정치적으로 매우 불안정한 상황이었다. 때문에 부모님들은 한국으로 아이들을 데리고 가야 하나 말아야 하나 하는 고민이 많았다고 한다. 아버지의 그 질문에 나는 자신 있게 당연히 할 수 있다고 대답했다. 하지만 아버지는 차마 아들을 머나먼 타지에 혼자 보낼 수 없어 나를 데리고 한국으로 돌아왔다.

당시 부모님에게는 걱정거리가 또 하나 있었다. 자카르타에서 자유분방하게 자란 내가 과연 한국의 학교에 잘 적응할 수 있을까, 하는 것이었다. 나는 아직 어려서 사태를 제대로 파악하지 못하고 있었지만, 새로운 상황에 적응해야 한다는 사실이 막연한 두려움으로 다가왔다.

야호, 반에서 48등이나 했어!

아이러니컬하게도 해양학의 꿈을 심어 준 사람도 아버지였고, 그 꿈을 꺾고자 했던 사람도 역시 아버지였다.

1974년 1월 10일, 우리 가족은 한국으로 돌아왔다. 자카르타에서는 학기가 9월에 시작하기 때문에 중학교 1학년 수업을 거의 듣지 못했는데, 한국에서는 중학교 1학년 과정이 이미 끝나 가고 있었다. 당시 한국의 중고등학생들은 머리를 짧게 깎아야 했고 교복을 입고 학교에 다녔다. 내가 편입한 학교는 한강중학교였다. 당시 학급의 학생 수는 72명이었는데, 내가 오면서 73명이 되었다. 자연히 나에게는 73번이라는 번호가 배정되었다.

당시에는 외국에 살다가 온 학생이 아주 드물었기 때문에 선생님들은 나를 무척 어려워했다. 어떤 선생님은 내가 한국말을 전혀 못하는 줄 알고 있기도 했다. 학교 선생님들 중에 학생들에게 아주 악

명이 높은 영어 선생님이 있었는데, 그 선생님도 예외는 아니었다. 그 선생님은 시험을 치르고 나면 틀린 개수만큼 학생들에게 몽둥이질을 했다. 하지만 우리 반에서만큼은 매를 들지 않았다. 선생님들은 마치 나를 유엔 사찰단 대하듯이 했다. 외국인 앞에서 우리나라 학교의 '사랑의 매' 문화를 드러내지 않으려고 애쓰는 것과 마찬가지였다. 나는 선생님들의 이런 점을 간파하고는 다른 학생들처럼 빡빡 깎아야 할 머리도 깎지 않은 채 한 달을 버텼다. 그런 나를 두고 다른 학생들 사이에서는 말들이 많았을 것이다.

그러던 어느 날, 체육 선생님이 나를 교무실로 불러 부드러운 목소리로 말했다.

"상묵아, 한국에는 단체 생활이라는 것이 있는 거고, 거기에 맞추기 위해서는 너도 머리를 깎아야 한다."

인도네시아를 떠나 한국으로 올 때 나 역시 한국 학교에서는 머리를 깎아야 한다는 사실을 익히 알고 있었다. 하지만 외국에서 온 학생을 대해 본 경험이 없는 선생님들 앞에서 모르는 척 버텼던 것이다. 다음 날 드디어 다른 학생들과 똑같이 머리를 깎고 교복을 입은 채 등교를 했다. 그런데 교문 앞에서 규율반이 나를 불러 세웠다. 머리를 기르고 다닐 때도 아무런 지적을 당하지 않았기 때문에 의아한 생각이 들었다. 규율부원은 손가락으로 내 신발을 가리켰다. 내 운동화 색깔이 파란색이었다. 그게 문제였다. 한 달 넘게 학교를 다니면서도 나는 학생들이 모두 검은색 운동화를 신고 다닌다는 사실을 전혀 몰랐던 것이다.

얼마 지나지 않아 월말고사를 치렀다. 다음에는 기말고사라는 관문이 기다리고 있었다. 인도네시아에서 지낼 때 학교 공부는 뒷전이었기에 나는 마음을 비웠다. 분명히 성적 등수가 내 학급번호인 73번과 같을 거라고 생각했다.

국어, 영어, 수학 과목을 치르는 월말고사가 있고 얼마 뒤 담임선생님이 성적표를 나누어 주었다. 도저히 믿어지지 않았다. 73명 중에 48등을 한 것이었다. 국어 15점, 수학 36점, 영어 98점. 영어 때문에 평균이 올라간 것이었다.

'아니, 나보다 공부를 못하는 아이들이 이렇게 많단 말이야?'

아버지, 어머니에게 자랑하고 싶었다. 나는 성적표를 들고 단숨에 집까지 달려갔다. 집에는 외할머니 혼자 계셨다. 나는 외할머니에게 마치 전교 1등이라도 한 것처럼 자랑스러워하며 성적표를 내밀었다. 48등. 상황을 잘 모르는 할머니로서는 억장이 무너졌을 것이다. 겨우 48등을 해 놓고는 저렇게 좋아하다니.

그리고 얼마 후 전 과목을 치르는 기말고사가 다가왔다. 48등이라는 뜻밖의 좋은 성적에 한껏 고무된 나는 제법 열심히 공부를 했다. 그 덕에 46등을 했다.

중학교 2학년 때는 공부를 아주 잘하는 친구와 짝이 되어 많은 도움을 받았다. 그 친구는 영민하고 어른스러워서 공부뿐만 아니라 학교생활을 해 나가는 많은 부분에서 큰 힘이 되어 주었다. 누구나 그럴 수 있지만, 한때 공부를 잘하던 학생도 사춘기 때 방황을 하면서 성적이 떨어지기도 하고, 또 사춘기 때 각성을 해서 성적이 오르기도 한다. 나에게 도움을 주었던 그 친구는 전자였다.

  훗날 내가 대학교 입시에 떨어져 재수를 할 때였다. 종로학원이라는 유명한 입시 학원에 들어가기 위해서는 시험을 치러야 했다. 그 시험을 치렀던 추운 겨울 종로학원 앞에서 나는 우연히 그 친구를 만났다. 나의 우상이었고 보호자였던 그 아이가 대입에 실패해서 나와 같이 학원에 다니게 되었다는 사실이 내가 대입에 떨어진 것보다 더 슬프게 다가왔다. 우리는 근처 다방에 들어갔다. 나는 솔직히 다방에 들어가는 것도 머뭇거릴 만큼 숙맥이었다. 하지만 친구는 익숙하게 다방에 들어가서는 익숙하게 담배까지 뽑아 물었다. 친구 앞에서는 표현을 하지 않았지만 중학교 때까지만 해도 전교 1~2등을 다투던 그 친구가 그렇게 변해 버린 게 너무 서글펐다.

  중학교 2학년부터 성적이 완만한 상승곡선을 그리기 시작했고, 중학교를 졸업할 즈음에는 반에서 20등 정도의 성적을 유지했다. 그리고 성남고등학교에 진학하면서 반에서 5~10등을 했다. 성적이 오르고는 있지만 이 정도 성적으로 SKY 대학은 힘들었다.

  고등학교 1년이 저물어 가던 초겨울의 어느 날이었다. 이유는 알 수 없지만 나는 그날의 일을 정확하게 기억한다. 방에서 공부를 하고 있는데 아버지가 들어왔다. 약간 술을 드신 것 같았다. 술 냄새가 진했다.

  "상묵아, 아버지가 네 장래에 대해 생각해 봤는데, 한번 같이 이야기해 보자."

> 해양학을 택한 것은 순전히 아버지 때문이었다. 어떻게 보면 나는 소신지원을 한 셈이다. 하지만 지금 돌이켜보면 내가 해양학에 대해서, 또 과학자에 대해서 무얼 안다고 그렇게 자신 있게 해양학자가 되겠다고 했는지 정말 무모했다는 생각이 든다.

솔직히 이전까지 나는 어머니와 외할머니 품에서만 자랐다. 아버지는 그저 엄하신 분이고 돈을 벌어다 주는 분이었다. 아버지와 남자 대 남자로서 대화를 나누기는 그때가 처음이었다.

앞에서도 얘기했듯이 인도네시아에서의 생활은 무척 풍요롭고 안락했다. 나와 동생들뿐만 아니라 아버지, 어머니에게도 그랬다. 하지만 한국으로 돌아오면서 많은 것이 바뀌었다. 그동안 아버지가 착실하게 저축을 한 덕분에 우리는 한국에 돌아오자마자 당시의 부촌인 동부이촌동의 아파트에서 살 수 있었지만, 그래도 외국에서의 생활을 잊지 못하고 계시던 아버지에게는 은행의 샐러리맨이라는 직업이 그다지 유망하지 않게 다가왔을 것이다. 그래서 아버지는 그날 친구들과 술을 드시면서 내 자식들은 앞으로 무엇을 하며 사는 것이 좋을지 고민을 하신 모양이었다.

당시에는 문과를 택하면 법대, 이과를 택하면 의대 식의 생각이 팽배해 있었다. 고등학교 1학년에서 2학년으로 올라가면서 문과, 이과가 나누어졌고, 이과를 택한 나는 당연히 의사가 될 거라고 마음먹고 있었다. 그런데 그날 저녁 아버지는 나에게 '해양학'이라는 학문을 공부해 보는 게 어떻겠냐고 권유했다. 과학자가 되는 것이 좋을 것 같은데, 물리학이나 화학처럼 이미 널리 알려진 분야보다는 새로운 분야에 도전해 보라는 말씀이셨다. 처음에는 어리둥절했다. 하지만 아버지 입에서 나온 이야기인 만큼 충분히 고려해 볼 필요가 있다고 생각했다.

시간이 조금 지난 뒤에 나는 왜 아버지가 나에게 해양학을 권유했을까 생각해 보았다. 나중에 물어보았지만, 아버지는 당시 상황이 기억나지 않는다고 했다. 그래서 내 나름대로 추론해 보았다. 그러다가 당시 우리나라 서점가를 강타한 앨빈 토플러의 《미래의 충격(Future Shock)》이라는 책에서 그 답을 찾았다. 이 책에는 해양학, 우주학 등을 미래의 유망 학문으로 꼽고 있는데, 아버지도 이 책을 읽고 영향을 받으신 모양이었다. 어쨌든 나는 그날 이후부터 해양학자가 되겠다는 꿈을 키웠다. 어떻게 보면 아버지의 선견지명이 오늘날의 나를 있게끔 했다고 볼 수도 있다. 하지만 이 일은 내가 대학에 다니는 동안 아버지와 나 사이에 갈등을 일으키는 불씨가 되었다.

다음 날 나는 당시 서울대 농대에 다니던 과외선생님에게 물어보았다.

"아버지가 해양학자가 되었으면 하시는데, 해양학이 뭐예요?"

"그렇다면 너는 자연과학대학에 가야겠구나."

나는 이과에 공대, 의대 말고 자연대라는 게 있다는 걸 그때 처음 알았다. 과외선생님은 예전에는 문리대라고 해서 인문대와 자연대가 합쳐져 있었는데 그게 분리되었다고 설명해 주었다.

"그런데 상묵아, 너 공부 열심히 해야겠다. 해양학과가 서울대에 있는데, 거기 못 가면 인천에 있는 대학으로 가야 하거든."

과외선생님이 말한 '인천에 있는 대학'은 인하대학교였다. 인하대학교가 좋은 대학이기는 하지만 당시의 나는 그 대학교가 집과 멀리 떨어져 있다는 이유만으로 막연하게 '그러면 서울대에 가야겠구나.'라고 생각했다. 그러자 약간 우울해졌다. 나는 서울대에 들어갈 만한 실력이 되지 않았기 때문이었다.

해양학을 택한 것은 순전히 아버지 때문이었다. 나는 학문이라는 것이 무엇인지, 과학자가 된다는 것이 무엇을 의미하는지 전혀 몰랐다. 친인척 중에서도 과학자나 그 비슷한 길을 걷고 있는 사람이 한 명도 없었다. 어떻게 보면 나는 소신지원을 한 셈이다. 하지만 지금 돌이켜보면 내가 해양학에 대해서, 또 과학자에 대해서 무얼 안다고 그렇게 자신 있게 해양학자가 되겠다고 했는지 정말 무모했다는 생각이 든다.

고등학교 3학년이 될 때까지도 서울대학교 자연대에 들어가 해양학을 공부해야 한다는 목표의식은 조금도 흔들리지 않았다. 그런데 입시가 다가올 즈음, 나에게 해양학의 꿈을 심어 주었던 아버지가 돌연 한의학을 전공하는 것이 어떻겠느냐고 말했다. 돈이 인생의 전부는 아니지만 70%의 행복은 보장해 주는 것 같다며 노골적으로 말씀하셨다. 내 실력 정도라면 경희대 한의대에는 쉽게 들어갈 수 있을 것이고, 나중에 병원을 차리는 동시에 경희대 교수를 할 수도 있을 것이며, 한약재상 판매 루트를 거머쥘 수도 있을 것이라는 게 아버지의 설명이었다. 그리고 내가 영어를 잘하기 때문에 외국에 진출해서 외국인을 상대로 큰돈을 벌 수 있을 것이라고 덧붙였다.

먼저 아버지에 대해서 언급하지 않을 수 없다. 아버지는 전라남도 완도에서 2남 2녀 중 둘째 아들로 태어났다. 목포고등학교를 졸업하고 서울대 상대를 나왔다. 지금의 서울대 경제학과다. 대학을 졸업한 후 아버지는 한일은행에 취업했다(당시 은행원은 학교 선생님과 함께 최고의 직업이었다). 첫 발령지는 부산이었다. 당시 부산 한일은행은 소위 재벌이었던 우리 외갓집의 주거래 은행이었다. 외할아버지가 돌아가신 다음 가세가 기울자 외할머니는 큰딸(우리 어머니)을 유능한 사람에게 시집보내고자 하셨다고 한다. 그래서 외할머니는 한일은행 부산 지점장에게 당신 직원들 가운데 가장 똑똑하고 유능한 사람이 누구냐고 물었다. 그 지점장이 추천한 사람이 바로 아버지였다. 어머니는 이화여대에 다니고 있었다. 당시 사회 분위기는 부모가 정해 준 사람과 두말없이 결혼하는 것이 당연했다고 한다.

아버지는 자기관리가 철저하고 이재에 탁월한 재능을 갖고 계셨다. 그래서 아버지는 아들이 샐러리맨의 굴레에서 벗어나기를 바랐고, 또한 당신처럼 경제적인 관념이 철두철미하기를 바랐다. 시간이 지나면서 아버지도 과학자의 길이 결코 만만치 않다는 사실을 뒤늦게 안 모양이었다. 그래서 아버지는 내가 앞으로의 인생을 보다 윤택하고 편안하게 살기를 원했던 것이다.

아버지는 미래에 대해 항상 걱정이 많았다. 특히 자식 문제, 손자들 문제에 대해서는 늘 예민한 반응을 보였다. 한번은 이런 일이 있었다. 내 여동생의 딸이 어릴 때부터 피아노에 소질을 보였는데 하루는 여동생이 아버지에게 "지형이(조카딸)가 절대음감을 가지고 있어서 피아노 건반 다섯 개까지 동시에 눌러도 음을 맞춘다."고 자식자랑을 늘어놓았다. 그 말을 들은 아버지는 조용한 목소리로 "그 애가 나중에 피아노 조율사는 해먹고 살 수 있겠구나."라고 말했다. 지형이는 지금 서울대 음대에서 피아노를 전공하고 있다.

    결국 나는 한의대에 가지 않았다. 나는 해양학이 무엇인지도 모르면서 해양학에 깊이 빠져 짝사랑을 하고 있었다. 아무리 아버지의 말씀이라고는 하지만, 소명의식도 없이 단순히 돈을 더 많이 벌기 위해 나만의 꿈을 휴지 조각처럼 버릴 순 없었다. 다행히 이때 어머니가 내 편이 되어 주셨다. 아버지의 한의학에 대한 미련은 내가 대학에 입학한 후에도 계속되었다. 어떤 날에는 내가 술을 마시고 늦게 들어가면 과학자에게 무슨 친구가 필요하냐며 친구들과 어울리고 다닐 거면 한의학과에 가라고 꾸짖기도 했다. 조금만 내 자세가 흐트러져도 한의학 운운했다. 솔직히 나는 한의학에 대해서 부정적인 생각이 없다. 있다면, 우리 아버지 때문이다. 아버지 입에서 한의학 소리가 나오지 않게 된 것은 그로부터 15년 뒤 내가 MIT에서 박사 학위를 받고 나서였다. 아이러니컬하게도 해양학의 꿈을 심어 준 사람도 아버지였고, 그 꿈을 꺾고자 했던 사람도 역시 아버지였다.

해양학자가 되는 길

1학년부터 3학년까지 평범하게 지냈던 내가 4학년에 진학하면서 달라질 수 있었던 것은 모두가 이때 아버지가 해 준 멘토링 덕분이었다. 당시엔 몰랐지만 그 시간은 어린애에서 어른으로 내 생각이 바뀐 인생의 가장 중요한 전환기였다.

나는 다른 학생들과 달리 해양학이라는 뚜렷한 목표를 가진 덕분에 사춘기의 방황 같은 건 전혀 겪지 않고 성실한 고등학생 시절을 보냈다. 성적을 올려 서울대 진학권에 드는 것만이 내 유일한 목표였다. 하지만 1980년에 서울대 자연과학대학에 응시했다가 보기 좋게 낙방하고 말았다. 다른 것은 생각하고 싶지도 않았다. 오로지 '서울대학교 해양학과'만을 생각했다. 그래서 재수를 하기로 마음먹었다.

많은 사람들이 한 번의 실패를 통해 내가 많은 것을 배울 거라고 위로했지만, 솔직히 재수를 하는 동안 특별히 배우고 느낀 것은 없었다. 나는 주변 사람들을 실망시킨 죄인에 불과했다. 1980년대에 종로학원이 있던 서울역 염천교 부근은 데모의 중심지였다. 나는 그 데모

대열을 묵묵히 지나 집으로 향하면서도 다른 생각은 하지 않았다. 내가 왜 실패했는가, 그리고 똑같은 일을 반복하지 않기 위해서 무엇을 해야 하는가 하는 생각밖에 하지 않았다.

1980년 12월, 다시 서울대에 지원했다. 1년 전과 달리 모든 조건이 유리해져 있었다. 신군부가 들어서면서 과열된 교육열을 잠재운다는 명목으로 입시의 최대 난코스였던 본고사가 폐지되었다. 그리고 서울대를 비롯한 모든 대학이 입학 정원을 늘렸다. 대학에 들어가기만 하면 졸업은 그저 먹는다고 생각하기 때문에 학생들이 데모에 가담하는 것이라고 판단한 신군부가 펼친 교육 정책의 결과였다. 이 제도는 나중에 많은 폐단을 낳았다. 졸업 정원제라는 제도 하에 학점이 모자라 학교에서 퇴출을 당했던 동료 학생들은 나중에 다시 복권이 되었다. 하지만 그들 중 상당수가 이미 전도유망한 길을 찾아 다른 대학교의 의대와 치대, 약대로 옮겨 간 뒤라 아주 일부만이 서울대로 돌아왔을 뿐이었다.

하지만 나로서는 첫 번째 입시에 비해 두 번째 입시는 거저먹기나 마찬가지였다. 결국 나는 서울대 자연과학대학에 입학했다. 정말 오랜 꿈이 이루어지는 순간이었다. 입학이 확정된 날 저녁, 아버지는 나에게 이런 말을 했다.

"상묵아, 아버지가 세상을 살아 보니까 대학 입학 때까지만 공부가 필요하지 나머지는 공부로 좌우되는 것이 아니더라. 그러니 너도 앞으로는 공부 이외에 다른 것을 연마하도록 노력해라."

아버지는 내가 혹시라도 공부를 등한시할까 봐, 내가 대입에 합격

하는 순간까지 이 말을 아껴 두었다고 한다.

　1981년 당시 서울대학교 자연과학대학의 입학생 수는 대략 430명이었다. 세부전공은 2학년에 진학하면서 선택할 수 있었다. 입학하자마자 전체 학생을 상대로 설문조사가 실시되었다. 해양학과를 지망한 학생은 딱 두 명이었다. 나는 나 말고 또 누가 해양학과를 지망했는지 무척 궁금했다.

　그 나머지 한 명이 누구인지를 알기까지 6개월이라는 시간이 걸렸다. 1학년 2학기 때 나는 과학 선택과목으로 지구과학을 택했다. 당시 교재는 대부분이 원서였고, 학생들은 복사판 교재를 사서 공부했다. 그런데 어느 날 수업에 들어갔더니 어떤 학생이 원서를 가지고 있었다. 호기심이 생겨서 웬일로 원서를 샀냐고 물었더니 그가 대답했다. "나 해양학 전공할 거야." 나 외에 해양학과를 지망했던 그 나머지 한 명이 바로 지금 충북대학교 지질학과에 있는 이철우 교수다.

　대학교에 입학하자마자 나는 물 만난 고기처럼 놀기만 했다. 남들은 한 번 치르는 시험을 나는 두 번씩이나 치렀으니 그럴 자격이 충분하다고 느꼈다. 그렇게 1학기가 지나고 2학기를 맞았다. 그런데 2학기를 시작하자마자 1학기 때 데모로 잘렸다가 복학한 친구를 축하해 주기 위해 서울대 개울가 건너 관악산 등산로 '강건너집'을 가다가 발을 병에 찔려 크게 다치는 상처를 입었다. 8주 진단이 나왔다. 공부를 하려고 해도 제대로 할 수가 없었다. 특히 계단과 경사가 많은 서울대 관악 캠퍼스를 목발로 짚고 다니는 것은 큰 고역이었다. 2학기가 끝나고 희망 학과를 선택하는 순간이 왔다. 공부 잘하는 학생들은 대부분 물리학과를 1지망으로 써냈다. 솔직히 난 자연과학대학 들어와서 한두 달이 지나서야 물리학과의 학점 커트라인이 제일 높다는 것을 알았다. 아버지는 내 성적표를 보더니 "음, 결국 해양학과밖에 갈 데가 없구나."라고 했다. 당시에 해양학과는 불안한 중간권에 속해 있었다.

내가 학교에 다닐 때 서울대 학생들이 주로 어울리는 동네는 무교동과 종로 2가였다. 나는 대학교 3학년 때까지 거침없이 놀았다. 그럴 수 있었던 이유는 거의 모든 교재가 영어로 되어 있었기 때문이었다. 같은 과 친구들은 일주일 전부터 시험 준비를 했다. 반면에 나는 당일치기가 가능했다. 하루에 영어 원서 백 페이지 읽는 것은 문제가 되지 않았다. 교재만이라도 제대로 읽고 시험을 치르면 A가 보장되던 시절이었다. 하지만 꾸준한 학습을 필요로 하는 수학이나 물리학 과목에서는 고전을 면치 못했다.

나는 해양학 중에서도 해양지질학을 공부하기로 결심했다. 그 길이 내가 어릴 적 〈내셔날 지오그래픽〉을 보며 꿈꾸던 탐험가의 삶과 가장 비슷하다고 판단되어서였다. 그리고 자연현상을 관찰하는 즐거움과 그 의미를 일깨워 준 조성권 교수님의 '현생 퇴적학' 그리고 김정환 교수님의 '야외 지질학' 같은 과목들 덕분이었다. 해양학과는 해양생물, 해양물리, 해양화학, 해양지질로 교과가 나누어져 있어 자연과학대학의 축소판이라고 할 수 있었다. 해양학과는 4개의 세부 분야마다 교수가 2~3명 정도 있었다. 해양지질학도 입학 당시에는 두 분의 교수님이 있었는데, 내가 3학년이 되던 1983년에 한 분이 더 부임

했다. 그 이후 20년이 지나 가장 원로이시던 교수님이 은퇴하고 내가 그분의 자리를 이어받았다. 그게 2003년 12월 24일의 일이었다. 21년 만에 이 분야에 교수 자리가 생긴 셈이다. 어쩌면 나는 어릴 적 꿈을 이룬 몇 안 되는 행운아에 속한다고도 할 수 있다.

> 세부전공은 2학년에 진학하면서 선택할 수 있었다. 입학하자마자 전체 학생을 상대로 설문조사가 실시되었다. 해양학과를 지망한 학생은 딱 두 명이었다.

내가 학교를 다니던 시절은 막강한 군부통치 하에서 전국의 대학생들이 숨도 제대로 쉴 수 없을 만큼 살벌한 시대였다. 학교에는 아침마다 수십 대의 전경 차량이 들어왔고, 이삼천 명의 전투경찰이 학교에 상주하고 있었다. 이처럼 어려운 상황에서도 많은 학생들이 민주화를 위한 데모에 동참했고 또 희생되었다. 나는 서울 중산층 가정의 부르주아였다. 데모에 찬성은 했지만 차마 나서지는 못했다.

대학교 3학년 때의 일이다. 군부는 지하 서클을 막기 위해 학점이 어느 수준에 이른 학생만이 회장직을 맡을 수 있게끔 학칙을 바꾸었다. 상당수의 해양학과 동기들이 이 기준에 미달하는 바람에 한때는 내가 해양학과 대표를 맡을 수밖에 없었다. 그리고 본의 아니게 '수중탐험대'라는 스킨스쿠버 서클의 회장직도 겸임해야 했다. 학생들과 교수 사이에서 힘들어하는 나를 보고 아버지는 "그러려면 차라리 데모를 해라."라고 역정을 내고는 했다. 물론 진심은 아니었다.

대학 4학년 때 아버지에게 변화가 찾아왔다. 당시에 아버지는 세방전지라는 기업의 수석부사장으로 재직 중이었는데 갑자기 구로구에 위치한 한국탄산이라는 회사의 사장으로 자리를 옮기게 된 것이었다. 언뜻 보기에는 승진한 것 같지만, 서울 시내 소동공 한가운데에서 근무하시던 아버지가 비교적 변방인 구로구로 자리를 옮긴 것은 '좌천'이나 마찬가지였다. 하지만 아버지는 이 '좌천'을 일생에서 가장 보람된 시간으로 생각하고 있다. 서초동에서 구로구로 출퇴근을 하려면 남부순환도로를 따라 서울대 입구를 지나야 했다. 그래서 나는 아버지 차를 타고 학교에 오가며 출근 때 30분, 퇴근 때 30분 동안 아버지와 대화를 나눌 수가 있었다. 1학년부터 3학년까지 평범하게 지냈던 내가 4학년에 진학하면서 달라질 수 있었던 것은 모두가 이때 아버지가 해 준 멘토링 덕분이었다. 당시엔 몰랐지만 그 시간은 어린애에서 어른으로 내 생각이 바뀐 인생의 가장 중요한 전환기였다. 아버지도 이때 내가 정신적으로 자라는데 기여하신 것을 큰 보람과 재미로 기억하신다.

하루는 아버지가 무척 힘들어 보였다. 나는 아버지에게 왜 그러시냐고 물었다. 아버지는 어쩔 수 없이 직원을 해고해야 한다고 했다. 나는 어떤 기준으로 해고자를 정하느냐고 다시 물었다. 그러자 아버지가 나를 보면서 너 같으면 어떤 사람을 자르겠냐고 되물었다. 나는 아무 말도 못했다. 아버지 입에서 나올 다음 말이 뻔했기 때문이다. 너같이 팽팽 놀고 비생산적인 놈부터 자르지 않겠느냐는.

나는 아버지와 이야기를 나누면서 사회생활을 간접적으로 체험할 수 있었다. 그러는 사이 졸업 후 나의 진로에 대한 압박감이 서서히 가슴속에서 자라기 시작했다.

나는 해양학과를 스스로 선택했다고 늘 자부해 왔다. 하지만 앞날이 걱정되었다. 내 인생에 있어서 최악의 시나리오는 졸업 후 아버지가 힘을 써서 취직시켜 준 금융회사나 은행에 다니는 것이었다. 나는 비교적 아버지의 뜻에 복종하는 아들이었지만, 내 스스로 해양학과를 선택한 이상 무언가를 책임져야 한다고 생각하고 있었다. '서울대'라는 타이틀이 별 어려움 없는 인생을 보장하리라는 생각 따위는 버려야 했다. 과학자로서 다음 단계에 진입하지 못하면 실패였다. 서울대 친구들 중에는 의대나 치대를 나오고, 또 고시에 패스해 앞날이 보장된 듯 보이는 이들이 여럿 있었다. 그들에 비하면 나는 너무 초라했다. '서울대 합격'이라는 그 자체에 안주했던 건 아닌지, 내 자신을 돌아보기도 했다. 학부 4년의 과정을 거쳤지만 나는 아직 완성품이 아니었다. 그제야 아버지가 왜 한의사가 되라고 했는지, 조금씩 이해가 되었다.

지금도 나는 그 당시에 내가 빠져 있던 것과 같은 고민에 빠져 있는 남학생들을 자주 본다. 내가 학부에 있을 때는 해양학과에 여학생이 거의 없었다. 하지만 요즘은 40퍼센트가 여학생이다. 여학생들은 대부분의 경우 스스로 재미있다고 느끼는 과목을 전공으로 선택한다. 적절한 표현은 아니지만, 가게에서 옷을 고르는 것과 비슷하다. 반면에 남학생들은 아무리 교수가 못 가르치고 재미가 없다 하더라도 그 분야가 유망하다고 판단되면 그 쪽으로 간다. 남학생들은 가족을 부양하고 책임져야 한다는 강박관념을 갖지 않을 수 없다. 대학교 4학년이 된 나 역시 같은 문제로 고민을 했다. 해양학이 재미있지만, 뭔가 큰 고통을 감내해야 한다는 막연한 느낌이 들었던 것이다.

MIT, 전쟁 같은 나날들

Hell to be at, Good to be from.
(있을 땐 지옥이지만, 그곳 출신이라 하면 좋다.)

4학년 졸업과 동시에 나는 대학원에 진학했다. 그 무렵 진짜 학자가 되기 위해서는 유학을 가야 한다는 생각이 머릿속에 자리 잡았다.

당시에는 국비 유학생이라는 제도가 있었다. 처음에는 학비 전액과 생활비까지 지원해 주었지만 나중에는 액수가 줄어 생활비 보조 정도의 지원을 해 주었다. 그런데 학교에는 불문율이 있었다. 국비 시험은 학번이 높은 순서대로 본다는 것이었다. 이러한 사정을 이야기했을 때, 아버지는 웃으면서 "세상은 first come, first serve."라고 말했다. 그처럼 좋은 기회를 내부의 불문율에 따라 자기 순서를 기다리는 것은 멍청한 짓이라고 덧붙였다. 나는 아버지의 말씀이 옳다고 생각했고, 그래서 선배들의 비난을 감수하고 시험을 치렀다.

그런데 생각했던 것보다 1차 시험의 성적이 너무 좋게 나왔다. 보통 2배수에서 3배수를 1차에서 뽑는데 전체 200~300명 가운데 3등이었다. 그해에 영어 과목이 엄청나게 어렵게 나왔기 때문이었다. 나는 영어에서 거의 만점을 받았다. 하지만 2차 면접 시험에서 결국 떨어지고 말았다. 국비 유학생의 혜택은 선배에게 돌아갔다.

열심히 준비해서 반드시 유학을 가야겠다는 생각이 더욱 뚜렷해졌다. 다음 해에 나는 국비 시험을 치러서 당당히 합격했다. 1986년 6월에 합격자 발표가 있었는데 나는 이미 2월에 MIT로부터 입학 어드미션(admission)을 받은 상태였다.

나의 MIT 합격과 국비 시험 합격은 학과에서 화제가 되었다. 그리고 이후로 선배가 먼저 국비 시험을 치른다는 불문율도 사라졌다. 처음에는 욕을 먹을 각오를 했지만, 나중에는 후배들의 길을 열어 주는 선구자가 된 셈이었다.

MIT 입학은 내 인생에 있어서 가장 큰 전환점이 되었다. 더 정확하게 말하면 나는 MIT와 우즈홀 해양연구소가 공동으로 진행하는 박사 과정에 입학한 것이었다. 해양학은 원래 엄청난 시설과 장비를 필요로 하는 학문이다. 아무리 MIT라고 해도 일개 대학이 그 모든 시설과 장비를 갖추기란 무척 힘들다. 1970년대에 이러한 상황을 간파한 MIT는 보스턴에서 한 시간 반 정도 떨어진 케이프코드(Cape Cod)에 위치한 세계 최고의 해양연구소인 우즈홀 해양연구소라는 기관과 손을 잡고 학생들을 교육하기 시작했다. 두 독립 기관이 손을 잡고 공동박사학위 과정(MIT/WHOI Joint Program)을 개설한 것이다. MIT-우즈홀 공동학위 과정은 지구과학의 수많은 스타 과학자를 배출했다.

MIT-우즈홀 공동학위 과정은 연구 환경도 매우 좋다. 입학과 동시에 전액 장학금에 생활비까지 지급된다. MIT에서는 대학원생이지만 우즈홀에서는 젊은 연구원으로 대우해 준다. 현재 한국인으로서 이 과정을 통과한 사람은 네 명이다. 그중 세 명이 서울대 지구환경과학부 교수로 재직하고 있다. 첫 번째로 학위를 딴 사람이 서울대의 김구 교수님이다. 내가 두 번째다. 그리고 내가 부임한 이듬해에 서울대로 온 허영숙 교수님이 네 번째다. 지구과학뿐만 아니라 MIT의 공학, 생물학 분야를 비롯한 다양한 과정이 우즈홀과 공동으로 진행되고 있다.

미국으로 떠나기에 앞서 당시 미국에서 좋은 제의를 거절하고 서울대로 돌아온 김경렬 교수님께 인사를 드리러 갔다. 김 교수님이 나에게 말했다.

"유학은 선진기술을 배우러 가는 게 아니라 공부하는 법을 배우러 가는 거야."

나는 약간 의아했다. 공부에 관한 한 어릴 때부터 입시에 단련된 우리가 또 뭘 배울 필요가 있을까, 하는 생각이 들었기 때문이다. 나는 나의 MIT 유학을 미국의 선진 노하우를 배우는 기회로만 여기고 있었다. 동도서기(東道西技). 동양의 도와 서양의 기술을 융합해 큰일을 이루고자 하는 마음뿐이었다. 하지만 당시 나의 이러한 생각이 얼마나 짧고 잘못된 것이었는가는 이후 십 년 가까운 교육을 통해 뼈저리게 느끼게 된다. 지금 나는 오히려 동기서도(東技西道)가 아닌가 생각한다. 서양인의 학문에 대한 자세와 열정은 미국 사회에 속한 한국인이 가진 코리안 드림과는 비교조차 할 수 없다. 어쩌면 내가 그들의 학문에 대한 열정과 직업정신을 흉내 내고 배울 수 있었다는 것이 MIT 유학의 가장 큰 수확이 아니었는지 때때로 생각해 보고는 한다.

매사추세츠 주의 주도인 보스턴의 시 가운데 하나인 케임브리지는 미국 최고의 교육 도시다. MIT와 하버드대학교뿐만 아니라 동부의 명문 대학들이 그 일대에 모두 모여 있다. 큰 대학교가 하나만 있어도 미국에서는 대학도시라 부른다. 그런데 보스턴 주변에는 50개 이상의 크고 작은 대학들이 몰려 있다.

하버드와 MIT가 자리 잡고 있는 보스턴 서쪽의 케임브리지는 교육과 상공업의 중심지다. 보스턴 시를 관통하는 대표적인 도로가 매사추세츠 애비뉴(Massachusetts Avenue)다. 이 도로를 따라가면 MIT와 하버드를 지나간다. 케임브리지 시 남쪽에는 유명한 찰스 강이 흐른다. 엽서에서 보면 강 위에 조그마한 돛단배들이 여유롭게 떠 있다. 보스턴의 첫인상은 감동적이었다.

MIT는 매사추세츠 애비뉴를 중심으로 학생회관, 운동장, 기숙사를 비롯한 모든 생활시설이 서쪽에 있고, 연구실 등의 교육시설은 모두 동쪽에 자리 잡고 있다. 커다란 두 개의 그리스-로마 시대 양식의 돔이 있는데, 매우 인상적이다. 이처럼 고전적인 양식을 지닌 건물들 사이로 우뚝우뚝 서 있는 현대식 건물들이 묘한 조화를 이루

> 미국에 명문대학이 많지만, MIT는 유별나다. MIT 학부 교육을 풍자한 그림이 여럿 있는데, 그중에 한 학생이 물이 뿜어져 나오는 소화전 앞에서 물을 마시려고 하는 장면을 묘사한 것이 있다. 소화도 못할 만큼의 엄청난 숙제와 교육이 주어진다는 의미다.

고 있다. MIT 지구과학관은 20층이 넘는 현대식 건물에 위치하고 있었다. 찰스 강변에서 보면 가장 높은 건물이다. 건물은 기다린 직사각형을 세워 놓은 것 같다. 옥상에는 동그란 구가 있는데, 기상관측 레이더라고 한다. 딱딱한 직사각형과 부드러운 구가 아주 잘 어울려 보인다. 이 건물을 '그린 빌딩'이라고 부른다. 세실 그린(Cecil Green)이라는 재벌 동창생이 지어 주었기 때문에 그런 이름이 붙었다. 나의 연구실은 그곳 12층의 창가를 바라보고 있었다. 전망이 환상적이었다. 찰스 강 너머로 보스턴 다운타운이 보이고, 보스턴 스카이라인의 명물인 존 핸콕 빌딩과 푸르덴셜 빌딩이 보였다.

MIT 그린 빌딩을 설계한 사람은 20세기의 대표적인 건축가인 아이 엠 페이(I.M.Pei, 貝聿銘)다. 그는 중국 사람으로 MIT 학부를 나와 하버드에서 학위를 받았다. 루브르 박물관을 새로 설계했고 유리 피라미드도 세웠으며, 미국 국립화랑 신관 설계를 맡기도 했다. 중국 출신으로는 미국에서 가장 성공한 사람으로 손꼽힌다. 아이 엠 페이 건축의 특징은 실용성과는 거리가 멀다는 것이다. 사실 그가 설계한 고층의 지구과학관은 분야 간의 교류에 큰 도움이 되지 못했다. 아마도 다른 사람이 그린 빌딩을 만들었다면 여기저기서 불평이 쏟아졌을 것이다.

우리나라의 국회의사당처럼 생긴 곳이 MIT의 상징인 'MIT 돔(Dome)'이다. 지붕이 돔 모양이어서 붙여진 이름이다. 돔 앞에 펼쳐진

널따란 잔디밭이 킬리안 코트(Killian Court)다. 매년 MIT 학위 수여식이 열리는 곳으로 유명하다.

MIT는 학부생 4500명, 대학원생 4500명으로 총 9000명의 학생이 다니고 있었다. 매년 1000명이 약간 넘는 학생들이 학과 구분 없이 동시에 받아들여진다. 재미난 특징 가운데 하나는 학부 1학년에게는 1년 동안 PASS/FAIL, 즉 통과/불합격 이외의 성적이 주어지지 않는다는 것이다. 그 이유는 MIT에 들어오는 학생들 대부분이 평생 1등을 놓쳐 본 적이 없어서 C 같은 성적을 받으면 정신적인 충격에서 헤어나지 못하기 때문이란다. 지역 간의 편차를 고려한 것이기도 하다. 본격적인 성적은 2학년 때부터 매겨진다.

미국에 MIT 이외의 명문대학이 많지만, 그 가운데에서도 MIT는 유별나다. MIT 학부 교육을 풍자한 그림이 여럿 있는데, 그중에 한 학생이 물이 뿜어져 나오는 소화전 앞에서 물을 마시려고 하는 장면을 묘사한 것이 있다. 소위 '소화전에 입 대고 물 마시기'다. 소화도 못할 만큼의 엄청난 숙제와 교육이 주어진다는 의미다.

MIT에 관한 우스갯소리도 몇 가지 있다. MIT를 'Made In Taiwan'의 준말이라고 하는데, 학생들 중에 동양인의 비율이 높아서 생긴 농담이다. 사실 MIT의 유명한 무한복도(Infinite Corridor)를 지나다 보면 어림잡아 남학생의 30퍼센트, 여학생의 40퍼센트 이상이 동양인인 것 같다. 동양인 부모들의 교육열을 실감할 수 있는 대목이다.

보스턴으로 향하는 비행기 안에서 옆자리에 앉은 미국 사람이 어디를 가냐고 말을 건네왔다. 내가 짧게 "MIT."라고 대답했다. 그러자 그 미국인이 "Oh!"라고 감탄사를 터뜨리더니 덧붙였다.

"Hell to be at, Good to be from."

'지옥 같은 곳이지만, 일단 거기 출신이면 좋다'는 말이다.

처음부터 다시 시작!

> 공부 그 자체가 아니라 공부하는 자세를 새롭게 배우기 위해 유학을 온 것이라는 사실을 깨달았다. 지금까지 출세를 위해 공부를 하겠다고 생각해 왔던 것이 얼마나 잘못된 생각이었는지도 깊이 깨달았다.

미국 유학은 선진 학문과 문물을 배운다는 의미 이외에 집을 떠나 부모의 도움 없이 생활해야 한다는 또 다른 의미를 갖고 있었다. 독립 그 자체만으로도 내게는 커다란 도전이자 모험이었다. 그런데 막상 현실과 맞닥뜨리고 보니 그게 그리 어려운 일이 아니었다. 자연대 동기이자 MIT 물리학과에 나보다 1년 먼저 온 노도영이라는 친구가 "해 보니까 생각보다 쉽지?"라고 했던 말이 생각난다. MIT에서 유학하는 동안 늘 공부가 문제였지, 생활이 문제라고 느껴 본 적은 단 한 번도 없었다.

1986년 9월 한국에서 유학 온 학생은 대략 20명 정도였다. 미국에 처음 도착했을 때 기숙사를 정하는 것이 당면한 문제 가운데 가장 중요한 일이었다. 나는 애쉬다운 홀(Ashdown Hall)이라는 대학원생 전용 기숙사에 들어갔다. 옛 영국 건물 같았다. 같이 방을 쓴 학생은 중동 지역 국가 출신이었다. 어느 날 옆방에 있던 학생이 나를 찾아와 자신을 춘원 이광수의 손자라고 소개했다. 이광수 선생의 막내딸이 인도 사람과 결혼을 해서 자신이 태어났다고 했다.

애쉬다운 홀은 방을 같이 써야 하기 때문에 불편한 점이 있었다. 룸메이트가 공부를 할 때나 늦게 들어올 때면 잠을 설치기 일쑤였다. 얼마 후 나는 탱홀(Tang Hall)이라는 고층 기숙사 건물로 옮겼다. 20층이 넘는 팔각형 건물로, 탱이라는 성을 가진 홍콩계 중국인이 지었다고 했다. 3대가 MIT 출신이란다. 나는 1990년 결혼하기 전까지 이곳에서 생활했다.

MIT에 도착하고 얼마 지나지 않아 나는 큰 충격과 고민에 빠졌다. 선진국에서 한참 이슈가 되고 연구열이 높은 학문 분야가 내가 한국에서 배우던 것과는 너무나 큰 차이가 난다는 사실 때문이었다. 어쩌면 당연한 일일 수도 있지만, 이 같은 사실조차 모른 채 유학길에 오른 나 자신이 부끄러웠다. 그래도 한국의 최고 학부에서 대학원까지 나왔는데, 어떻게 이럴 수가 있을까 생각되었다. 나뿐만이 아니었다. 한국에서 유학 온 학생들 중 상당수가 나와 같은 고민에 빠져 있었다. 서울대 학생이라고 해서 다 똑같은 서울대 학생이 아니라는 걸 이때 처음으로 느꼈다.

서울대 여러 학과 가운데서도 어떤 학과는 미국에서 제대로 공부한 교수들이 포진해 있어 미국의 좋은 대학과 교과과정이 유사했다.

기계공학과, 물리학과, 재료공학과 등이 여기에 속했다. 반면에 내가 다닌 해양학과를 비롯한 몇몇 학과는 세계의 흐름과 동떨어져 있었다. 해양학과는 특히 더 그랬다. 미국에서는 해양학이라는 학과가 학부에 있는 경우가 거의 없었다. 해양학은 대학원 전공과목이다. 서울대 해양학과는 1968년 박정희 대통령이 항공, 해양, 원자력 등을 미래의 주력산업으로 설정하면서 만들어졌다. 초기 서울대 해양학과는 정부의 방침 아래 프랑스를 모델로 삼아 시작했다. 이런 이유로 미국에는 거의 없는 해양학 학부가 서울대에는 있었던 것이다. MIT 같은 선진국 대학원과 교과과정에 차이가 있는 게 당연한 일이었다. 내가 서울대에서 해양학과에 다닐 당시에는 해양지질 전공 교수님 세 분의 전공이 유사했다. 자연히 나의 지식은 해양지질과 퇴적학이라는 특정한 분야에 편중되어 있었다. 한국에서 어떤 분야가 유명해지고 뜬다면 그건 이미 미국에서는 끝난 분야라고 보아도 무방할 것이다.

나는 MIT 같은 학과의 학생들이 무엇을 공부하는지 자세히 살펴보았다. 나처럼 작은 나라에서 온 학생들은 응용성이 강한 분야에 몰렸다. 아마도 그들은 자국으로 돌아가 'MIT 출신'이라는 간판을 가지고 떵떵거리며 살아갈 것이다. 반면에 백인 학생들은 아주 근본적이고 순수한 분야에 몰렸다. 그들로서는 경제적인 성공이나 사회적으로 높은 지위를 갖는 것이 공부의 목표가 아니었다. 그들은 자신이 가진 호기심과 이 분야가 얼마나 이색적인가에 무게를 두고 세부전공을 선택했다.

MIT에 도착한 뒤 지냈던 그린 빌딩의 12층 연구실에는 나 외에 메리 허버드(Mary Hubbard)라는 여자 대학원생이 있었다. 왜소한 몸집에도 불고하고 자기 키보다 큰 배낭을 짊어지고 다니며 1년 중 수개월을 네팔에 가서 지질조사를 한다고 했다. 왜 그렇게 사서고생을 하는지 처음에는 이해가 가지 않았다. 메리는 어릴 적부터 아버지와 야영을 자주 다녔다고 했다. 그리고 자연 속에서 지내는 것이 좋아 지구과학을 택했다고 한다. 그녀를 도와주는 또 다른 학생은 남미의 안데스산맥에서 연구조사를 한다고 했다. 두 사람은 짝을 지어 매년 네팔과 안데스산맥을 번갈아가며 다녔다. 어느 날, 메리가 야외조사를 마치고 네팔에서 돌아왔다. 그녀는 산에 오르는 길에 한국 등반대를 만났다고 하면서 그들이 사인을 한 엽서를 내게 보여 주었다.

비단 메리뿐만 아니라 백인 학생들에게 왜 지구과학을 택했는지, 그리고 현재 전공하고 있는 과목을 택했는지 물어보면, 그들의 대답은 비슷했다. 호기심 때문에, 자연에서 지내는 것이 좋아서, 재미있어서 등이 그 이유였다. 이때 처음으로 선진국과 그렇지 않은 나라의 차이점에 대해서 진지하게 생각해 보았다. 선진국은 많은 부분에서 사회적으로 안정이 되어 있어 급작스럽게 벼락출세를 한다거나 돈벼락을 맞는 것이 매우 어렵다. 그래서 사람들은 자기가 하는 일에 충실하고 거기에서 행복을 찾으려고 하는 것이 아닐까, 하는 생각이 들었다.

MIT-우즈홀 공동학위 과정에 지원하기 전 나는 미국에서 무엇을 공부해 오면 좋을까 생각했다. 한국은 퇴적학을 공부하기에 최적의 조건을 지니고 있었다. 나는 연안퇴적학이나 퇴적물 이동에 관해 연구하면 나중에 한국에서 유용하게 써먹을 수 있을 것이라고 확신했다. 우리나라는 땅덩어리가 작지만 동해, 남해, 서해 3면이 바다로 둘

러싸여 있을 뿐 아니라 각각의 바다가 매우 다른 모습을 보이고 있다. 동해의 경우 파도가 거센데, 이럴 경우 모래 해변이 발달한다. 서해는 심한 조석간만의 차이로 인해 갯벌이 발달한다. 서해 같은 곳은 전 세계적으로 그 유례가 드물다. 그리고 남해는 섬들이 침강한 소위 리아스식 해안이 발달해 있다. 앞으로 우리 국토를 개발하다 보면 여러 군데에서 각종 문제들이 생겨날 것이고, 이 분야의 세계적인 전문가가 필요한 것은 불을 보듯 빤한 일이었다. 따라서 내가 소위 말해 한국에서는 잘나가는 과학자가 되는 것은 시간문제라고 생각했다.

그런데 자존심이 허락하지 않았다. 한국 제일이 된다는 것은 의미가 없었다. 그것은 어느 분야를 공부하더라도 자동적으로 되는 것이라고 생각했다. 세계 최고의 기관에 온 이상 이들이 제일 잘하는 분야에 도전해야 뭔가 배워 갈 수 있을 거라는 생각이 들었다. 퇴적학 연구에 관한 한 천혜의 조건을 지닌 한국을 떠나 이곳에서 연안공학을 공부해 돌아간다는 것은 기껏 외국에 나가 국문학을 전공하고 한국에 돌아가는 것이나 마찬가지인 것 같았다. 이런 생각들이 자라면서 연안퇴적학은 이미 내 마음에서 멀어져 가고 있었다. 나도 백인들과 똑같이 그들이 만든 경기에서 이기고 싶었다. 이는 나의 욕심이자 자존심이었다. 고등학교 때부터 해양학이라는 꿈을 키워 왔는데, 그것을 싸게 내다팔고 싶지는 않았다.

아버지는 종종 학위가 밴딩머신의 콜라 같은 거라고 말하고는 했다. 동전을 넣고 누르면 콜라가 나오듯 학위도 나온다는 말이었다. 그리고 당신께선 대학교가 직업교육소라고 생각했다. 이 점에서 아버지와 나는 큰 인식의 차이를 보였다. 많은 사람들이 현재 대학교육이 사회에서 필요로 하는 것들을 가르치지 않는다고 불평한다. 하지만 이것은 대학의 속성을 잘 모르고 하는 말이다. 나는 MIT는 물론 서울대학교도 직장에서 필요로 하는 기술을 가르치는 곳이 아니라고 생각한다. 최소한 일류대학은 그런 곳이 되어서는 안 된다.

내가 설령 석유지질에 대해 공부했다고 치자. 그렇다고 해서 석유회사가 나를 뽑아 주지는 않을 것이다. 석유회사에서 실시하는 탐사의 규모는 학교가 흉내 낼 수 없을 만큼 거대하다. 그리고 기술적인 측면에서도 학교보다 훨씬 뛰어나다. 석유회사가 필요로 하는 인재는 굳이 석유지질 전공자가 아니어도 상관없다. 그냥 공부를 제대로 한 똑똑한 학생이면 된다. 그리고 그렇게 선발한 사람을 수년간 재교육을 시켜 자기 직원으로 만든다. 그들이 원하는 사람은 문제를 해결할 수 있는 'Problem Solver'들이다. 현장이나 생산 과정에서는 많은 문제들이 발생할 수 있다. 단순히 그 분야에 지식을 가진 사람보다는 영리하고 기초가 튼튼한 사람으로, 앞으로 닥칠 문제를 풀 수 있는 해결사를 선호한다. 엄밀히 말해서 대학은 석유 탐사와 생산 기술을 직접 가르치는 것이 아니다. 대학교육은 경우에 따라서는 답이 없는 학문적인 문제를 가지고 학생을 훈련시키기도 한다. 기술적인 부분은 나중에 회사에서 몸으로 부딪치면서 배울 수밖에 없다.

대학교육이 현장과 동떨어져 있는 것은 어쩌면 당연한 일이다. 대학은 독립적이고 합리적인 생각과 판단을 할 수 있도록 훈련시키고 나머지는 사회가 가르쳐야 한다. 그리고 현장에서 바로 써먹을 수 있는 기술을 가르치는 대학도 있다. 산업대학이 그런 목적에 부합하는 대학이다.

> 선진국은 많은 부분에서 사회적으로 안정이 되어 있어 급작스럽게 벼락출세를 한다거나 돈벼락을 맞는 것이 매우 어렵다. 그래서 사람들은 자기가 하는 일에 충실하고 거기에서 행복을 찾으려고 하는 것이 아닐까, 하는 생각이 들었다.

MIT뿐만 아니라 미국의 일류대학은 아니, 전 세계의 일류대학은 지금 당장에 써먹을 수 있는 실용적인 것에 매달리지 않는다. 대학은 짧게는 20~30년, 길게는 수백 년 뒤에 닥칠 문제를 연구한다. 눈앞의 실용성을 내다보고 당장 잘나가는 전공을 정하려 했던 나는 혼돈에 빠질 수밖에 없었다. 더욱이 처음에 나를 자기 학생으로 받아 준 퇴적학 교수는 오랜만에 자기 연구실에 학생이 들어왔다며 무척이나 좋아했다. 하지만 '이건 아닌데.'라는 생각이 점점 더 커져 갔다.

결국 나는 지구물리라는 분야를 전공해야겠다고 마음먹었다. 지구물리에도 순수 분야가 있고 석유 등 자원탐사에 응용되는 분야가 있었다. 나는 전자를 택하고자 했다. 서울대에서 지구물리와 관련된 과목들을 대부분 들었고, 또 지구물리의 기초가 되는 수학과 물리학도 어느 정도 공부를 한 상태여서 지구물리학이 생소하지만은 않았다. 이 과정에서 아버지와 수많은 편지를 주고받았다. 그리고 드디어 결정을 내렸다. 나는 지도교수를 찾아가 원래 연안퇴적학을 공부하려고 했지만 순수 지구물리학으로 전공을 바꾸고 싶다는 뜻을 전했다. MIT-우즈홀 공동학위 과정의 좋은 점은 모든 것이 학생 중심으로 돌아간다는 것이었다. 따라서 전공을 바꾸는 것도 어렵지 않았다.

MIT에서 공부하는 동안 나는 전공 수업 외에 다른 학생들로부터 많은 것을 배웠다. 대표적인 그룹이 한국 유학생들이었다. MIT 대학원에는 약 120명가량의 한국 유학생들이 있었다. 이 가운데 100명 이상이 아마도 서울대 출신이었을 것이다. 물론 대부분이 자기 학과에서 1~2등을 다투는 수재들이었다. 만약 내가 이들을 한국에서 알았더라면 다른 일을 같이할지는 몰라도 공부에 관한 이야기는 전혀 하지 않았을 것이다. 그런데 미국에 와서는 달랐다. 모두들 자기가 하는 연구와 공부에 대해 아무런 거리낌 없이 이야기했다. 그 덕분에 많은 것을 귀동냥으로 배울 수 있었다. 그 친구들은 내가 전공하는 지구과학에도 많은 관심을 보였고, 내가 지구과학에 대해서 설명해 주면 아주 잘 알아들었다. 학문이란 어떤 공통적인 면을 갖고 있기 때문이었다. 이렇게 같은 유학생들끼리 만나 이야기를 나누는 것 자체가 연구고 공부였다. 아마 우리가 한국에 있었더라면 분위기 때문에라도 전공 공부에 관해서는 절대 의견을 나누지 않았을 것이다.

순수 지구물리를 공부하기 시작하면서 장래에 대한 걱정을 하지 않을 수는 없었다. 지구과학이란 원래 미국, 일본, 유럽이 주도하는 선진국 학문이다. 당장의 먹고사는 문제를 걱정하는 나라에서는 꽃 피울 수가 없다. 또한 나는 전 지구적인 스케일의 문제에 관심을 갖고 있었기 때문에 한국에 돌아가서는 학문적인 완성을 이룰 수 없을 것이라는 생각이 들었다. 어쩌면 공부가 끝난 뒤에 한국에 돌아가는 것 자체를 포기해야 할지도 몰랐다. 하지만 공부 때문이라면 귀국을 포기할 수 있을 거라고 생각했다. 나는 국비 유학생으로 외국에 나왔기 때문에 재정지원을 받은 3년 동안 한국에 돌아가 의무복무를 해야 했다. 하지만 의무복무 기간에 국가에서 복무할 일터를 잡아 주는 것도 아니었다. 의무복무 제도는 아주 애매한 규정으로, 그냥 한국에 돌아가서 3년이 지나면 자동적으로 해소되는 것이었다. 어쨌거나 그것은 공부가 끝난 다음의 문제였다. 나는 순수 지구물리학을 공부하겠다고 마음을 정한 이상 미국에 남아야겠다고 마음을 굳혔다.

유학을 와서야 과학자의 길이 무엇인지 희미하게나마 보이기 시작했다. 미국으로 떠나기 전 김경렬 교수님이 해 주었던 말처럼, 공부 그 자체가 아니라 공부하는 자세를 새롭게 배우기 위해 유학을 온 것이라는 사실을 깨달았다. 지금까지 출세를 위해 공부를 하겠다고 생각해 왔던 것이 얼마나 잘못된 생각이었는지도 깊이 깨달았다. 나는 요즘 학생들에게 이런 말을 한다. "과학자는 명함의 이름 앞에 적혀 있는 보직이나 직급이 중요한 것이 아니다. 그 뒤에 나오는 이름 석 자만이 중요하다." 내가 만약 어떤 사람에게 명함을 주었을 때, '아, 서울대 지구환경과학부 교수님이시군요.'라며 상대방이 알아주는 것이 중요한 것이 아니라 '혹시 예전에 그 논문 쓰신 그 분 아니십니까?'라는 반응이 나오는 게 중요하다는 말이다. 예술가에게 있어서 작품이 중요하지 그 이외의 것은 중요하지 않은 것과 마찬가지다.

MIT에서 나와 호형호제하며 친하게 지냈던 이 중에 송성진이라는 친구가 있었다. 지금 서울대 기계항공공학부 교수를 하고 있다. 성진이는 고등학교 때부터 미국에서 자랐기 때문에 이야깃거리가 무척 많았다. 하루는 내가 성진이에게 한국에서 꽤 높으신 어른이 오는데 내가 MIT와 하버드를 구경시켜 줘야 한다고 말했다. 그 사람을 만났을 때 그는 나에게 명함을 주면서 나중에 한국에 나오면 자기가 나를 도와줄 수 있다는 식으로 말했다. 나는 깍듯이 인사를 하고 그의 요청대로 학교를 안내해 주었다. 하지만 마음 한 구석에서는 성진이가 한 말이 떠올랐다. "You may be somebody in Korea, but out here you are nobody." 당신이 한국에서는 한 자리 하시는 분인가 본데, 여기서 당신은 아무것도 아니야, 라는 말이다. 학문 세계에서 그는 존재하지 않았다. 성진이는 학문의 세계에서 존재한다는 것이 세속적인 명예와 출세보다도 어렵고 중요하다는 사실을 간파하고 있었던 것이다.

숀 솔로몬, 지독한 천재와의 만남

그는 솔로몬 교수 때문에 대학원 생활이 무척 힘들었다고 말했다. 자기네들은 일주일 동안 끙끙거리며 과제를 해 오는데 솔로몬은 아침나절에 잠깐 와서 끼적이다가는 곧바로 정답을 냈다고 했다.

MIT 유학은 내 인생에 있어서 선진 학문을 배운다는 그 이상의 의미가 있었다. 그것은 나에게 닥치는 모든 일을 스스로 생각하고 판단할 수 있는 독립의 기회였다. 하지만 다른 한편으로는 집이 주는 안락함을 떠나 순간순간 어려움이 닥칠 때 도움을 줄 수 있는 가족이 곁에 없다는 외로움이 깊어지는 시간이기도 했다. 멀리서 보내오는 아버지의 편지에 적힌 조언은 그다지 큰 도움이 되지 않았다. 아버지에게 유학 경험이 있었다면 어느 정도 공감대가 형성되었을지도 모른다. 어쩔 때는 친구분 중에 유학을 갔다 온 분과 만나 이야기를 나누시고는 나에게 편지를 쓰기도 했다. 하지만 내 눈앞에 펼쳐지는 커다란 세상 속에서 아버지의 크기는 점점 작아져 갔다.

유학생활의 첫 1년은 혼돈의 시간이었다. 연안공학을 떠나 지구물리학을 공부하기로 마음먹었지만 적당한 멘토(학업에 대해 조언해 주는 선배)를 찾을 수가 없었다. 전공을 바꾸기 위해서는 새 지도교수를 찾아야 했다. 모든 것이 뜻대로 되지 않았다. 어디서부터 시작해야 할지 알 수가 없었다. 그때 만난 사람이 폴 황(Paul Huang)이라는 중국계 캐나다인 유학생이었다. 그는 나보다 4년 앞서 MIT에 들어왔다.

그린 빌딩 9층에서는 매주 금요일 5시에 비어아워(Beer Hour)라는, 학생들과 교직원들이 모여 친목을 도모하는 시간이 있었다. 거기서 폴을 만났다. 그에게서 느낀 첫인상은 한마디로 '저팔계'였다. 뚱뚱하고 코가 뭉툭했는데, 정면에서 봐도 콧구멍이 훤히 들여다보였다. 당시에 그는 지구과학과에서 지진파를 연구하고 있었지만, 그 전에는 수학과를 다녔고 한때는 의사가 되고자 하기도 했다고 한다. 나는 폴과 금방 친해졌다. 그는 내 앞에서 선배 노릇하기를 좋아했고, 나는 폴로부터 학과 내의 사정에 대해서 들을 수 있었다. 나는 그에게 지구물리학으로 전공을 바꾸었다고 이야기했다. 또 그에게 어떤 교수를 지도교수로 하면 좋은지에 대해 조언을 구했다. 폴은 자기 집으로 나를 초대하기도 하고 나 역시 틈날 때마다 12층에서 그의 사무실이 있는 5층으로 놀러 갔다.

폴은 재미난 농담을 잘해서 미국 아이들에게도 인기가 많았다. 그는 몇 번이나 지도교수의 지시에 따라 미국 북동부 지역에 지진계를 설치했다고 한다. 그런데 자기가 지진계를 설치하고 나면 지진이 더 이상 일어나지 않는다고 하면서, 자기가 돌아다니며 설치한 장비가 지진억제계였다고 말하고는 했다.

당시 지구물리학 전공자들은 그린 빌딩 5층에서 8층 사이에 있었다. 석유와 관련된 응용 지구물리학 연구실은 다른 건물에 있었다. 그곳에는 아주 유명한 터키계 교수 밑에 중국인, 중동인을 비롯한 여러 나라 학생들이 있었다.

폴이 나에게 말했다.

"네가 지구물리 가운데서 지진파를 공부하겠다고 하면 좀 늦었다."

그는 아키(K. Aki) 교수가 얼마 전 MIT를 떠난 것을 언급한 것이었다. 아키 교수는 지진파의 이론적 완성자로서 세계적으로 널리 알려진 천재적인 일본의 과학자였다. 폴은 나에게 아키 밑에서 공부하지 못한 불행한 세대라며 아쉬워했다.

폴은 MIT의 교수들을 한 명씩 거론하면서 그들 각자의 장단점에 대해서 조언을 해 주었다. 당시 MIT 지구물리학 분야에는 아키 교수의 뒤를 이어 들어온 탐 조단(Tom Jordan)이라는 지진파의 권위자가 있었고, 마르샤 맥넛(Marcia McNutt)이라는 해양지구물리학의 여교수가 있었으며, 제이슨 핍스 모건(Jason Phipps Morgan)이라는 젊은 교수와 석유 탐사 관련 분야를 맡고 있는 나피 턱소스(Nafi Toksoz)라는 터키계 교수가 있었다. 내가 찾아가 볼 교수가 대여섯 명 정도 되었다. 또 MIT뿐만 아니라 우즈홀 해양연구소에도 좋은 지구물리 전공자들이 있었다.

나는 폴에게 그의 지도교수인 숀 솔로몬(Sean Solomon)에 관해 물었다. 폴은 솔로몬이 매우 까다롭고 깐깐하다고 했다. 또 신경질적이라고도 얘기했다. 그런데 한 가지 장점은 사람을 가리지 않고 모두에게 공평하게 신경질적이라는 점이라고 했다. 그리고 폴은 다른 교수들을 다 만나보고 그래도 마음에 드는 사람이 나타나지 않으면 그때 마지막 카드로 솔로몬을 만나라고 충고했다.

솔로몬 교수가 어떤 점에서 그렇게 깐깐하냐고 다시 물었다. 폴은 솔로몬이 금방 막 교정을 본 자신의 논문 일부를 보여 주었다. 온통 붉은색으로 칠해져 있었다. 한 문장도 솔로몬이 손을 대지 않은 것이 없었다. 그런데도 폴은 솔로몬이 자기 글을 좋아한다고 자랑했다. 그리고 옆에 있는 다른 학생의 것을 보여 주면서, 그 애는 몇 년째 선생 스타일을 제대로 파악하지 못해 고생하고 있다고 이야기했다. 하지만 내 눈에는 두 개가 똑같아 보였다.

나는 폴의 충고대로 맨 마지막에 솔로몬 교수를 찾아갔다. 내가 전공을 바꿔 지구물리를 공부하고 싶다고 이야기하자, 그는 한번 생각해 보겠다고 하면서 다음 주경에 다시 찾아오라고 했다. 솔로몬과 면담했다는 사실을 폴에게 알려 주었다. 그는 그래도 다른 사람을 다시 찾아보라고 충고했다.

우즈홀 해양연구소는 1930년대에 설립된 사립 연구기관이다. 미국 서부의 샌디에이고에 있는 스크립스 해양연구소와 더불어 전 세계 해양학 분야의 양대 산맥을 이루고 있다. 미국 과학재단의 연간 예산 중 해양학 관련 예산의 30퍼센트를 매년 이 한 기관이 가져간다. 연구소가 자리 잡고 있으며 보스턴에서 한 시간 반가량 거리에 위치한 우즈홀이라는 조그마한 마을은 그 일대 돈 많은 사람들의 여름 별장지로 유명하다. 겨울의 인구가 여름의 20퍼센트밖에 되지 않는다. 미국 동부의 부자들 상당수가 은퇴한 뒤에 따뜻

> 폴은 솔로몬이 매우 까다롭고 깐깐하며 신경질적이라고 얘기했다. 한 가지 장점은 모두에게 공평하게 신경질적이라는 점이라고 했다. 그리고 폴은 다른 교수들을 만나보고 마음에 드는 사람이 없으면 그때 솔로몬을 만나라고 충고했다.

한 기온을 찾아 겨울은 플로리다로, 여름은 케이프코드로 이동하면서 지낸다고 한다. 나는 해양학을 전공한 덕에 이 비싼 여름 별장 지대에서 여름을 지낼 수 있었다. 여름의 우즈홀은 지상낙원이다. 하지만 겨울에는 아무도 없는 삭막한 곳이 된다. 케네디의 생가가 있는 하이아니스 항구와 톰 행크스와 데릴 한나가 주연한 1984년 영화 〈스플래시(Splash)〉의 무대가 되었던 마서즈 빈야드(Martha's Vineyard)가 모두 근처에 있다.

1987년 여름, 나는 다른 학생들과 함께 여름방학 동안 우즈홀에 있었다. 마침 솔로몬 교수도 별장을 얻어 그곳에 내려와 있었다. 어느 날 연구소 복도를 지나는데 반바지 차림의 그를 만났다. 그는 대뜸 나에게 다시 찾아오라고 했는데 왜 오지 않았느냐고 물었다. 나는 얼떨결에 내일 시간이 어떠냐고 말했다. 그는 기다리겠다고 했다.

다음 날 나는 우즈홀에 임시 사무실을 가지고 있는 솔로몬 교수의 방으로 찾아갔다. 그는 MIT에서 처음 만났을 때보다 훨씬 부드럽고 자상해 보였다. 그리고 그는 내가 관심을 가질 만한 일들에 대해 상세하게 설명해 주었다. 그날 그를 만난 뒤 나는 그를 지도교수로 정하기로 결심했다. 곧장 폴에게 이 사실을 알렸다. 폴은 일단 축하한다고 말했다. 그리고 이렇게 덧붙였다. 네 말대로 솔로몬이 그렇게 친절하

게 대해 주었다면 그건 아마도 우즈홀이라는 휴양지에서 지내는 동안 스트레스가 많이 풀려서일 거라고.

주위에서는 솔로몬 교수를 두고 지금까지 MIT에서 박사학위를 받은 학생 중에 가장 뛰어난 학생이었다고 평가하고는 했다. 학부는 칼텍에서 나왔다. 그로부터 몇 년 뒤 미국 지구물리학회에 참석했을 때 애리조나 주립대학의 교수를 만난 적이 있었다. 그는 자신이 나의 지도교수인 숀 솔로몬과 동기생이었다고 했다. 그리고 그는 솔로몬 교수 때문에 대학원 생활이 얼마나 힘들었는지 털어놓았다. 자기네들은 일주일 동안 끙끙거리며 과제를 해 오는데 솔로몬은 아침나절에 잠깐 와서 끼적이다가는 곧바로 정답을 냈다고 했다.

솔로몬 교수의 전공을 정확하게 말하면 행성지구물리학이다. 달, 금성, 화성, 수성 같은 행성들이 어떻게 형성되었느냐를 연구하는 분야인데, 물론 여기서 가장 중요한 것은 지구가 어떻게 만들어졌느냐 하는 문제다.

몇 년 뒤 MIT 지구과학과에서 잠시 연구원으로 있었던 한국 학자를 만난 적이 있었다. 그는 옛날의 비사를 내게 들려주었다.

1970년대 초, MIT 이사회는 중요한 결정을 내린다. 당시 있던 지질광산학과를 폐지하고, 지구과학과라는 새로운 학과를 신설하기로 한 것이다. MIT는 초대 학과장으로 칼텍의 교수로 있던 프랭크 프레스(Frank Press)를 데리고 온다. MIT의 학과장은 교수들이 돌아가면서 맡는 것이 아니다. 막강한 파워를 가진 종신직이다. 프레스는 매우 정치적인 사람이었다. 사람들은 그가 얼마 안 있어 MIT 총장이 될 거라고 했다. 프레스는 먼저 기존의 지질광산학과 교수 전원을 해고하거나 이직 권고를 통해 학교를 떠나게 했다. 50명 가까운 교수들 가운데 단 한 명만이 살아남았다. 테드 매든(Ted Madden)이라는 교수인데, 당시 사화를 피한 유일한 교수로도 유명하다. 그런데 MIT는 왜 그렇게 갑자기 지구과학과를 신설했을까? 첫째 이유는 판구조론이라는 새로운 패러다임의 등장 때문이었다. 둘째는 1·2차 세계대전을 통해 기상과학이 중요하다는 인식이 커졌기 때문이었다. 세 번째 이유는 미국 해군이 전 세계를 누비기 시작하면서 해양학의 중요성을 깨달았기 때문이었다.

프레스는 국경을 넘어 전 세계에서 가장 유능한 사람들을 MIT로 끌어 모았다. MIT에 학문계의 드림팀을 구성하고 싶었던 것이다. 일본 동경대에서 학위를 받은 아키 교수를 MIT로 데리고 온 것도 프레스였다.

이후 프레스의 활약상은 더욱 돋보였다. 그는 카터 대통령의 과학 보좌관으로 발탁되어 백악관에 들어갔다. 당시 미국과 소련 사이의 최대 현안은 핵무기 감축이었다. 미국과 소련은 핵실험을 하지 않기로 협의해 놓고 상대방을 감시했다. 미국은 소련에서 발생한 지진파가 핵무기 실험에 의한 것인지, 아니면 자연 지진인지 알고 싶어 했다. 미국은 소련 주변 국가에 지진계를 설치하였고 이를 해석해 줄 지구물리학자를 필요로 했다. 프레스는 백악관을 나와 미국학술원 원장으로 12년 동안 재임한다. 은퇴하는 순간 그에게 붙은 수식어는 '미국 과학을 20년 동안 좌지우지한 인물'이었다.

솔로몬은 프레스의 직계 제자가 아니었다. 하지만 프레스는 솔로몬을 대단히 아꼈다. 솔로몬이 졸업할 당시 브라운 대학에서 그를 교수로 데려가기 위해 적극적인 공세를 펼쳤다. 그런 그를 붙잡은 것도 프레스였다. 프레스는 대신 그에게 MIT 교수직을 내주었다.

솔로몬 교수의 철두철미함과 깐깐함을 여실히 느낀 사건이 있었다. 앞에서도 이야기했듯이 그린 빌딩 9층에서는 금요일 저녁이면 비어아워 시간을 갖는다. 학기마다 비어아워의 전통을 이어갈 학생을 찾느라 야단법석이 벌어진다. 또 이 일을 맡은 학생은 비어아워가 성황리에 끝날 수 있도록 행사의 홍보에 신경을 쏟는다.

MIT에서 재미있는 것은 모든 것이 숫자로 통한다는 것이다. 각 학과도 모두 숫자가 부여되어 있다. 1번은 토목과고, 2번은 기계과이며, 3번은 재료과다. 수학과는 18번이다. 지구과학과는 12번이다. MIT 학생들은 때때로 나를 지구과학과 학생이라고 부르지 않고 '코스 12번 학생'이라고 불렀다. 개설된 과목도 예외는 아니다. 모든 과목에 고유의 숫자가 붙어 있다. 예를 들어 지구과학과에서 개설한 과목들은 12번으로 시작한다. 12.01은 일반지질학이고 12.012는 학부 지구물리 과목인 식이다. 학기 초면 새로운 과목을 홍보하는 홍보물들이 엘리베이터 안을 도배한다.

그런데 어느 날 보니 수강편람 일부가 엘리베이터 벽면에 붙어 있었다. 그 위에 다음과 같은 글귀가 눈에 띄었다. '역시 아무리 수강편람을 들여다보아도 이번 학기에 들을 만한 과목은 12.XX의 비어아워 밖에 없다.'는 식의 설명이었다. 물론 가짜 수강편람이다. 누군가가 학기 초 비어아워를 선전하기 위해 만든 것이었다. 그런데 또 하나 재미있는 것은 비어아워와 견주기 위해 만든 다른 강의들(물론 이 역시 모두 가짜다)이 모두 교수들의 특징이나 단점을 풍자하고 있다는 것이다.

가령 이런 식이다.

> 강아지 미용학 : 평소 강아지를 데리고 다니는 여교수의 강좌를 패러디한 것.
> 로봇처럼 걷기 : 평소 뻣뻣한 동작으로 우스꽝스럽게 걸어 다니는 교수를 빗댄 것.
> 골초학 : 줄담배를 피우는 교수의 강좌 이름.

그리고 솔로몬 교수의 강좌 이름은 '영어 교정'이었다. 그런데 수강편람에서는 영어 교정을 뜻하는 'Proof reading'을 일부러 'Pruf Reeding'이라고 적어 놓았다. 요구사항인 '좋은 영어 실력'은 'Gud Inglish'라고 적어 놓고 있었다. 뿐만 아니라 그 강좌에 대한 설명 부분에 적은 모든 단어를 일부러 틀리게 썼다. 글쓰기에 혹독한 솔로몬 교수를 우스꽝스럽게 풍자하기 위한 것이다.

솔로몬 교수가 나에게 처음 제안한 연구주제는 해양판 가운데에서 일어나는 지진에 관한 것이었다. 지구상의 지진은 대부분 판과 판이 마찰하는 판 경계면에서 일어난다. 그런데 간혹 판 내부에서 일어나기도 하는데, 이것에 대한 정확한 원인을 밝히고자 하는 것이 연구의 목표였다. 그것을 알아내기 위해서는 먼저 지진 관측 자료를 수집해야 한다. 지금은 전 세계 지진계들이 대부분 디지털화되어 있고 온라인으로 연결된 덕분에 책상에 앉아서도 세계 각 지역의 자료를 다운로드할 수 있다. 하지만 1987년에는 이 같은 시스템이 보급되지 않아서 나는 자료를 수집하기 위해 뉴욕시 외곽에 있는 라몬트 도허티 연구소(Lamont-Doherty Earth Observatory)를 찾아갔다. 이 연구소는 컬럼비아 대학 부설 연구소다. 판구조론이 확립될 시기에 모리스 유잉(Maurice Ewing)이라는 과학자가 이곳에서 활동하면서 세계적으로 유명해진 곳이다.

직원들은 모두 퇴근하고 나 혼자 연구실에 남아 일을 했다. 일은 새벽 두세 시쯤 되어서야 끝이 났다. 대여섯 시간 정도 운전을 해서 가면 아침에는 보스턴에 도착할 것 같았다. 하지만 간밤에 이슬비가 와서 차체가 꽁꽁 얼어붙어 있었다. 문도 열리지 않고 아무것도 할 수가 없었다. 나는 화장실을 오가며 세면대에서 뜨거운 물을 퍼다 차에 부었다. 몇 시간 동안의 노력 끝에 겨우 차를 움직일 수 있었다. 손이 얼고 허기가 졌다. 라몬트 연구소를 빠져나오는데 동이 트기 시작했다. 하지만 MIT에서의 고생은 이제 시작에 불과했다.

세계적 연구에 동참하다

> 샌디에이고 항은 아주 인상적이었다. 항공모함은 물론 잠수함을 비롯한 백여 척의 군함들이 마치 군인이 사열을 받는 것처럼 질서정연하게 줄지어 정박해 있었고, 우리가 탄 연구선은 그 앞을 통과하여 앞으로 나아갔다.

1987년 12월이 되었을 때, 솔로몬 교수는 나에게 새로운 프로젝트에 참가할 것을 권유했다. 최첨단 연구선을 타고 태평양에 나가 한 달 동안 탐사를 하는 프로젝트였다. 드디어 내가 세계적인 연구에 참가하게 되었다는 생각에 가슴이 벅찼다. MIT 대학원에 들어간 지 겨우 1년 조금 넘었을 시기였다. 나는 그때까지 학과목 성적도 괜찮은 편이었고 교수들도 대체로 나에게 만족하고 있었다.

앞서 이야기했듯이 우리 지구의 껍데기는 여러 개의 판으로 구성되어 있다. 이 판들은 지구 내부의 맨틀 대류에 의해 움직이는데, 이들이 움직이면서 지진과 화산이 발생하는 것이다. 오랜 판과 판의 충돌은 히말라야, 알프스, 로키 같은 대규모 산맥을 이루기도 했다. 이 모든 일이 워낙 천천히 일어나기 때문에 우리 인간으로서는 느끼지 못할 뿐이다.

판은 있던 것이 없어지기도 하고 없던 것이 새로 만들어지기도 한다. 현재 새로 형성되고 있는 곳이 바로 대양저 중앙해령으로, 영어로는 Mid-Ocean Ridge라고 부른다. 그런데 과학자들은 아주 특이한 현상을 발견했다. 대륙의 지각은 두께가 10~50킬로미터로 일정하지 않은데 비해 해양의 지각은 두께가 7킬로미터로 일정하다. 이처럼 일정한 두께의 해양지각을 만들어내기 위해서는 판과 판이 갈라지는 대양저 중앙해령 지하 2킬로미터 아래에 마그마 체임버(magma chamber)라는 거대한 용암덩어리가 있어야 한다고 과학자들은 주장해 왔다. 하지만 그동안 여러 차례 탐사를 거쳤지만 실제 마그마 체임버를 발견하는 데는 실패해 왔다. 그러던 중 마그마 체임버가 존재한다는 증거들이 동태평양 북위 9도 30분에서 발견되었다. MIT와 우즈홀 해양연구소 연구원들로 구성된 탐사대는 이를 확인하고 정확한 모양을 밝히기 위해 1988년 2월 토머스 워싱턴(Thomas Washington)이라는 연구선을 타고 동태평양으로 향했다.

탐사의 출발지는 미국 샌디에이고 항구였고, 종착지는 멕시코 아카풀코 항구였다. 배에는 승조원 외에 솔로몬 교수와 나, 동기인 영국인 학생 윌 윌콕(Will Wilcock), 우즈홀 과학자이자 나의 부지도교수인 마이크 퍼디(Mike Purdy)가 탔다. 그리고 솔로몬 교수 밑에 포스닥(박사후연구원)으로 있던 미국인 덕 투미(Doug Toomey)가 있었다. 이 밖에 여러 명의 기술자들이 승선했다.

나는 서울대학교 해양학과에 다니던 시절 한두 번 배를 타고 나간 적이 있었다. 하지만 당시 우리가 탄 배는 토머스 워싱턴 호 같은 첨단 연구선이 아니었다. 게다가 고작 5~6일 동안 근해에 나가 간단한 교육과 실험을 하는 정도에 불과했다. 그리고 이 기간은 선배들에게 술을 배우고 다 함께 망가지는 기회이기도 했다. 일종의 수학여행 같은 것이었다.

미국 연구선은 분위기부터 사뭇 달랐다. 학생들은 조금만 틈이 나면 논문을 읽고 공부했다. 술은 물론 최소한의 오락거리도 전혀 없었다. 모두가 자기 맡은 바 역할을 충실히 수행하고 교대자가 오면 자기 선실로 돌아가 쉬었다. 만약 한국에 돌아가 해양학과 동료들에게 이런 사실을 이야기한다 해도 그들로서는 도저히 믿지 못할 거라는 생각이 들 정도였다. 하지만 그럴 수밖에 없었다. 왜냐하면 연구선의 하루 사용료가 2500만 원이나 했기 때문이다. 수석 연구원(Chief Scientist)인 솔로몬과 퍼디는 단 일 분이 아까워서라도 배를 그냥 놀리는 법이 없었다.

미국은 먼 바다로 나가 연구 활동을 할 수 있는 대양 연구선을 열 척 이상 보유하고 있어서 대학과 연구소들은 이를 쉽게 활용할 수 있었다. 토머스 워싱턴 호는 사실 아주 오래된 선박으로 여러 차례 개보수를 했다고 했다. 한마디로, 연구선 치고는 퇴물에 속했다. 하지만 당시 우리나라에는 이와 유사한 배도 없었다. 이러한 현실 때문에 내가 공부하는 전공 분야의 연구를 계속하기 위해서는 미국에 남는 수밖에 없겠다는 생각이 더욱 굳어졌다.

샌디에이고 항은 아주 인상적이었다. 항공모함은 물론 잠수함을 비롯한 백여 척의 군함들이 마치 군인이 사열을 받는 것처럼 질서정연하게 줄지어 정박해 있었고, 우리가 탄 연구선은 그 앞을 통과하여 앞으로 나아갔다.

이번 탐사에는 해저면 지진계가 여러 대 동원되었다. 플라스틱 폭약으로 인공 폭음을 만들면 이것이 지구 내부를 투과했다가 다시 지진계에 기록되도록 하는 장치였다. 이 기계를 통해 지구 내부를 통과하면서 파형이 어떻게 바뀌는가를 관찰할 수 있었다. 때문에 배에는 약 2톤가량의 고성능 플라스틱 폭약이 실려 있었다. 'C4(Composition 4)'라고 명명된 것인데 나중에 알고 보니 1987년 간첩 김현희가 KAL기를 폭파시킬 때 라디오 안에 숨겼던 것과 같은 것이라고 한다. X-ray 탐지에 안 걸려 테러리스트들이 선호한다는 이 폭약은 우연히도 척추 네 번째를 뜻하는 내 손상부위 명칭(C4, cervical bone 4)과도 같다.

기술자들은 이 폭약을 70킬로그램씩 묶어서 수중에서 발파했다. 거대한 물기둥이 솟았다. 그리고 곧이어 수중에서 사방으로 퍼져 나가던 음파가 철선을 치면 '땡' 하고 배 전체가 거대한 종처럼 울리기 시작한다. 1400발 정도의 발파가 며칠 동안 계속되었다. 발파는 밤에만 이루어졌다. 그 이유는 발파 지점을 정확하게 설정해야 하는데, 지금은 24시간 가동되는 GPS를 당시에는 하루 8시간밖에 쓸 수 없었기 때문이었다. 나머지 시간 동안에는 이 일대 해역에 대한 정밀해도를 작성하는 작업에 매달렸다. 내가 맡은 일이 이 일이었다.

토머스 워싱턴 호에는 씨빔(Sea Beam)이라는 아주 특수한 음향장비가 있었다. 이 장치는 마치 첩보항공기처럼 수천 미터 아래의 바다 지형을 정확히 그려낼 수 있다. 항공촬영을 하는 것과 같다. 나는 기술자에게 이 장비의 가격이 얼마 정도 하느냐고 물었다. 그는 대략 30~40억 원 정도 할 것이라고 대답했다. 연구선에서는 중력장과 자기장도 관측을 했다. 이것 역시 내 몫이었다.

선상생활이 마냥 신나고 즐거운 것은 아니었다. 사실 그와는 정반대였다. 서열상 대학원생인 나와 윌이 가장 아래였다. 우리는 교수가 시키는 대로 노예처럼 일해야 했다. 보통 학교에서 교수와 면담을 하더라도 고작 한두 시간 정도 소요된다. 하지만 연구선에서는 24시간 동안 교수와 얼굴을 맞대고 있어야 했다. 그리고 배에서는 육상에서의 일상생활과 달리 침대에서 일어나면 곧장 출근이고 누우면 퇴근이기 때문에 하루가 매우 길었다. 수면을 취하는 6시간을 제외하고 18시간을 근무하는 셈이었다. 그것도 바로 지도교수 곁에서.

한번은 관측되는 자기장 값이 이상하다고 하면서 솔로몬이 배가 자기 센서에 미치는 영향을 계산해 보라고 제안했다. 나는 어쩔 줄 몰랐다. 솔로몬 교수는 나를 옆에 앉혀 놓고 고등학교 때나 배웠을 전자기 공식을 시작으로 답을 유도하기 시작했다. 그런 식으로 지도교수 앞에서 내 일천한 실력이 여지없이 까발려지는 순간이 한두 번이 아니었다.

나는 나 자신이 상당히 서구화되어 외국 사람들과 생활하는 것이 크게 어렵지 않을 것이라고 생각했다. 하지만 바다라는 현장에서 일을 하다 보면 모든 게 순조로울 수만은 없다. 일이 생각처럼 안 될 때

> 레인지 안의 라면 국물이 바닥에 흘렀다. 나는 이를 닦기 위해 레인지를 움직이다가 바닥 유리판을 떨어뜨리고 말았다. 사발면과 유리조각이 사방으로 튀었다. 그까짓 사발면을 참지 못한 나 자신이 미웠다. 바닥을 혼자 청소하는데 눈물이 핑 돌았다.

는 솔로몬 교수도 잔뜩 긴장해서 주변 사람들을 닦달하거나 신경질을 내기 마련이었다. 그의 스트레스는 고스란히 서열이 가장 낮은 나 같은 대학원생들에게 전가되었다. 그야말로 나는 살이 쑥쑥 빠지기 시작했다. 연구의 '연' 자도 모르는 내가 흔들리는 배 안에서 즉시즉시 프로그램을 짜야 했고, 그 결과를 즉각 지도교수에게 보여 주어야 했다. 살이 빠지지 않았다면 그게 오히려 이상한 일이었다.

연구선에서 지낸 지 한 삼 주가 지났을 무렵 나는 무엇보다도 한국 음식 생각이 간절해졌다. 참다못한 나는 미리 가지고 간 사발면을 끓여먹을 작정을 했다. 물을 붓고 전자레인지에 넣어 돌렸다. 그런데 그날따라 배가 아주 심하게 흔들렸다. 레인지 안의 라면 국물이 바닥에 흘렀다. 나는 이를 닦기 위해 레인지를 움직이다가 바닥 유리판을 떨어뜨리고 말았다. 사발면과 유리조각이 사방으로 튀었다. 그까짓 사발면을 참지 못한 나 자신이 미웠다. 바닥을 혼자 청소하는데 눈물이 핑 돌았다.

토머스 워싱턴 호에서 나는 굴욕을 느낀 적이 한두 번이 아니었다. 특히 일이 잘못되거나 안 풀릴 때는 교수 눈치를 살피고 안절부절못했다. 잘못한 계산은 여지없이 노출되었다. 하지만 그때의 경험들과 마음고생은 나중에 내가 수석연구원이 되어 우리나라 연구선을 타게 되었을 때 그 위치에 오르기까지 얼마나 힘든 세월을 감내해야 하는가를 되새기게 해 주었다. 그래서 그런지 나는 학생들을 데리고 연구선을 탈 때면 남모를 일종의 희열을 느끼고는 했다.

동료 대학원생인 윌의 지도교수는 그와 같은 영국인인 퍼디였다. 퍼디는 남한테 싫은 소리를 하지 않는 신사였다. 그는 배 안에서도 넥타이를 매고 다녔다. 단 한 번도 그가 넥타이를 착용하지 않은 것을 본 적이 없는 것 같다.

윌은 나보다 훨씬 준비가 된 대학원생이었다. 그는 케임브리지에서 학사 학위를 받고 임페리얼 칼리지(Imperial College)에서 석사 학위를 받았다. 당시 영국의 지구과학 교육 수준을 판단할 수는 없지만 윌이 하는 것을 보면 제대로 된 교육이 이루어지고 있다는 생각이 들었다. 그것은 어쩌면 당연한 일이다. 근대 지질학의 발생지가 영국이고, 1960~70년대 판구조론이 태동하던 무렵 그 이론을 가장 먼저 받아들이고 발전시킨 곳 역시 영국을 중심으로 한 유럽 국가들이었다. 오히려 당시에는 미국이 지구과학 분야에서는 유럽 국가들에 뒤져 있었다(1960년대만 하더라도 미국 과학자들은 판구조론을 부정했다). 그리고 미국 사람들에게 지구물리학을 가르친 이들도 영국 케임브리지를 비롯한 유명 대학에서 학위를 받은 학자들이었다. 따라서 지금의 수많은 미국 과학자들이 영국에서 건너온 영국 과학자들의 미국 제자인 셈이다.

나는 지도교수로부터 받는 스트레스도 스트레스였지만, 나 스스로를 윌과 비교하면서 마음이 더욱 초조해졌다. 게다가 윌의 영어는 정말 알아듣기 힘들었다. 그냥 말이 입 안에서 웅얼웅얼 맴도는 것 같았다. 윌과 실력 면에서 떨어지는 것도 스트레스였지만, 윌의 말을 잘 알아듣지 못하는 것 또한 꽤나 스트레스였다. "영어 좀 제대로 할 수 없어?"라고 소리치고 싶었던 게 한두 번이 아니었다. 나중에 탐사가 끝난 뒤에 마이크 퍼디에게 그러한 어려움을 고백했다. 퍼디 교수는 윌이 남웨일즈 출신이기 때문에 당연히 그럴 거라고 했다. 윌의 말을 조금씩 알아듣기까지는 5~6년이라는 시간이 필요했다. 윌은 미국에 남았다. 현재 그는 미국 서부 워싱턴 주립대학의 교수로 있다. 가르치고 연구하는 것 이외에 그곳에서 그는 럭비를 확산하기 위해 힘쓰고 있다고 한다.

공부에 대한 열정만큼은 어느 누구 못지않지만, 경험과 실력이 미천해 주변의 기대에 못 미친다는 나의 초조함은 더욱 커져 갔다. 그런데 뜻하지 않은 사람에게서 나는 큰 위안을 얻을 수 있었다. 탐사가 성공적으로 끝난 뒤였다. 솔로몬 교수 밑에서 포스닥으로 있던 덕 투미가 나에게 말했다. 자신이 지금까지 알던 동양 아이들과 비교했을 때 너는 좀 다른 것 같다고. 물론 칭찬으로 한 말이었다. 덕은 내가 아는 가장 차갑고 이성적인 미국인이었다.

덕은 펜실베이니아에서 광부의 아들로 태어났다. 자기 주변에서 대학(그것도 MIT)까지 나온 경우는 자신이 처음이라고 했다. 내가 생각하기에 그는 미국 과학계를 동양인들이 잠식해 들어가는 것을 그리 곱지 않게 보는 것 같았다. 어쩌면 친인척 중에는 한국에서 수입되는 철강으로 인해 실직을 한 사람이 있을지도 모르는 일이었다. 나는 덕을 그다지 인간적으로 신뢰하지 않았다. 그런 덕에게서 뜻하지 않은 말을 듣자 나는 약간 기운을 얻었다. 그리고 내가 드디어 서양인들이 만들어 놓은 보이지 않는 울타리 안으로 들어갔구나, 하는 느낌도 받았다.

이후로 나는 휴식을 취하거나 놀 때도 일부러 서양 아이들과 어울리려고 노력했다. 유학생활을 처음 하면 영어를 따라가기 위해 노력을 게을리 하지 않으면서도 학교에서 돌아오면 으레 같은 한국인 친구들과 어울리는 것이 보통이었다. 나는 이제 쉬는 시간까지도 바치기로 한 것이었다.

사실 덕이 내게 의미심장한 말을 했을 때 기운을 얻기는 했지만, 나는 그가 진심으로 내게 그런 말을 했다고는 생각하지 않았다. 그런데 토마스 워싱턴 탐사 이후 덕이 나를 좋게 본 것이 진심이라는 것을 나는 사고를 당한 후에야 알았다.

그는 내가 병원에 있을 때 여러 차례 격려의 편지를 보내왔고, DVD도 여러 편 보내 주었다. 나는 그에게 내가 대단한 행운아라는 사실을 말해 주면서, 미국 사회 시스템이 주는 혜택을 두 번이나 크게 누렸기 때문이라고 덧붙였다.

첫째는 교육이다. MIT 같은 좋은 대학에서 교육을 받은 덕분에 한국에서 남다른 대접을 받을 수 있었고, 결국 하고 싶은 연구를 할 수 있었다. 두 번째는 미국의 의료체계였다. 사막 한가운데에서 내가 쓰러졌을 때 새로운 삶을 얻을 수 있었던 것은 뛰어난 미국 선진 의료체계의 역할이 컸다. 미국인이 아니면서도 두 번이나 이 같은 혜택을 누린 나야말로 행운아가 아니냐고 나는 덕에게 말했다. 그러자 덕은 미국이 학문적으로 발전을 이룬 것은 나와 같은 외국의 수재들이 미국에 모여든 덕분이라고 대답했다. 덕은 현재 오리건 주립대학의 교수로 있다.

천재들의 게임

세상은 한두 가지라도 그 사람이 가져온 새
로운 변화로 그 사람을 기억할 것이다.

    MIT에서 항상 나를 자극한 것은 같은 동료 학생들이었다.

    내가 있던 그린 빌딩 5층에는 솔로몬 교수 학생들과 탐 조단 교수 학생들이 있었다. 그곳은 우리나라 대학원처럼 일단 들어오기만 하면 언제 나가느냐가 문제지 도중에 하차할 위험이 없는 곳과는 분위기가 달랐다. 아주 좋은 논문을 써서 환호하는 학생이 있는가 하면, 도중에 하차하는 학생들도 적지 않았다. 주변에서 목격되는 성공과 실패가 모두 학생들에게는 자극제였다.

    MIT 대학원생들 사이에도 스타 대학원생들이 있었다. 1986년에 나는 처음으로 이메일이라는 것을 써 봤는데, 아마 일반인들에게 공개가 되기 이전일 것이다. 당시 우리가 썼던 컴퓨터 중에 '아폴로'라고 하는 워크스테이션이 있었다(지금은 이 회사가 없어지고 '썬'이라는 워크스테이션이 한동안 유행하다가 최근에는 모든 것이 값싼 리눅스 시스템으로 바뀌었다). 아폴로는 참 신기한 기계였다. 나는 프로그래밍을 아폴로를 통해서 배웠고, 이 기계를 이용해서 계산 결과를 그림으로 만들기도 했다. 당시 그린 빌딩 5층에는 천재적인 대학원생 프로그래머들이 여러 명 있었는데, 이들은 그림 그리는 프로그램을 직접 개발하기도 했고, 새로운 디바이스에 대한 드라이버도 직접 짰다. 지구물리학자인지, 컴퓨터 프로그래머인지 구분이 안 갈 정도였다. 그리고 이들이 만든 프로그램들은 MIT뿐만 아니라 미국 전역의 다른 지구과학과에서도 사용했다. 그래서 다른 대학들도 할 수 없이 MIT를 따라 아폴로 워크스테이션을 구입할 수밖에 없었다.

당시 나의 하루하루는 강행군의 연속이었다. 아침 8시에 학교로 가서 하루 종일 워크스테이션 앞에 앉아 프로그램을 짜고 프로그램을 돌려서 계산 결과를 확인하는 것이 주된 작업이었다. 보통 저녁식사는 5~7시 사이에 했고, 저녁을 먹고 다시 11시까지 학교에 있다가 기숙사로 향했다. 주말은 토요일과 일요일 이틀 가운데 하루는 정상근무를 하고 하루만 반나절을 쉬는 것이 보통이었다. 그렇게 프로그램을 짜다가 일이 잘 안 풀리면 주변에 있는 대학원생들에게 물어보기도 하고 도움을 받기도 했다. 나중에 노하우가 쌓였을 땐 들어온 지 얼마 안 된 대학원생들에게 내가 도움을 주기도 했다.

그린 빌딩 5층에는 별도의 컴퓨터실이 있었다. 컴퓨터실에는 수십 대의 워크스테이션이 갖추어져 있었고, 이를 관리하는 컴퓨터 매니저가 있었다. 컴퓨터 매니저의 이름은 데이비드 크로위치(David Krowitz)였다. 그는 학부 때 MIT 전기과를 나온 수재였다. 나는 그처럼 대단한 이력을 가진 데이비드가 왜 한낱 컴퓨터실의 매니저로 일하는지 궁금해서 사정을 물어보았다. 그의 대답은 간단했다. 여자친구가 MIT 근처에서 일하기 때문에 자기도 할 수 없이 여기에 있어야 한다는 것이다. 아무튼 우리 지구물리 연구실로서는 그 같은 실력의 소유자를 보유하고 있다는 것 자체가 엄청난 힘이 되었다. 컴퓨터실에는 대학원생들이 장난으로 만든 현수막이 걸려 있었다. 'Just ask Dave.' 괜히 혼자 해결하려고 골머리 앓지 말고 모르면 그냥 데이비드한테 물어보라는 것이다.

폴 황은 1989년경 포스닥을 끝내고 직장을 찾아 학교를 떠났다. 그는 뉴욕에 있는 라몬트 도허티 연구소에 있다가 IBM 와이트 플레인 연구소로 다시 옮겼다. 폴의 말대로 솔로몬 교수는 까다롭고 신경질적이었지만 모든 학생에게 똑같이 공정하게 대했다. 나도 지금 교수를 하고 있지만, 누구에게나 특별히 아끼는 제자가 있고 그것은 겉으로 드러나기 마련이다. 하지만 솔로몬 교수는 절대 그런 모습을 보이지 않았다. 모든 학생들을 연구 결과라는 공정한 잣대를 가지고 대했다. 물론 신경질과 꾸지람에도 차별을 두지 않았다. 내가 끝까지 그의 밑에서 버틸 수 있었던 것도 그의 그 같은 공정함 때문이 아니었을까 생각한다.

공부는 지능지수도 중요하지만 무엇보다도 공부에 대한 흥미와 열의가 결국 성패를 좌우하는 경우가 많다. 이것은 내 개인적인 생각이

기도 하지만 또 많은 사람들의 생각이기도 하다. 솔로몬 교수의 경우에는 머리와 열의 모두를 갖춘 사람이었다. 내가 직접 만나보지는 못했지만 대학원생 사이에 아주 전설적인 대학원생이 있었다. 일본 학생이었고 이름은 기요시였다. 솔로몬 교수가 공동으로 지도한 학생인데 아주 열심히 하기로 유명했다. 사람들이 내게 혹시 기요시를 아느냐고 물어보기도 했다. 어느 날 나는 우연히 그의 박사학위 논문집을 읽어 볼 기회가 있었다. 사사 부분을 읽다 보니 이런 말이 적혀 있었다. '나의 지도교수인 솔로몬 교수는 미국 사람들이 얼마나 과학에 열심히 임하는가를 보여 주는 대표적인 사례이며 이는 일본 사람들이 본받아야 할 것이다.'

솔로몬 교수 밑에서 공부한 동료 중에 노리유끼 나미키(Noriyuki Namiki)라는 일본 동경대 출신의 학생이 있었다. 말이 없고 과묵한 전형적인 일본인이었다. 처음에 자기를 소개하면서도 "그냥 노리라고 부르면 된다."고만 했다. 그래서 지도교수인 솔로몬도, 우리 학생들도 그를 '노리'라고 불렀다. 그는 소행성 충돌에 의해 금성의 대기가 어떻게 만들어졌는가를 연구했다. 그의 논문이 〈사이언스〉지에 채택되었을 때, 나는 동료 대학원생이며 훗날 칼텍의 교수가 된 마크 사이먼스와 함께 "야, 노리. 이제 너는 졸업할 수 있게 되었어."라며 축하해 주었다. 그때 마크가 "그런데 노리, 너 졸업하면 뭐할 거야?"라고 물었다. 그러자 노리는 더듬거리면서 "글쎄."라고 했다. 사실 노리는 영어가 유창하지 못했다. 그런데 잠시 뒤 노리는 다시 더듬거리면서 이렇게 말했다.

"Of course, I will not let Sean call me Nori!"

그도 이제 대과학자가 되었으니, 지도교수인 숀이 더 이상 자신을 노리라고 부르지 않도록 하겠다는 말이었다. 우리는 모두 웃었다. 마크는 "그래그래, 나미키 박사님. 그것부터 고쳐야 돼."라고 응수했다. 우리 모두는 노리처럼 숀으로부터 인정받기를 갈구했다.

노리는 현재 일본 큐슈대학 교수로 있다. 그는 일본 달 탐사 프로젝트에서 달 뒷면의 중력을 관측하는 일의 책임자다.

그렇게 앞만 보고 달려가던 솔로몬 교수에게도 변화가 다가왔다. 대학원 때부터 인연을 맺었던 부인과의 이혼이었다. 그 전후로 금성 탐사 과학 책임자를 맡아 여러 가지 일을 한꺼번에 하다가 과로로 쓰러졌다. 나는 무슨 일이 일어났는지 모른 채 학교에 가서 어느 때와 마찬가지로 컴퓨터 앞에 앉아 일을 했다. 마크 사이먼스가 들어왔다. 그는 내가 아무것도 모른다는 사실을 눈치 채고는 농담을 섞어 말했다. "The machine is broken today." 오늘은 기계가 고장 났다는 뜻이다. 여기서 말하는 기계란 지도교수인 숀 솔로몬 교수를 일컫는다. 그가 기계처럼 열심히 일한다고 해서 붙여진 별명이다.

내가 MIT에서 공부한 것에 대해 정말 보람 있게 생각하는 것은 같은 전공의 외국 학생들 못지않게 같이 유학을 온 한국 학생들로부터 많은 것을 배울 수 있었다는 점이다. 내가 한국에서 대학원을 나왔다면 아마도 서울대 해양학과 이외의 다른 분야 사람들은 잘 알지도 못했을 것이다. 인맥도 그렇거니와 다른 학문 분야에 대한 이해 역시 크게 제한되었을 것이다. 여러 분야의 다양한 사람들과 교류하며 사고의 폭을 넓힐 수 있었던 것, 나는 이것을 미국 유학의 가장 큰 선물로 여긴다.

'잘되면 내 덕, 잘못되면 조상 탓'이라는 옛말이 있다. MIT에 유학을 왔던 초기에 나는 나의 경험과 실력 부족을 서울대 해양학과의 후진적인 교육 탓으로 돌렸다. 만들어진 지 얼마 되지 않았던 학과였고, 미국의 학부에는 없는 학과이다 보니 내가 제대로 배울 수 없었다는 식으로 생각했던 것이다. 하지만 이 같은 불평은 옳지 못했다. 내 주위에는 탄탄한 실력을 가진 선배와 후배가 많았다. 유학생들은 자나깨나 공부 얘기밖에 하지 않았다. 노력만 하면 이런 풍토를 한국에서도 조성할 수 있을 텐데, 라는 안타까운 생각이 들기도 했다. 하지만 교수가 된 지금도 나는 그게 참 어려운 일이라는 걸 느끼고 있다. 다른 학문 분야에 대해 관심을 기울여야 한다는 나의 이야기는 학생들에게 공허한 메아리가 되어 돌아올 뿐이다.

현재 한동대에서 도시공학과 교수로 재직하고 있는 이처경 교수는 나보다 1년 늦게 MIT에 들어왔다. 그가 네 살 정도 많기 때문에 나는 그를 처경이 형이라고 부르며 따랐다. 기혼자인 처경이 형은 형수, 아이들과 함께 기혼자를 위한 기숙사인 웨스트게이트에서 지냈다.

토목공학을 전공한 처경이 형의 지도교수 역시 지독한 사람이었다. 씨씨 메이(C. C. Mei)라는 이름의 대만계 미국인이었는데 매주 연구 결과를 발표하도록 하고 아주 상세하게 체크를 한 탓에 처경이 형은 일주일 단위로 살았다 죽었다 했다. 처경이 형은 수학과 물리적인 문제를 푸는 데 재능이 있었는데, 그의 실력은 그 교수 덕분에 나중에 달인의 경지에까지 이르렀다. 그는 그 당시 고생했던 이야기를 마치 군대 이야기처럼 늘어놓지만 나는 옆에서 그 과정을 지켜보았기 때문에 한귀로 듣고 그냥 흘린다. 처경이 형이 뭐라 하든, 그를 그렇게 만든 것은 메이 교수다.

> 한국에서 대학원을 나왔다면 다른 분야 사람들은 잘 알지도 못했을 것이다. 다른 학문 분야에 대한 이해 역시 크게 제한되었을 것이다. 여러 분야의 다양한 사람들과 교류하며 사고의 폭을 넓힐 수 있었던 것, 나는 이것을 미국 유학의 가장 큰 선물로 여긴다.

처경이 형이 스트레스를 푸는 유일한 방법은 술을 마시는 것이었다. 형수는 늘 이번 금요일만큼은 절대로 술을 마시지 못하게 하겠다고 별렀다. 그러면 처경이 형은 나를 핑계 삼아 마시기 위해 나까지 꼬드기기도 했다. 한 번 시작하면 그칠 줄을 몰랐다. 그리고는 다음 날 토요일 오후 늦게까지 곯아떨어지기 일쑤였다. 그리고 일요일이 되면 아무 일도 없었다는 듯 새로운 일과가 시작되었다. 랄프 팔슨(Ralph Parson) 수리공학 연구실 모퉁이에서 문제를 풀다가 담배 한 모금을 빨아 당기고는 하늘을 향해 한숨을 짓는 그의 모습을 자주 목격할 수 있었다.

한번은 처경이 형하고 같이 기계과 대학원 과목을 들은 적이 있었다. 많은 것을 배웠고 재미있었다. 그리고 그 다음 학기에 또 다시 처경이 형과 같은 과목을 들었다. 이번에는 18.306이라는 숫자가 붙은 수학과 응용수학 과목이었다. 지금 당장 연구에 도움이 되는 과목은 아니지만 나중에 써먹을 수 있을 것 같아 수강신청을 했다.

담당 교수는 알란 툼리(Alan Toomre)였다. 비선형 미분방정식의 성질을 근사적으로 알아내는 것이 수업의 골자였다. 그런데 너무 어려웠다. 연습문제를 몇 번 풀어 보면 되겠지, 생각했지만 그래도 어려웠다. 중간고사가 치러졌다. 수강신청을 했던 120명 가운데 80명 이상이 수강신청을 취소했다. 어차피 연구에 당장 써먹을 수 있는 것도 아니니까 나도 드롭(drop)을 할 계획이었다. 지도교수인 숀 솔로몬도 내가 전공 연구에 쏟을 시간을 허비하며 필요 이상으로 교과 과목에 신경을 쓰는 것을 못마땅해 했다.

그런데 중간고사 바로 다음 시간, 교수가 시험지를 들고 들어와서 깜짝 놀랄 말을 했다.

"우제성, 우제성이 누구죠? 대단하네요. 탁월한 일등입니다."

성우제. 지금 서울대 공대 조선공학과 교수로 재직 중이다. 우제 형은 MIT에서도 알아주는 수학 천재였다. 수학에 관한 한 그를 따라올 자가 없었다.

그는 또한 기인이었다. 수업 시간에는 졸기 일쑤였다. 심지어는 화장실이 급하다며 수업 시간 중간에 나가기도 했다. 수업에 늦는 일도 부지기수였다. 성적을 발표하는 그날도 늦었다. 그래서 그는 교수가 "탁월한 일등"을 했다는 말조차 듣지 못했다. 수업 시간에 그는 또 졸았다. 그 순간, 나의 알량한 자존심이 또 발동했다.

'같은 한국인이 18.306을 듣는데, 어떤 놈은 일등하고 어떤 놈은 드롭 했다는 게 말이 돼?'

우제 형 때문에 나는 18.306을 드롭 할 수 없었다. 그리고 더 분발해야 했다. 학기 내내 과목에 매달려 연구는 뒷전으로 미루었기 때문에 지도교수도 좋아할 리 없었다. 기말고사를 앞두고 삼 일 연속 밤을 샜다. 결국 나의 최종 점수는 B+였다. 내 MIT 대학원 성적을 통틀어 최하 점수였다. 하지만 만족했다. 내 생애에서 B+를 받기 위해 그렇게 열심히 분투한 적도 없는 것 같다.

1988년 가을, 나는 박사과정 자격시험을 통과했다. 자격시험을 통과하면 그제야 비로소 논문을 쓰기 시작한다. 유학생들의 첫 번째 목표는 자격시험이고, 두 번째 목표는 졸업이다. 졸업은 곧 '논문 패스'를 의미한다.

자격시험은 주로 필기시험과 구두 발표로 구분된다. 입시에 단련되어서 그런지, 한국 유학생이 필기시험에서 떨어지는 경우는 거의 없다. 만약 자격시험에 떨어진다면 그것은 구두 발표 때문이다. 네이티브가 아니다 보니 아무래도 발표에는 서툴 수밖에 없는 것이다. 인도네시아에서 어린 시절을 보낸 나는 운이 좋게도 단번에 붙었다. 깐깐한 지도교수를 둔 덕이기도 했다. 솔로몬 교수는 학생 자격시험에서 까다롭기로 유명했다. 이런 경우 그가 내 지도교수라는 점이 오히려 도움이 된 것 같다.

MIT에서 보낸 첫 3년 동안 나는 비교적 지도교수의 기대치에 부응했던 것 같다. 입학과 동시에 나의 부족함을 뼈저리게 깨달았고, 그 부족함을 메우기 위해 열심히 했던 결과였다. 그리고 자격시험도 비교적 쉽게 통과했다.

하지만 이후로 나는 마치 슬럼프에 빠진 것처럼 연구의 매듭을 찾아가지 못했다. 우연히도 이 시기는 내가 결혼을 한 때와 일치한다.

그리고 이 시기에 지도교수인 숀 솔로몬 교수가 MIT를 떠나 다른 기관으로 자리를 옮기기도 했다. 또 난 이 당시 '경계요소법'이라는 수치연산에 손을 대었다. 지도교수도 그것을 지구과학 문제에 적용하는 것에 회의적이었는데 나는 그의 경고를 무시하고 3년이 넘는 시간을 여기에 쏟았다. 결국 지도교수 말이 옳았고 난 귀중한 교훈을 얻었다.

대학원 과정의 중반부에 이르러서 왜 갑자기 부진에 빠져들었는지 알 수가 없었다. 이러다가 학위도 못 받는 건 아닐까 하는 걱정도 들었다. 심지어는 차라리 자격시험에 한 번 떨어지는 게 나았을지도 모른다는 생각까지 했다. 실제로 동료들 중에는 자격시험에 떨어진 뒤 오히려 자극을 받아서 중후반부에 독한 마음을 먹고 공부해 탁월한 업적을 남긴 이들도 적지 않았다. 오죽 답답했으면 그런 생각까지 했겠냐마는 사실 과학자에게 공부란 끝없는 여정이다. 그러니 그 여정의 한 구간에서 조금 빨리 가고 늦게 가는 것은 아무런 의미가 없다.

1986년, 내가 처음 MIT에 갔을 때 친하게 지냈던 유학생 중에, 지금 서울대 물리천문학부 교수로 있는 안경원 선배가 있었다. 여러 한국인 유학생들이 있어도 주로 같은 해에 온 사람들끼리 친해지기 마련이었다. 아무래도 서로 처지가 비슷하다고 생각해서 그런 모양이다.

경원이 형은 나보다 두 살이 많았고, 서울대 자연대 물리학과 출신이었다. 당시 자연대에서는 성적이 가장 좋은 학생들이 주로 물리학과를 갔다. 그리고 물리학과라는 교과목은 전 세계적으로 수준이 어슷비슷해서 경원이 형 같은 사람은 MIT에 와서 적응하기가 그리 어렵지 않았다. 그에게 있어서 MIT 교과과정은 서울대에서 배운 것을 반복하는 것에 지나지 않았다. 그런 점을 떠나서 나는 경원이 형이 참 과학자답다고 느꼈다. 이야기를 할 때도 항상 원인과 결과를 따져 보는 식이었다. 그의 전공은 레이저 광학 실험이었고, 그는 실험의 중요성과 재미에 대해서 자주 이야기했다. 물론 나는 경원이 형이 아주 수월하게 졸업을 하리라고 예상했다. 그런데 경원이 형도 졸업이 늦어지고 있었다. 차마 사정을 물어볼 수는 없었다. 경원이 형은 지난 5년 동안 진행해 온 실험이 잘못되었다는 사실을 발견하고 처음부터 다시 시작한다고 했다. 역시 그답다는 생각이 들었다.

어느 날 점심을 먹고 있는데 경원이 형과 같이 물리학과에 있는 주경선이라는 친구가 옆자리에 앉았다. 그는 경원이 형이 졸업을 하게 되었다는 소식을 전하면서 재미난 이야기를 들려주었다.

논문 발표를 앞두고 물리학과는 공개 세미나를 갖는다. 공개 세미나의 제목을 정하기 위해 경원이 형도 지도교수를 찾아갔다.

"제목을 '단일 원자 레이저(Single Atom Laser)'로 하겠습니다."

"제목이 틀렸네."

지도교수의 말투는 단호했다. 아마도 경원이 형은 순간 가슴이 철렁 내려앉았을 것이다. 막바지에 이르러서 지도교수가 어떤 트집을 잡으려는지 알 수 없었기 때문이었다.

그때 지도교수가 웃으며 말을 건넸다.

"The가 빠졌네. 싱글 아톰 레이저 앞에 'The'를 넣게."

전 세계에서 단 하나밖에 없는 것이기에 The가 붙는 것이 옳다는 지적이었다. 그것은 8년 동안의 고생을 모두 보상받고도 남을 만한 평가였다. 그 후 경원이 형은 여러 과학단체로부터 젊은 과학자 상을 수상했다. 경원이 형은 또 언젠가 그 이상의 사고를 칠 것이다.

요즘 우리나라에서는 논문의 수를 가지고 교수를 평가하는 것이 일반화되어 있다. 다른 기준이 마땅히 없는 상황에서의 고육지책이다. 하지만 내가 다른 사람보다 논문 수가 많다고 해서 은퇴할 때 다른 사람보다 더 훌륭했다고 생각하는 사람은 아마 없을 것이다. 세상은 한두 가지라도 그 사람이 가져온 새로운 변화로 그 사람을 기억할 것이기 때문이다.

당시 한국 유학생들 사이에는 간혹 누가 자격시험에서 떨어지면 이런 말로 위로의 뜻을 전했다.

"서남표 학장도 자격시험에서 떨어진 적이 있어."

서남표 현 카이스트 총장은 MIT에서 기계과 학과장을 지낸, 우리나라에서는 가장 널리 알려진 엔지니어다. 이처럼 대단한 사람도 실패를 한 적이 있다는 사실은 자격시험에 떨어진 학생들에게 큰 위로가 되었다.

서남표 교수에 얽힌 일화들이 몇 가지 있는데, 그가 얼마나 열심히 공부에 매달렸는지 잘 알 수 있는 것들이다. 주말이 되면 서남표 총장의 부인은 아이들을 데리고 MIT를 찾았다. 그리고 그의 부인은 아이들에게 이렇게 말하고는 했다.

"애들아, 토요일이야. 아빠 보러 학교 가야지."

보금자리를 꾸미다

원래 몰래 숨어서 하는 것들이 더 재미있다고 하지 않는가. 외국에서 젊은 부부가 자유롭게 산다는 것은 일생일대의 기회였다. 아내는 나의 친구이자 파트너였다.

집사람을 만난 것은 1987년 여름이었다. 나는 MIT에 온 그 다음 해 집안에 어려운 일이 있어 한국에 들어갔고 그때 서울대 산업미술과를 다니던 그녀를 처음 만났다.

그녀는 하늘에서 내려온 선녀 같았다. 나보다 네 살 반이 어렸지만 상당히 어른스러웠고 도도했다. 어딘지 모르게 약간 우수에 젖은 듯한 모습이 매력적이었다. 만남은 짧았지만 많은 이야기를 나누었다. 하지만 당시 나는 집안 일로 급히 나온 것이었을 뿐이었다. 아직 자격시험조차 치르지 않은 상태였다.

1989년, 서울 집으로부터 전화가 자주 걸려오기 시작했다. 그때 내 나이가 만으로 스물일곱이었는데, 아버지는 더 늦기 전에 나를 장가 보내야겠다고 마음먹으셨던 것 같다. 아버지도 스물일곱에 결혼을 했기 때문이다. 나는 자격시험을 통과해서 다소 마음의 여유가 생기기는 했지만 지금이 가장 중요한 시기라고, 그래서 지금 결혼을 할 수는 없다고 했다. 하지만 아버지는 완강했다.

"이러다가는 공부뿐만 아니라 결혼도 늦어질 것 같다. 결혼마저 늦어지면 나중에 늙어서 자식 키우느라 고생한다. 공부 늦어지는 것에 대해서는 내가 이래라 저래라 할 수 없지만 결혼 늦어지는 것에 대해서는 더 이상 가만히 보고 있을 수만은 없다."

공부 늦어지는 것은 어쩔 수 없더라도 인생 늦어지는 것은 피하자는 말씀이었다. 나는 참 효자다. 아버지의 그 말에 일단 원칙적으로 수긍했으니 말이다.

1989년 12월에 간신히 지도교수의 허락을 받고 다시 한국으로 왔다. 그때 집사람을 다시 만났다. 2년 전의 감정이 순식간에 되살아났다. 그리고 이듬해인 1990년 1월에 결혼식을 올렸다. 4학년이었던 집사람이 졸업을 한 달 앞둔 때였다.

결혼은 나의 유학생활에 큰 변화를 가져왔다. 막연하게 밥상에 숟가락 하나 더 놓으면 될 거라고 생각했는데 큰 오산이었다. 공부가 워낙 힘든 것이다 보니 약간의 틈만 생기면 그쪽으로 온통 마음을 빼앗기게 된다. 그동안 인간답게 살지 못했던 나의 삶에 대한 애착이 한꺼번에 폭발하는 듯했다. 목마른 사람이 오아시스를 만난 것과 같았다. 밤늦게까지 일하던 나는 마치 집에 꿀단지라도 숨겨 놓은 것처럼 퇴근이 점점 빨라지기 시작했다. 그리고 주말이면 아내와 극장에 가고 함께 쇼핑도 했다. 지도교수가 아내와 시간을 함께 보내는 것을 막은 적은 없었다. 하지만 내 스스로 만든 규율들이 하나둘 느슨해지기 시작했다.

그래도 참 재미있는 시간이었다. 원래 몰래 숨어서 하는 것들이 더 재미있다고 하지 않는가. 외국에서 젊은 부부가 자유롭게 산다는 것은 일생일대의 기회였다. 아내는 나의 친구이자 파트너였다. 예전에는 동료 유학생들과 나누던 고민들도 이제는 아내와 함께하게 되었다. 학교에 있으면서도 마음은 집에 가 있었다. 이번 주말에는 어디 좋은 곳으로 놀러 갈까 하는 계획을 세우고는 혼자 즐거워하기도 했다.

나의 유학생활에 동반한 것은 집사람으로서도 미국에서 새로운 일을 해볼 수 있는 좋은 기회였다. 집사람은 공예예술을 공부해 보고 싶다고 했다. 하지만 여의치 않아 원래 해 왔던 시각디자인 공부를 다시 시작했다. 2년 뒤 아내는 보스턴 대학교(Boston University)에서 순수미술 석사학위(MFA)를 받았다. 나는 나와는 달리 아주 쉽게 학위를 따는 아내를 보고 준비된 유학생이라고 칭찬해 주었다.

1990년 7월에 콜로라도에서 중앙해령에 관한 워크숍이 있었다. 나는 아내를 데리고 갔다. 워크숍이 끝난 뒤에는 차를 빌려 콜로라도를 함께 여행했다. 서서히 그리고 꾸준히 지도교수의 눈 밖에 날 짓을 하고 있었던 것이다.

신혼의 즐거움은 오래가지 못했다. 1991년 여름, 안식년을 떠나 있었던 솔로몬 교수가 잠시 학교로 돌아왔다. 그가 나를 불렀다.

"생묵(Sang-Mook), 내가 없던 동안에 진행된 사항을 보고하게."

솔로몬 교수에게 프로젝트 진행사항을 보고했다. 하지만 프로젝트 진행은 더뎠다. 결혼을 치르느라, 신혼의 단꿈에 빠져 있느라 나는 전력질주를 하지 못했다. 솔로몬 교수가 보고서를 읽으며 나에게 말했다.

"이런 식으로 할 거면, 지금 그만두게."

처음 듣는 꾸지람이었다. 대답을 잘못했다가는 그 자리에서 짐을 싸야 할 상황이었다. 나는 앞으로 이런 일이 절대로 없을 것이라고 싹싹 빌었다. MIT에는 유명한 통계가 있다. 교수의 이혼율이 70%에 이른다는 것이다. 나는 솔로몬 교수의 말을 들으며 그 통계의 의미를 깨달았다. 늘 고민하지만 가정생활과 연구 과학자로서의 생활을 둘 다 잘한다는 것은 쉬운 일이 아니다.

1991년 1월, 첫째 윤수가 태어났다. 딸이었다.

지도교수만큼이나 내 유학생활에 영향을 끼친 교수가 있었다. 당시 서른여덟 살의 젊은 여교수 마르샤 맥넛이었다. 그녀는 그린 빌딩 8층에 있었는데, 나는 그녀에게서 지구물리학 과목 세 개를 들었다. 윤수의 탄생 소식을 접한 그녀가 가장 먼저 축하해 주었다.

"이름이 뭐야?"

"윤수입니다."

"무슨 뜻이지?"

"별 뜻은 없습니다."

"뜻 없는 이름이 어디 있어? 말해 봐."

"윤(倫)은 '윤리'라는 뜻이고, 수(壽)는 '목숨'이라는 뜻입니다."

"Ethics와 Life의 결합이군. 분명 활발하지만 예의바른(Lively but well-behaved) 아이로 크겠구나. 우리 애들은 그렇지 못한데. 부러워, 생묵."

정말 그녀의 예언대로 우리 윤수는 활발하면서도 예절과 법을 너무나 잘 지키는 모범생으로 자랐다.

마르샤 맥넛 교수는 혼자서 어린 딸 셋을 키우고 있었다. 아마 다섯 살 쌍둥이와 일곱 살이었던 것으로 기억한다. 남편은 1989년 갑자기 심장마비로 죽었다. 하지만 아이들에 치여 사는 아줌마를 상상하면 곤란하다. 그는 MIT에서 꽤 알아주는 멋쟁이였다. 긴 다리와 날씬한 몸매를 보면 나이를 가늠하기가 어려웠다. 교수로는 상상하기 힘든 야한 옷을 입고 학교에 오기도 했고, 푸들 강아지를 데리고 수업에 들어오기도 했다. 금발을 휘날리며 늘씬한 다리를 내놓고 하이힐로 또각또각 소리를 내며 교정을 돌아다닐 때면 사람들의 시선이 그녀에게 쏠렸다. 늘 그녀의 한쪽 손에는 책이, 다른 쪽 손에는 강아지 끈이 쥐어져 있었다.

한번은 그린 빌딩 아래에 보르도 와인 색깔의 할리 데이비슨 오토바이가 주차되어 있는 것을 보았다. 누가 이런 오토바이를 타고 왔는지 무척 궁금했다. 곧 오토바이의 주인이 누구인지 알 수 있었다. 가죽점퍼를 입은 맥넛 교수가 엘리베이터에서 나오고 있었던 것이다.

처음 본 사람들은 아무도 그녀가 MIT 교수라고 생각하지 못했다. 학과 비서 정도로만 여겼다. 한번은 외부에서 손님이 맥넛 교수를 찾아왔다. 그는 우연히 엘리베이터 앞에서 맥넛 교수와 마주쳤다.

"아가씨, 맥넛 교수 연구실이 어디죠?"

맥넛 교수는 살짝 웃으며 말을 건넸다고 한다.

"저를 따라오세요. 안내해 드릴게요."

맥넛 교수는 웃으며 그 사람을 안내했다. 그리고 자기 연구실로 들어섰다. 그녀는 자기 책상에 앉아 자세를 바르게 한 다음 그 사람에게 말했다.

"무엇을 도와드릴까요?"

맥넛 교수의 책상에는 그녀의 사진이 놓여 있었다. 어안이 벙벙했을 그 사람의 표정을 상상하면 웃음이 나온다.

남편이 죽은 해에 맥넛 교수는 미국 지구물리학회(AGU; American Geophysical Union)에서 일 년에 딱 두 명한테 주는 맥글레니(Macelwane)상을 수상했다. 이 상은 38세 이전의 젊은 과학자에게 주어지는 상이다. 또 얼마 안 있어 그녀는 MIT에서 석좌교수로 임명된다. 나로서는 그녀가 그 모든 일을 어떻게 감당해내는지 상상할 수가 없다. 내가 그녀의 강의를 세 개나 들은 것은 어느 누구도 그녀처럼 정리정돈이 잘 된 강의를 하지 못했기 때문이다. 숙제를 내면 바로 다음 시간에 채점이 되어 되돌아왔고, 모든 것이 정확하게 돌아갔다. MIT-우즈홀 공동학위 과정에서는 매년 학생들의 진도를 체크하면서 면담하고 보고한다. 맥넛 교수가 위원장으로 있을 때는 경고장을 비롯한 진도 체크가 정확하게 진행되었다. 그녀가 그 보직을 마친 다음부터는 모든 것이 삐거덕거리기 시작했다. 한 사람이 어떻게 그 많은 일을 동시에 정확하게 처리할 수 있었는지 지금도 미스터리다.

나의 지도교수인 솔로몬 교수가 모든 학생에게 공평하게 대한 반면, 맥넛 교수에게 한 번 잘못 찍히면 회복하기가 힘들었다. 같은 대학원

> 우리나라에서도 BK21이 시작되면서 서울대 같은 경우에는 자연과학을 공부하는 학생들 거의 대부분이 재정적인 지원을 받는다. 어쩌면 과학이 돈은 없지만 똑똑한 사람들에게 사회적 지위와 성공을 보장하는 길이 될지도 모른다.

생들 중에 그런 이유로 학교를 떠난 이들이 더러 있었다. 그런데 내가 자격시험을 치를 때와 박사학위 최종심사를 받을 때 맥넛 교수가 위원으로 들어왔다. 내가 만약 시험에서 떨어진다면 그것은 맥넛 교수 때문일 거라고 예상했다. 나는 그녀에게 특별히 잘 보인 적이 없었다. 단지 그녀가 가르친 과목을 세 강좌 들은 것이 전부였다. 물론 모두 A였지만 나는 그녀를 다크호스로 여겼다. 그런데 이 두 관문을 순조롭게 통과한 것을 보면 그녀가 나를 아주 잘 봤을 것이라는 생각이 든다. 물론 아직도 이유는 모른다.

마르샤 맥넛 교수는 얼마 후 MIT를 떠나 미국 캘리포니아 몬터레이(Monterey)에 있는 몬터레이 해양박물관 겸 연구소(MBARI)의 소장으로 자리를 옮긴다. 이곳은 HP사의 창업자인 패커드(George Packard)라는 재벌이 해양생물을 연구하고자 하는 자기 아들을 위해 지어 준 연구소다. 재미난 사실은, 이 연구소는 미국의 다른 연구소들과는 달리 정부의 보조나 지원에 전혀 매달리지 않는다는 것이다. 패커드는 자기가 중요하다고 생각하는 연구에는 지원을 아끼지 않기 때문에 연방정부의 간섭에서 완전히 벗어나 있다. 나는 그녀의 활동상을 신문을 통해 가끔 접한다.

우연히도 나의 지도교수였던 숀 솔로몬과 우즈홀 부지도교수였던 마이크 퍼디, 그리고 MIT-우즈홀 공동학위 과정 위원장이자 논문 심사위원장이었던 마르샤 맥넛, 이 세 사람 모두 나의 졸업을 전후해 이직했다. 먼저 솔로몬 교수는 1992년 9월 공식적으로 MIT에서 워싱턴DC에 있는 카네기 연구소(Carnegie Institution of Washington)의 지구자기부(Department of Terrestrial Magnetism) 소장으로 자리를 옮겼다. 그는 이후 미국학술원 회원으로 추대되어 3000억 원 규모의 수성 탐사 프로젝트(MESSENGER)를 총괄하는 책임자가 된다. 앞에서도 이야기했듯, 맥넛은 MBARI 소장으로 발탁되어 MIT를 떠났다. 솔로몬과 맥넛은 이후 미국 지구물리학회 회장으로 2년씩 봉사했다.

내가 졸업할 무렵 마이크 퍼디는 미국 과학재단(NSF ; National Science Foundation) 해양분과 소장이 되어 우즈홀을 떠났다. 영국인인 그가 그 같은 자리에 오를 수 있었던 것은 모두가 그의 탁월한 행정능력 때문이었다. 퍼디는 항상 넥타이를 매고 다니는 것으로 유명했다. 탐사 활동을 위해 항해를 하는 동안에도 그는 넥타이를 풀지 않았다.

퍼디가 워싱턴으로 떠나기 전날, 우즈홀에서는 그를 위한 성대한 파티가 열렸다. 그런데 참석자 모두가 따라야 할 규칙이 있었다. 남녀노소를 불문하고 모두 넥타이를 매야 한다는 것이었다. 사람들은 일부러 우스꽝스러운 넥타이를 매고 오기도 했다. 어떤 사람은 밧줄을 목에 두르고 왔고 또 어떤 사람은 도화지를 넥타이처럼 잘라서 가슴에 붙이고 오기도 했다. 이 광경을 본 퍼디는 크게 웃었고 모두에게 감사했다.

우즈홀 사람들은 퍼디가 워싱턴에 가면 우즈홀에 더 많은 정부 예산이 분배될 것이라고 다들 크게 기대했다. 퍼디는 과학재단 해양분과 소장으로 있으면서 여러 가지 큰 업적을 남겼다. 미국과 일본이 추진하는 국제공동해저시추사업(IODP ; Integrated Ocean Drilling Program)을 조정하기 위해 한 해에 일본을 다섯 번 이상 오가기도 했다. 몇 년 전 그는 컬럼비아 대학의 라몬트 도허티 연구소 소장으로 다시 자리를 옮겼다.

내가 사고를 당하기 전인 2005년에 서울대 지구환경과학부에서는 외국인들에 의한 외부 평가를 실시했다. 당시 우리나라를 방문한 학자들 중에는 내 지도교수였던 솔로몬과 퍼디도 포함되어 있었다. 나는 평가가 끝난 후 한국 방문이 처음인 두 사람을 데리고 제주도를 다녀왔다. 나는 퍼디에게 그렇게 여러 차례 일본을 왔다 갔다 했는데, 일본에 대해서는 어떻게 생각하느냐고 물었다. 그는 잠시 머뭇거리더니 "새로운 것은 혼란과 혼돈 속에서 만들어진다."고 대답했다. 자연과학연구소는 어느 정도 혼란과 무질서를 감내할 준비가 되어 있어야 한다는 말이었다. 그리고 덧붙여, 자신은 라몬트 도허티 연구소를 그런 식으로 운영하려고 한다고 했다. 그리고 일본에 대해서는, 모든 것이 너무 잘 정리정돈 되어 있다고 했다. 위계질서와 법질서도 숨이 막힐 정도로 너무 잘 따른다고 했다. 공학연구소를 운영한다면 그런 방식이 맞을지도 모르지만, 자연과학을 연구하는 곳은 그러면 안 된다고도 했다.

마이크 퍼디 교수의 말대로 자연과학은 다른 학문 분야와 비교했을 때 남다른 데가 많은 학문이다. 대부분의 사람들은 집안에 돈이 좀 있어야지 학문을 할 수 있다고 말한다. 자본이 곧 경쟁력이 된 요즘 시대를 생각해 보면 어느 정도는 맞는 말이다. 과거의 서양도 그랬다. 그러나 현대의 선진국 사회를 보면 꼭 그렇지만은 않은 것 같다.

돈 많은 집 아이들은 주로 부모가 정해 준 길을 따라간다. 선대의 사업을 물려받거나 의사처럼 성공이 보장된, 그러나 수업료가 많이 들어가는 분야로 진출한다. 선진국에서 학자라는 직업은, 돈은 없지만 머리가 똑똑한 사람들이 사회적으로 높은 지위에 진출할 수 있는 거의 유일한 길이기도 하다. MIT에서는 이런 이야기가 자주 회자된다. 의대, 법대, 경영대 대학원 학생들은 장학금 제도가 없어 자비로 공부해야 하고, 공대 학생들은 교수가 돈이 있느냐 없느냐에 따라 절반 정도 지원을 받지만, 자연과학대학 학생들은 거의 100퍼센트 학교로부터 재정지원을 받는다는 이야기다. 다시 말해 의학, 법학을 공부하는 것은 이 분야의 학문적 발전을 위해서라기보다는 개인적인 영광을 위한 것이기 때문에 자비로 공부해야 된다. 반면에 자연과학 분야에 종사한다는 것은 인류 공동의 지식 기반을 넓히는 일이기 때문에 이 분야의 공부를 하는 사람들은 국민이 세금으로 지원을 해야 한다는 개념이다. 나는 MIT에서 자기 돈 내고 자연과학 공부를 하는 사람은 거의 보지 못했다. 내가 미국으로 유학을 떠날 당시만 해도 자연과학을 공부하는 우리나라 학생들은 정부로부터 별도의 지원을 기대할 수 없었다. 하지만 요즘 우리나라에서도 BK21이 시작되면서 서울대 같은 경우에는 자연과학을 공부하는 학생들 거의 대부분이 재정적인 지원을 받는다. 세상이 참 많이 달라진 것이다. 어쩌면 과학이 돈은 없지만 똑똑한 사람들에게 사회적 지위와 성공을 보장하는 길이 될지도 모른다. 우리나라도 점점 그러한 방향으로 성숙해 가고 있다는 생각이 든다.

킬리안 코트

> 1995년 5월, 나는 드디어 박사학위를 받기 위해 킬리안 코트에 섰다. 킬리안 코트에 선다는 것은 이곳에서의 모든 임무를 무사히 마쳤음을 의미한다. 여섯 살 윤수와 세 살 원석이가 잔디밭 위에서 뒤엉켜 뛰어놀았다.

1993년, 둘째 원석이가 태어났다. 그리고 나의 MIT 여정도 막바지를 향해 치닫고 있었다. 같은 해에 솔로몬 교수는 카네기 연구소로 자리를 옮겼다. 학교에서는 그에게 혹시 마음이 변하면 MIT로 돌아오라고 2년 동안의 유예기간을 주었다.

솔로몬 교수에게 있어 나는, 그가 MIT에서 지도한 마지막 학생이었다. 가뜩이나 지도교수가 옆에 있어야 할 시기에 그가 떠나는 바람에 나는 더욱 힘들어졌다. 솔로몬 교수와의 교신은 주로 이메일을 이용했다. 하지만 새로운 직장에서 새로운 일을 맡은 솔로몬 교수도 바빠졌기 때문에 진도는 더욱 더뎠다.

하지만 이 기간은 나에게 있어서 학문적 폭을 넓힐 수 있는 시기이기도 했다. 지도교수가 정해 놓은 틀을 벗어나 이것저것 다른 일들을 나름대로 해볼 수 있었기 때문이다. 대부분의 일들이 실패로 돌아갔다. 하지만 시행착오를 거치면서 많은 것을 배울 수 있었다. 이러한 학문적 외도는 논문을 쓰는 데는 당장 유용하지 않았지만, 나중에 내가 독립적인 과학자가 되었을 때 많은 도움을 주었다. 그 당시의 경험을 떠올리며 똑같은 실수를 반복하지 않게끔 해 주었기 때문이다.

교수가 된 다음 나는 어떤 교육방식이 학생들에게 도움이 되는가를 자주 고민했다. 학생들이 잘 소화할 수 있도록 차근차근 쉽게 가르치는 방법도 좋지만, 대학 교육은 아무래도 많은 내용을 한꺼번에 쏟아 붓는 방식도 나쁘지 않으리라고 생각된다. 왜냐하면 지금 당장은 이해가 잘 안 되어도 나중에 그 학생이 어떤 문제에 부딪혔을 때, '맞아. 옛날에 아무개 교수가 그런 것을 이야기했던 게 기억나.'라며 두려움을 버리고 다시 그 문제에 접근할 수도 있기 때문이다. 세상만사가 그러하듯이, 공부도 'Easy come, easy go.'다. 쉽게 배운 것은 쉽게 잊어버리고, 어렵게 스스로 골똘히 생각하면서 익힌 지식만이 자기 것이 된다.

솔로몬은 일 년에 두세 번 MIT에 들렀다. 나를 포함한 그의 학생들뿐만 아니라 다른 지도교수 학생들도 그를 만나기 위해 그의 방 앞에서 줄을 서야 했다. 어떤 때는 시간이 없어서, 지금 공항에 가야 되니 논문을 가지고 따라오라고 하기도 했다. 공항으로 향하는 지하철에서 논문에 관해 토론하기도 했고, 공항 비즈니스 라운지에서 비행기가 이륙하기 전까지 이야기를 나누기도 했다. 한번은 솔로몬 교수

> 논문의 분량은 550페이지가 넘었는데, 솔로몬 교수는 논문 전체를 최소한 네다섯 번 읽고 나서야 "이제 된 것 같다."고 말했다.

가 읽고 수정한 내 논문의 중간쯤에 '상묵, 비행기 안에서 읽고 있는데 멀미가 나 여기서 잠시 중단하겠음.'이라고 메모가 되어 있었다. 내가 쓴 글이 얼마나 형편이 없었으면 지도교수가 읽다가 멀미가 났을까, 생각하니 웃음이 났다.

솔로몬 교수가 옮겨 간 워싱턴의 카네기 연구소는 미국 초기에 설립된 사립연구기관 중의 하나다. 역대 MIT 총장들 가운데 유명한 사람들이 많은데 그중에 베나바 부시(Vannevar Bush)라는 사람이 있었다. 그는 루즈벨트 대통령 밑에서 최초의 대통령 과학자문관으로 있으며 미국이 2차 세계대전에서 승리할 수 있도록 레이더 원자폭탄 등을 개발하는 데 앞장선 인물이다. 아이러니컬하게도 전쟁이 끝난 후 그는 과학이 인류의 평화와 번영에 기여할 수 있도록 노력을 아끼지 않았다. 그의 보고서 〈Science, The Endless Frontier〉는 전후 미국 과학정책의 향방을 결정짓는 가장 유명한 문서가 된다. 카네기 연구소는 베나바 부시가 회장을 역임한 이후 MIT와 깊은 인연을 맺었다.

1994년, 논문을 마무리 짓기 위해 나는 워싱턴DC에 위치한 카네기 연구소를 두 차례 방문했다. 방문할 때마다 1~2주 정도 머물렀다. 카네기 연구소는 시내와 다소 떨어져 있었다. 그래서 솔로몬 교수는 내가 그곳에 있는 동안 머물라며 카네기 연구소 근처에 있는 작은 하숙집을 소개해 주었다. 솔로몬 자신도 처음 카네기에 왔을 때 그곳에서 머물렀다고 했다.

하지만 2주를 통틀어 하숙집에 들어간 날은 채 5일도 되지 않았다. 카네기 연구소의 솔로몬 교수 연구실에서 2~3일씩 밤을 샜다. 내가 논문 일부를 써서 가면 솔로몬 교수가 거기에 코멘트를 달고 내가 밤새 그것을 고쳐서 그의 책상에 다시 갖다놓는 것이었다. 나의 논문 주제는 '동태평양 중앙해령의 지각구조에 관한 연구'였다. 지각구조를 밝히기 위해 '정밀 해저 지형, 탄성파, 지구중력과 지구 자기장을 활용한 연구'라는 부제가 달렸다. 이 외에 컴퓨터 수치 모델링을 이용해 새롭게 만들어진 해양지각 위에 단층이 어떻게 발달하는지도 연구했다. 매일 이런 식으로 논문 챕터별로 주고받으면서 결국 최종본이 완성되었다. 논문의 분량은 550페이지가 넘었는데, 솔로몬 교수는 논문 전체를 최소한 네다섯 번 읽고 나서야 "이제 된 것 같다."고 말했다.

내가 카네기 연구소에 두 번째 방문했던 때로 기억한다. 솔로몬 교수는 내가 임시로 쓸 자리를 마련해 주었다. 방의 주인이 지금 중국에 출장을 떠났기 때문에 그동안 내가 써도 될 것이라고 했다. 그러면서 문 앞에 있는 명패를 보여 주었다. '프랭크 프레스'라고 적혀 있었다. "누군지 알지?" 솔로몬 교수가 짤막하게 물었고 나는 고개를 끄덕였다. MIT 지구과학과를 창설하는 데 앞장선 전설적인 학과장 프랭크 프레스를 내가 모를 리 없었다. 신기했다. 과연 이런 대과학자의 방은 어떻게 생겼을까, 생각하며 방의 구석구석을 차근차근 살펴보았다. 어차피 일주일 동안 내가 쓸 것이니까 급할 것은 없었다.

그가 쓰는 학용품과 사무용품은 검소하다 못해 소박했다. 그냥 평범한 노란 노트와 지우개와 연필, 그게 거의 전부였다. 최신 컴퓨터도 눈에 띄지 않았다. 벽에는 사진 한 장이 걸려 있었다. 대통령 전용기

안에서 찍은 것 같았다. 프레스가 앉아 있는데 프레임 안으로 갑자기 카터 대통령이 들어오는 순간을 담은 것이었다. 그리고 그 밑에는 카터 대통령의 친필로 보이는 글씨가 씌어 있었다. '나의 선생님께, 지미 카터가(To my teacher. —Jimmy Carter)'

1995년 5월, 나는 드디어 박사학위를 받기 위해 킬리안 코트에 섰다. 8년 6개월 전, 나는 차를 타고 오면서 MIT 돔을 보았다. 그 앞에 넓게 펼쳐진 잔디밭이 킬리안 코트였다. 잔디는 내 꿈만큼이나 짙은 푸른색이었다. 킬리안 코트에 선다는 것은 이곳에서의 모든 임무를 무사히 마쳤음을 의미한다. 어떤 이는 중간에 떨어져나갔고, 어떤 이는 아직도 남아 있다. 또 어떤 이는 킬리안 코트를 거쳐 이미 떠났다.

여섯 살 윤수와 세 살 원석이가 잔디밭 위에서 뒤엉켜 뛰어놀았다.

내 꿈이 영글었던 곳에서 그들이 뛰어놀고 있었다. 부모님과 아내가 함께 있었다.

킬리안 코트의 잔디밭은 8년 반 전보다 더 푸르러 보였다.

태평양에 서다

0.1그램의 희망

내가 상처를 준 사람들을 한 사람 한 사람 떠올리며 그들에게 용서를 빌었다.
그러자 몸이 공중으로 떠오르는 것 같은 느낌을 받았다.

영국에서 시작한 새로운 도전

> 영국에서의 생활이 시작되려 하고 있었다. 나에게 유럽은 신대륙이었다. 수백 년 전 청교도들이 대서양을 건너 신천지에 와서 새로운 삶을 시작했다. 나는 거꾸로 대서양을 건너 영국이라는 곳에서 새 출발을 해야 했다.

MIT 대학원 학생이었던 1990년에 나는 놀라운 소식을 접했다. 노르웨이에서 건조한 세계적인 수준의 연구선을 한국해양연구소 (KORDI)라는 기관에서 도입했다는 것이었다. 도저히 믿어지지 않았다. 내가 한국을 떠나올 때만 해도 한국이 가진 해양탐사선은 반월호라는 길이 10미터 정도의 모터보트가 고작이었다. 사정을 알고 보니 88올림픽 이후 우리나라의 경제가 급성장하고 수출이 호조를 보이자 일본을 비롯한 선진국들로부터 자국 상품을 구매하라는 압력이 거셌다고 한다. 그래서 정부는 하는 수 없이 일본으로부터 과학차관을 얻어 첨단 과학장비를 들여오기로 했는데, 이 가운데 당시 금액으로 200억 원이 넘는 그 연구선이 포함되었다는 것이었다. 그런데 마침 그

때 일본 조선업계의 주문이 밀린 바람에 연구선 건조를 국제 입찰로 하기로 했고, 결국 특수선박 건조에 세계적인 기술을 가진 노르웨이가 우리나라 배를 만들게 되었다. 참 다행스러운 일이다. 폭 12미터에 길이 68미터인 이 배의 이름은 '온누리호'로 정해졌다.

온누리호는 내가 1988년에 승선했던 토머스 워싱턴 호와 크기는 비슷하지만 새로 만들어진 배였기에 훨씬 기능이 뛰어난 첨단 장비를 갖추고 있었다. 1988년에 동태평양 중앙해령 탐사를 하면서 그 같은 연구를 계속하기 위해서는 하는 수 없이 미국에 눌러앉아야겠다고 생각했다. 당시로서는 한국이 온누리호 같은 해양탐사선을 가지게 될 것이라는 것은 꿈도 꾸지 못했다. 사람의 일이란 참으로 우습다. 나는 온누리호가 나를 위해 만든 배라는 생각까지 들었다. 당시로서는 온누리호가 가지고 있는 기능을 제대로 활용할 수 있는 사람은 우리나라에서 나밖에 없다고 생각했기 때문이다. 더 재미있는 사실은, 몇 년 뒤 한국자원연구소(KIGAM)와 국립해양조사원(NORI, 당시 수로국)에서도 온누리호보다 더 큰 배를 사들였다는 것이다. 좁은 우리나라 바다를 연구하기 위해 갑자기 배가 넘쳐나게 된 것이다.

내 경험에 비추어 나는 가끔 학생들에게 자신이 하고 싶은 일을 하라고 강조한다. 무엇이 유망할지, 어떤 일이 앞으로 잘될지 아무리 머리를 굴려보았자 남들도 다 똑같은 생각을 하기 때문에 그건 의미가 없다. 자기 분야에서 제일 뛰어난 사람이 되어야 한다. 실력을 갖추면 언젠가 기회가 찾아오기 마련이다.

한국에 해양탐사선이 갖추어졌다고 해서 서둘러 한국에 들어갈 필요는 없었다. 지금 한국 사람들이 내가 하는 연구를 시작한다고 해도 나는 일찌감치 저 멀리 앞서 있었다. 한 척도 아니고 세 척이었다. 그런데 문제는 이 같은 첨단 연구선을 아주 단순한 프로젝트에 쓰고 있다는 사실이었다. 내가 보기에 그것은 최신 747 점보 제트비행기를 구입해서 인천공항과 김포공항 사이를 오가는 버스 비행기로 쓰는 것과 마찬가지였다.

당초 나는 미국 내 다른 유명한 대학에 포스닥으로 갈 계획이었지만 내 졸업이 자꾸 늦어지는 바람에 무산되고 말았다. 나는 졸업 후 곧바로 우즈홀 해양연구소의 객원연구원으로 취직해 하던 일도 정리하고 몇 가지 새로운 일도 시작했다. MIT–우즈홀 공동학위 과정은 졸업 후 MIT나 우즈홀에 남는 것을 바람직하게 여기지 않는다. 다른 대학이나 연구기관으로 가서 새로운 풍토에서 연구하는 것을 권장한다. 나는 어차피 우즈홀에 오래 있을 생각이 아니었다.

얼마 후 영국 더램 대학교(Durham University)에서 박사 후 연구원을 모집한다는 공고가 나왔다. 마침 내가 전공하고 있는 분야였다. 하지만 나는 영국이라는 곳이 어떤 곳인지 전혀 몰랐다. 같이 일을 하고 있던 우즈홀의 연구원인 모리스 타이비(Maurice Tivey)에게 물었다. 모리스는 캐나다 사람이지만 영국에 대해 잘 알고 있었다. 그의 첫마디는 "더램에 가본 적 있어? 정말 아름다운 곳이야."였다. 내 관심 사항은 그런 것이 아니라 영국의 연구 수준이었다. 타이비는 공고를 낸 로저 서럴(Roger Searle)이라는 교수도 아주 좋은 사람이라고 했다. 솔로몬처럼 까다로운 사람을 일부러 또다시 만나기는 싫었다. 나는 또 내 부지도교수였던 마이크 퍼디에게 물었다. 그런데 그의 첫마디도 모리스 타이비와 똑같았다.

"상묵, 너 더램에 가본 적 있어? 영국에서도 정말 경치 좋고 살기 좋은 곳이야."

나는 일단 지원서를 냈다. 역시 연락이 왔다. 1988년에 내가 참가했던 동태평양 중앙해령 탐사를 분수령으로 해서 중앙해령 연구에 대한 관심이 미국뿐 아니라 전 세계 선진국으로 확산되고 있었다. 미국은 1989년부터 2000년까지 제1단계 중앙해령 연구사업을 대대적으로 시작했다. 그렇게 해서 만들어진 것이 미국 RIDGE(Ridge Inter-Disciplinary Global Experiment)였다. 중앙해령에 관해 여러 학문이 상호 협력할 수 있는 대규모 국가 연구사업이자 구심점이 만들어진 것이다. 중앙해령은 오대양 곳곳에 있기 때문에 이를 '전 지구적 실험'이라고 칭하기도 했다. 프랑스, 영국을 비롯한 유럽 국가들이 미국의 뒤를 따랐다. 그리고 일본 역시 꿈틀거리기 시작했다. 영국에서는 BRIDGE, 프랑스에서는 DORSALES라는 프로젝트가 진행되었다. 그리고 각 나라의 중앙해령 연구단체가 모인 국제협의체 Inter-RIDGE가 창설된다. 영국 BRIDGE를 이끄는 두 학자가 있었다. 더램 대학의 로저 서럴 교수와 리즈 대학의 죠 캔(Joe Cann) 교수였다. 서럴 교수는 영입이 가능한 전 세계 학자에게 연락을 취했다. 그중 한 명이 나였다. 서럴 교수는 "인터뷰를 거칠 필요도 없이 당장 당신을 받아들이겠습니다."라고 말했다.

중앙해령은 주로 대양 한가운데에 있다. 총 연장선이 약 7만 킬로미터로, 지구의 두 바퀴 정도가 되는 길이다. 이 먼 바다 가운데에 있는 해저 지형이 12년 만에 모두 조사되었다. 하루 사용료가 2천만 원이 넘는 연구선 수십 척이 12년 만에 수

> 영국 BRIDGE를 이끄는 두 학자가 로저 서럴 교수와 리즈 대학의 죠 캔 교수였다. 서럴 교수는 영입이 가능한 전 세계 학자에게 연락을 취했다. 그중 한 명이 나였다. 서럴 교수가 말했다. "인터뷰를 거칠 필요도 없이 당장 당신을 받아들이겠습니다."

심 2000~3000미터 깊이의 심해에 대한 조사를 마친 것이다. 우리나라도 이때 곧바로 뛰어들었으면 대양 한가운데에 한국이 최초로 탐사한 중앙해령 구간을 갖게 되었을지도 모른다. 하지만 당시 우리나라는 근시안적으로 바다에서 돈이 될 만한 것이 무엇인가에 대해서밖에 관심을 갖지 않았다. 나중에 정신을 차렸을 때는 모든 게임이 끝나고 난 뒤였다. 국제학술 발전에 기여할 수 있는 좋은 기회를 눈 뜨고 놓친 셈이다.

학위를 끝낸 다음 우즈홀에서의 생활은 정말 유익했다. 우리 딸 윤수는 그곳에서 유치원을 다녔다. 이곳에서 나와 일한 사람 중에 모리스 타이비 외에 지안 린(Jian Lin)이라는 중국계 미국인이 있었다. 우즈홀의 여름은 정말 아름답고 여유로웠다. 나는 날씨가 좋으면 집에서 40~50분 걸리는 연구소까지 해안가 산책로를 따라 일부러 걸어갔다. 자전거를 타고 다니는 사람들, 조깅을 하는 사람들 모두가 여유로워 보였다. 학생 때 여러 번 들락거렸지만 그때는 이처럼 평화롭고 안락한 곳인지 몰랐다. 미국을 떠나기 전 마지막인 그 해 겨울에는 콜로라도로 스키를 타러 갔다. 1990년 여름, 학생이던 시절에 아내를 데리고 학회에 참가했던 철없던 때가 떠올랐다.

이제 곧 영국에서의 생활이 시작되려 하고 있었다. 나에게 유럽은 신대륙이었다. 수백 년 전 청교도들이 대서양을 건너 신천지에 와서 새로운 삶을 시작했다. 나는 거꾸로 대서양을 건너 영국이라는 곳에서 새 출발을 해야 했다.

약 9년 전 미국에 학생으로 처음 와서 좌충우돌 실수를 연발했던 내 모습이 떠올랐다. 그동안 많은 것을 배웠지만 아직 내가 생각하는 목표치에는 미치지 못했다는 생각을 지울 수가 없었다. 내가 모르는 것이 너무나 많았다. 나름대로 열심히 한다고 했는데 요령과 지혜가 부족했다. 아버지가 들려준 말씀이 생각났다.

"너의 고민은 혀 짧은 놈이 침은 멀리 뱉고 싶어 하는 데서 생기는 거야."

돌아보니 정말 실수투성이였다. 그래도 편견을 갖지 않고 나를 기다려 준 지도교수 솔로몬이 고마웠다. 만약 다른 사람이었다면 도중에 나를 내쳤을지도 몰랐다.

1996년 1월 말, 아이들을 잠시 서울에 맡기고 온 아내와 나는 영국행 비행기에 몸을 실었다.

예스야, 노야?

"찾아뵙고 말씀드릴게 있습니다." "찾아올 필요 없어. 거기서 말해. 예스야, 노야?" "예스요." "알았어. 끊어."

영국에 도착한 첫날, 비가 내리고 있었다. 아내와 나는 런던 킹스크로스(King's Cross) 역에서 동북행 열차에 올랐다. 미국의 물질적인 풍요에 익숙해져 있던 아내와 나에게 영국은 다소 초라해 보였다. 하지만 얼마 지나지 않아서 영국식 삶에 익숙해졌고, 오히려 미국의 상업적 자본주의에 거부감이 생기기 시작했다. 어머니의 여동생인 이모네 가족도 영국과 미국 두 곳에서 모두 살아 보았다. 한번은 이모부님께 두 나라를 비교해 보면 어떠시냐고 물었다. 그러자 이모부님은 인생을 살면서 영국식 생활이 항상 마음속으로 삶의 기준점이 된다고 말씀하시고는 했다. 나도 이 점에 대해서는 동의한다.

기차 밖으로 낮은 구릉과 초원지대가 지나가고 있었다. 전 국토가 마치 골프장 같았다. 런던을 빠져나오자 양떼가 보이고 전원풍경이 나타났다. 한없이 시골로 들어가는 것 같았다. '이거 완전 시골로 가는 거 아냐?' 슬슬 걱정이 되기 시작했다. 아내 앞에서는 애써 침착한 척했다. 요크(York)라는, 지도상에는 비교적 큰 도시로 표시된 곳에 도착했다. 하지만 그곳도 여전히 시골 같았다. 불안함이 더욱 커졌다. 로저 서럴이 내가 영국에 와 보고 마음을 바꿀까 봐 일부러 인터뷰를 생략하자고 한 게 아닐까 하는 생각마저 들었다.

기차가 더램에 곧 도착한다는 안내방송이 나왔다. 갑자기 눈앞에 동화 속에서나 나올 법한 거대한 성당이 나타났다. 주변에는 고풍스러운 성과 다리가 있었다. 기차역에서 도시 전체가 내려다보였다. 나는 속으로 환호했다. 이런 곳이라면 살만하다고 생각했다. 만약 영국에 갈 일이 있다면 런던만 보지 말고 스코틀랜드의 수도 에딘버러(Edinburg)에 꼭 가보기를 권한다. 에딘버러로 가려면 북동 노선 기차를 타야 하는데 이 기차 구간에서 가장 멋진 풍경이 더램을 지날 때가 아닐까 싶다. 물론 요크도 기차역에서 내려 조금만 들어가면 아주 아름다운 풍경을 접할 수 있다.

더램은 도시 전체가 유네스코 유산으로 지정되어 있다. 웨어 강이 말굽 모양으로 성(이 성이 바로 더램 대학이다)과 성당을 감싸고 있는 천연 요새다. 아내와 나는 마치 동화 속으로 들어선 것 같은 기분에 사로잡혔다. 학교 측에서는 근처 여관에 임시 숙소를 잡아 주었다. 영국 여관은 아래층은 술을 파는 선술집 펍이고 위층에 객실이 있는 경우가 많다.

우리나라와 영국은 역사적으로 한 번도 제대로 마주친 적이 없다. 러시아의 남하를 막기 위해 거문도를 점령하기는 했지만 아주 짧은 마주침에 불과했다. 반면 미국은 한국전에 참전한 경험과 오랜 이민 역사 때문에 비교적 한국에 친숙하다. 대부분의 영국인들은 한국에 대해서 거의 모른다. 내가 어떻게 행동하고 이야기하는가에 따라 한국에 대한 이미지가 달라질 수 있었다. 특히 더램 같은 곳은 더 그랬다.

나는 더램에 도착한 그날 이 도시에 매료되었다. 거대한 더램 성당은 10세기에 만들어진 것이라고 했다. 쉽게 믿어지지가 않았다. 거리의 길도 대부분 돌을 깔아서 만든 것이었다. 도시의 곳곳에서 고풍스러운 분위기와 맞닥뜨릴 수 있었다.

그날 저녁, 1층 선술집에 내려가 보았다. 손님 대부분이 노인들로 동네 사람들인 것 같았다. 그들은 동양인인 나를 보자 다소 놀라는 눈치였다. 하지만 시간이 조금 지나자 말을 걸어오기 시작했다. 하나 둘 관심을 보이기 시작하더니 결국 선술집 안의 모든 사람들이 나를 중심으로 모여들었다.

마을 사람들은 먼저 내게 어디서 왔느냐고 물었다. 내가 "한국."이라고 대답하자, 갑자기 침묵이 흘렀다. 한국에 대해 아는 것이 없었기 때문이다. 조금 있다가 한국이 어떤 나라냐고 물어왔다. 순간, 나는 답을 제대로 해야겠다고 생각했다.

"한국은 역사와 전통이 무진장 깊은 나라야. 우리는 5천 년에 걸쳐 찬란한 문화를 이룩했어. 그런데 우리나라는 대륙과 섬 사이의 반도 국가여서 외세의 침략이 많았어. 그래서 소중한 문화유산들이 많이 손실되었어. 그래서 한국에 가면 순 현대식 건물과 도로밖에 안 보여. 우리도 예전에는 더램 성당같이 찬란한 유산이 있었는데 전쟁 중 폭격으로 인해 대부분 불타고 무너졌어.(영어에는 존대어가 없다는 점을 감안하고 읽어 주길 바란다.)"

그러자 구석에서 혼자 맥주를 마시고 있던 할머니가 혼잣말로 투덜거렸다.

"젠장, 그래도 너희 나라는 뭔가 가치가 있으니까 다른 나라에서 뺏으려고 쳐들어왔지. 우리나라는 아무짝에도 쓸모가 없기 때문에 주변 국가에서 전혀 뺏으려 들지도 않고 폭격도 하지 않아서 우리한테는 이렇게 쓸모없는 낡은 것들뿐이야."

나는 그 말에는 아무런 대꾸도 하지 않고 모른 척했다.

영국은 참 재미있는 나라다. 1066년 노르망디의 윌리엄 공이 프랑스에서 건너와 전투를 치러 적을 물리친 이후 그의 혈통이 오늘날 엘리자베스 여왕까지 이어져 내려오고 있다. 천년 왕조인 셈이다. 가문 간의 이동은 있었지만 역성혁명이나 왕조교체는 없었다. 올리버 크롬웰이 잠시 왕권을 찬탈한 적이 있지만 곧바로 왕정복고가 일어났다. 이런 역사적인 사실을 볼 때 영국인들이 전통을 중시하는 이유가 어느 정도 설명된다.

더램 대학은 옥스퍼드, 케임브리지 대학과 함께 칼리지 제도로 운영되는 유일한 대학이다. 마침 내가 맡은 연구가 이들 세 대학 간의 공동 프로젝트였다. 북대서양 아이슬란드 남쪽으로 약 800킬로미터 정도 뻗은 레이키야네스(Reykyanes) 중앙해령을 연구하는 것이었다. MIT에서 해보았던 연구여서 쉽게 할 수 있는 일들이었다. 문제는 컴퓨터 등의 지원 시스템이 미국에 비해 훨씬 느리고 비효율적이어서 기다리는 시간이 너무 많이 걸린다는 것이었다. 하지만 마음속으로 큰 불평불만을 갖지 말자고 생각했다.

연구 토의를 위해 옥스퍼드 대학의 베리 팔슨(Barry Parson) 교수를 찾아갔다. 간 김에 적당히 구경도 했다. 또 케임브리지 대학의 불라드(Bullard) 연구소에 들러 발표도 하고 평소 만나고 싶었던 밥 와이트(Bob White) 교수를 만났다. 역시 케임브리지는 인상적이었다. 옥스퍼드의 경우 미국에서 이름을 날린 영국계 교수들이 대부분이었지만, 케임브리지는 영국에서 공부하고 훈련 받은 학자들이 교수진을 구성하고 있었다.

한동안 영국 여기저기를 다니면서 세미나도 하고 구경도 다녔다. 미국에서는 당장 눈앞에 닥친 공부에 급급해 사람과의 관계를 제대로 할 여유가 없었다. 하지만 사람들과의 유대관계가 부족한 점은 나중에 나에게 치명적인 약점으로 돌아왔다. 과학이라는 것은 혼자 진공의 공간 속에서 이루는 것이 아니다. 여러 사람들과의 토론과 의견 교환을 통해서 아이디어는 더욱 세련되게 다듬어진다. 나는 우리나라 사람들이 혼자서 하는 입시 형태의 공부에는 강할지 몰라도 연구에서 뒤처지는 것이 토의를 통해 자기 의견을 전달하는 능력이 부족하기 때문이라고 생각한다. 내가 처음 MIT에서 가장 잘못한 것이 있다면 입시 식의 공부를 지향한 것이었다. 영국에서는 미국에서의 실수를 되풀이하고 싶지 않았다. 일은 미국에 있을 때의 반만 하면서도, 주위 교수들이나 연구원들과 학문적 교류를 많이 한 덕에 칭찬은 두세 배 넘게 받은 것 같다. 아주 효율적인 생활이었다.

학교생활뿐만 아니라 나머지 일들도 잘 풀려 나갔다. 대개 영국을 생각하면 비싼 물가를 떠올린다. 하지만 첫 2년간은 소득세가 감면되었다. 그리고 더램 주변은 영국에서도 집값이 싸고 좋은 곳으로 유명했다. 미국에서의 소비적인 생활을 고치니 오히려 경제적으로 더 여유가 생겼다.

더램은 위도가 북위 52도가량 된다. 겨울은 어둡고 거의 매일 비가 오거나 흐리지만, 여름은 정말 쾌적하다. 영국 자가용의 대부분은 에어컨이 없다. 가정에도 대부분 에어컨이 없다. 에어컨이 필요한 날이 일 년 중에 며칠밖에 되지 않기 때문이다. 여름은 저녁 10시까지도 밖이 훤하다. 그래서 여름에는 일주일에 한두 번씩 옆집에 사는 잭 골든 할아버지와 함께 퇴근 후에 골프를 치러 갔다. 저녁 7시에 둘이서 텅 빈 골프장을 돌면 9시 반 이전에 18홀이 끝난다. 골프를 잘 치는 편은 아니지만 어쩌다가 한 번 잘 맞으면 서로에게 칭찬을 아끼지 않는다. 골프를 치는 것보다도 산책을 하며 대화를 나누는 셈이었다. 9시 반에 클럽하우스에 들어가 맥주 한 잔을 마시고 그림자가 길게 드리워진 아름다운 영국 시골길을 운전해 집으로 돌아올 때면, 인간답게 사는 것이 이런 것이구나, 라는 생각이 절로 든다. 그 순간만은 누구도 부럽지 않았다.

MIT에서 같이 공부를 하던 후배 유학생들 중에 민경덕과 주영창이 학위를 마치고 독일에서 근무하고 있었다. 민경덕은 지금 서울대 기계항공과 교수로 있고, 주영창은 재료공학부 교수로 있다. 나는 이들을 만나기 위해 1998년 크리스마스 때 독일에 갔다. 이들 두 부부는 당시 아이가 없어서 주말이면 유럽 온 천지를 여행하고 다녔다. 우리는 아이가 있어서 그렇게까지 하지는 못했지만, 그래도 여러 차례 유럽 대륙을 여행했다. 유럽의 역사와 문화에 대해 관심을 갖게 된 것도 이때다. 영국에서의 2년은 내 인생에서 가장 아름다운 시기였다.

나의 보스였던 로저 서럴은 1997년 당시 국제중앙해령연구회(Inter-Ridge) 회장이었다. 미국과 유럽에 이어 일본도 중앙해령 연구에 뛰어들기 시작할 때였다. 1997년 7월, 일본해양연구소(JAMSTEC)와 동경대학교 해양연구소에서 우리를 일본으로 초청했다. 나는 일본에 가는 길에 한국에도 들러 보자고 로저에게 제안했다. 미국에 있을 때 서너 번 만난 적이 있는 한국해양연구소 박병권 소장님에게 전화를 했다. 그도 우리를 흔쾌히 초청하겠다고 했다.

박병권 소장님은 육군사관학교 교수 출신이었다. 그의 전공은 지질학이었고, 노스캐럴라이나 대학에서 학위를 받았다. 박병권 소장님과의 인연은 1991년으로 거슬러 올라간다.

1991년 12월이었던 것으로 기억난다. 박 소장님은 20여 명의 한국 과학자와 함께 우즈홀 연구소를 방문했다. 그는 부하 장교를 거느리고 다니는 장군 같았다. 나의 눈에 그는 '상당히 권위적인 인물로 비쳤다. 그럴 법도 한 것이, 당시 그는 기관장이었고 나는 박사과정의 일개 학생에 불과했다.

"무얼 연구하지?"

"해양지구물리를 하고 있습니다."

"우리나라에도 온누리호라는 최첨단 연구선이 들어오는 거 알지? 이력서 하나 줘 보게."

다음 날 자기소개서를 그에게 전해 주었다. 그리고 박 소장님 일행은 곧 한국으로 돌아갔다. 그 이후 나는 한동안 그를 잊고 지냈다.

1993년 박병권 소장님이 다시 우즈홀을 방문했다. 나는 당시 논문 준비를 위해 우즈홀에 머물고 있었다. 그때는 그와 개인적으로 이야기를 나눌 시간이 생겨 나는 한국 과학의 현주소에 대해 여러 가지 의견을 피력했다.

"한국의 과학과 미국의 과학은 많이 다릅니다. 제가 보기에 한국은 기초과학에 대한 열정이 부족해요. 말로만 과학, 과학 하지 진짜 과학에 관심이 있는지 모르겠어요."

박병권 소장님은 눈을 한 번 치켜뜨더니, 이내 평온한 표정을 지었다. 그는 내 말에 허심탄회하게 대답해 주었다.

"이 군, 한국의 과학 전략은 '중간 진입' 전략이야. 영어로 말하면 mid-level entry strategy이지. 우리나라는 미국이나 일본처럼 기초부터 쌓아올릴 여력이 없어. 그래서 우리나라는 외국이 하고 있는 것을 자세히 지켜보다가 이거 돈 되겠다 싶으면 외국이 100을 투자할 때 한꺼번에 200, 300을 투자해서 단시일 내에 그 분야의 대표 선도 주자가 되는 거야. 그래서 상품을 만들고 돈을 벌어 국민을 먹여 살리는 거야. 지금까지 반도체며 자동차며 조선업 등이 그런 식으로 성공해 왔어. 따라서 당신이 하는 것처럼 단순히 지적 호기심만을 채우기 위한 연구는 우리나라에서는 별 각광을 못 받아. 당신이 지금은 어려서 내 말뜻을 모를 거야. 하지만 당신도 생존하려면 잘 생각해 봐."

> 나는 나의 한국행을 정당화하기 시작했다. 한국에 간다면 그것은 온누리호를 사용하기 위해서다. 배를 내 연구에 사용할 수 있기 때문이다. 그때까지도 나는 우리나라에 있는 세 척의 연구선을 원래의 목적대로 사용할 수 있는 사람은 나밖에 없다고 생각했다.

내가 생각하고 있는 과학과 그의 설명이 너무 달랐다. 물론 나는 일개 대학원생이고 또 내가 미국 과학의 전체 모습을 속속들이 알고 있는 것은 아니었다. 하지만 최소한 내 주변의 사람들 모두가 지적 호기심에 의해 움직이고 있는 것만은 확실했다. 과학을 바라보는 박병권 소장님과 나의 시각에는 많은 차이가 있었지만, 나는 그의 솔직함과 인간적인 면에는 끌렸다.

우리 과학자들 사이에는 이런 농담 아닌 농담이 회자되고는 한다. 미국 과학재단에서 연구비를 받으려면, 이 연구가 왜 새로운 것이며 이것이 자연현상을 어떻게 밝혀 줄 것이냐를 설득해야 한다. 미국은 자국의 앞바다에 대한 연구라 할지라도 새로운 자연현상을 밝히는 것이 아니면 지원을 하지 않는다. 반면 아무리 머나 먼 외국 땅이라도 새로운 자연현상을 밝힐 수 있는 것이면 지원을 한다. 이는 우리나라 땅이고 우리 바다이기 때문에 우리가 동해를 조사하고 서해를 연구하는 것과는 큰 차이가 있다. 일본에서는, 우리가 이것에 투자할 경우 미국을 앞지르고 이 분야에서만은 미국을 제치고 세계 1위가 될 수 있다는 것을 보여 주어야 연구비가 나온다고 한다. 반면 우리나라는 이것에 투자해야 우리나라가 돈을 벌 수 있고 반도체, 자동차 이후의 주력 수출 상품을 개발할 수 있다는 것을 보여 주어야 정부에서 지원이 나온다. 우리나라 과학정책은 '중간 진입' 전략과 함께 '차세대 성장 동력'이라는 두 마디로 표현할 수 있다. 창피하지만 이것이 우리 현실이다.

자원이 없고 인구가 많은 우리나라가 경쟁력을 갖추기 위해서는 어쩌면 박병권 소장님의 말처럼 당장 도움이 되는 일을 해야 할지도 모른다. 내가 지금 하고 있는 연구도 국가가 세금으로 지원하기 때문에 가능한 것이다. 다르게 말을 하면, 우리나라 경제가 잘 돌아가야 내가 하고 있는 순수 지구과학도 그나마 지원을 받을 수 있는 것이다. 이 점에 대해서는 이의가 없다. 하지만 이런 식으로 단기에 성과를 올리기 위해 정부가 지나치게 나서다 보니 몇 가지 폐단이 생겼다. 비단 우리나라뿐만이 아니다. 고도성장을 추구하는 대부분의 개발도상국가들에서 볼 수 있는 현상이다.

미국의 경우 과학자들이 자체적으로 과학계를 규율해 나가고 정책과 방향에 큰 영향력을 행사한다. 하지만 한국은 이 같은 일을 실질적으로 공무원들이 한다. 그런데 대부분의 공무원들이 과학에 대한 이해가 턱없이 부족하다. 그러다 보니 연구를 평가하는 데 있어서 그 연구가 어떠한 기대효과를 내는가 하는 문제에만 관심을 기울인다. 연구기획안을 보이면, 이 연구를 통해 얻을 수 있는 산업적, 경제적 이득이 무엇이냐는 질문을 꼭 한다. 모든 연구가 그들의 입맛에 맞을 수는 없는 법이다. 그러다 보니 가끔은 소위 '뻥'도 쳐야 된다.

과연 우리나라를 미국과 비교할 수 있는지 모르지만 그래도 한번 미국의 경우를 보자. 미국 해군연구소(Office of Naval Research)라는 곳이 있다. 이곳에서는 과학연구를 기초부터 응용까지 단계별로 등급을 매기고 있다. 기초연구를 6.1연구라고 하는데, 내가 하고 있는 자연과학 연구가 여기에 속한다. 이것은 그 연구가 어디에 실용적인지를 굳이 정당화할 필요가 없다. 그냥 연구 결과만 성실하게 보고하면 된다. 그러면 6.2 또는 6.3의 연구팀에서 연구 결과를 보고 실용적으로 활용을 할지, 하지 않을지를 결정한다. 그리고 이를 바탕으로 응용연구를 한다. 이런 과정을 거쳐 새로운 지식이 창출되고, 새로운 무기체계도 개발하게 된다. 과학자는 연구 결과를 과장하거나 부풀리지 않고 성실하고 정확하게 보고해야 한다. 그것이 어떤 곳에 응용되는가는 다른 사람들이 알아서 결정할 문제이다. 연구 결과만 논문이나 보고서 형태로 정확하고 성실하게 보고하면 되기 때문에 다른 분야에서 그 결과를 믿고 사용할 수 있는 것이다. 반면 우리나라는 처음부터 기초연구를 했을 때 얻을 수 있는 경제적인 결과까지 한꺼번에 보장해야 되기 때문에 과학자들은 연구결과를 왜곡하거나 과대포장하는 것에 대한 유혹으로부터 자유로울 수가 없다. 미국이나 유럽처럼 연구 결과가 과장되었을 때 이를 잡아내고 제재를 가할 제도나 윤리적인 기준도 거의 없다. 이 모든 폐단은 과학자들이 자체적으로 과학계를 규율하고 자정하는 게 아니라 정부가 개입되어 있기 때문에 발생하는 것이다.

1997년 7월, 나는 예정대로 로저 서럴과 함께 일본에 가기에 앞서 한국에 들렀다. 안산에 있는 한국해양연구소에서 세미나 발표도 했다. 박병권 소장님은 나와 로저를 아주 크게 환대해 주었다. 부장급 인사들과 함께한 점심 만찬을 끝낸 오후, 박 소장님이 소장실에서 잠깐 보자고 해서 그를 찾아갔다.

박 소장님은 어렵게 말을 꺼냈다.

"자, 이제 한국에 들어올 때도 되지 않았나?"

하지만 나는 아직 그럴 만한 마음의 준비가 되어 있지 않았다.

"글쎄요. 아직 공부할 것이 많아서……."

박병권 소장님은 다시 나에게 이 기회에 한국해양연구소로 들어오면 어떻겠느냐고 권유했다. 그리고 인사권을 가진 당신께서 도와줄 수 있다고 했다.

"소장의 중요한 권한 중의 하나가 새로운 사람을 뽑는 것이다."

"미안하지만, 아직 그럴 생각이 없습니다."

나는 그저 내 생각을 이야기한 것뿐인데, 갑자기 박 소장님의 언성이 높아졌다. 나는 순간 당황했다.

"이 박사, 자네가 뭘 몰라도 한참 모르는군. 자네가 MIT 나왔다는 걸로 그렇게 자신 있는 것 같은데 우리나라 사정은 안 그래. 올해 연말 대통령 선거가 있는데 그것이 끝나면 기관장들도 다 바뀔 거야. 나니까 당신을 잘 봐서 이렇게 도와주려고 하지 새로운 기관장이 와 봐. 당신, 그 사람이 신경이나 쓸 것 같아? 당신, 처음부터 다시 시작이야."

나는 그의 솔직한 이야기에 적잖이 당황했고 적잖이 놀랐다. 한마디로 뽑아 줄 테니 내 말귀를 잘 알아들으라는 것이었다.

"당신, 아직 준비가 안 된 거 같아. 내 말뜻도 못 알아듣고. 그냥 나가. 그리고 생각 바뀌면 다시 찾아와."

그는 상당히 화가 난 것 같았다. 박병권 소장님은 내가 자신의 호의를 무시했다고 생각한 모양이었다. 하지만 나로서는 이것저것 잴 생각이 전혀 없었다. 외국에서 계속 살다 보니 그 생활에 익숙해져서 한국으로 돌아오겠다는 생각을 하지 않았을 뿐이었다. 물론 언젠가는 돌아와야 하겠지만, 그것은 외국에서 큰 과학자가 되고 난 뒤의 일이라고 생각해 왔다.

다음 날, 나는 일본으로 향했다. 그런데 어처구니없게도 로저와 함께 떠나지는 못했다. 나는 공항에 가서야 일본에 가려면 별도의 비자가 있어야 한다는 사실을 알았다. 유럽의 이웃나라들처럼 그렇게 가까운 나라를 왕래하는 데 비자가 필요하리라는 사실은 꿈에도 생각지 못했던 것이다. 하지만 사정을 잘 설명한 덕분에 일본 대사관에서 그날 즉시 비자를 받을 수 있었다.

나는 일본에 가서 박 소장님의 말을 계속 생각했다. 이 시점에 한국에 들어갈 것이라고는 생각하지 않았지만, 그런데도 마음 한 구석이 왠지 모르게 꺼림칙했다. 일본에서 영국에 있는 아내에게 전화를 했다.

"당신, 박 소장님 알지? 박 소장님이 나보고 한국에 들어오래. 그러면 해양연구소에 특채로 뽑아 주시겠대."

아내는 솔직히 한국에 들어가고 싶다고 했다. 한국에 들어가서 아이들도 키우고 뜨내기 생활도 정리하고 싶다고 했다. 나는 아직 목표에 도달하지 못했다는 아쉬움이 강했지만 아내의 말을 들으면서 흔들리기 시작했다. 부모님께도 전화를 했다. 당연히 부모님께서도 내가 들어오기를 바랐다. 나는 서서히 나의 한국행을 정당화하기 시작했다. 내가 만약에 한국에 들어간다면 그것은 온누리호를 사용하기 위해서다. 외국에서처럼 치열한 경쟁을 거치지 않고도 배를 내 연구에 사용할 수 있기 때문이다. 그때까지도 나는 우리나라에 있는 세 척의 연구선을 건조한 목적대로 사용할 수 있는 사람은 나밖에 없다고 생각했다.

나는 영국으로 떠나기 전에 홀로 한국으로 향했다. 김포공항에 내리자마자 박병권 소장님에게 전화를 했다.

"여보세요, 이상묵입니다."

"그래."

"찾아뵙고 말씀드릴게 있습니다."

"찾아올 필요 없어. 거기서 말해. 예스야, 노야?"

"예스요."

"알았어. 끊어."

그 짧은 통화로 나는 박 소장님의 제의를 수락했다.

다음 해인 1998년 2월, 유학을 떠난 지 11년 6개월 만에 나는 외국 생활을 접고 가족과 함께 한국행 비행기에 올랐다. 미국을 떠날 때와 마찬가지로 유럽에서의 마지막 여행은 알프스에서 스키를 타는 것으로 마무리했다.

탐욕과 두려움

"과학자가 어떤 문제를 연구할 때는 호기심과 새로운 발견의 기쁨 때문에 하는데, 제가 보기에 우리나라 과학정책은 그런 과학자들의 문화에 대한 이해가 없습니다. 우리나라 과학정책을 대변하는 두 단어는 '탐욕'과 '공포'입니다."

영국에서 떠나오기 전 나는 새로운 프로젝트에 관여하게 되었다. 남서 인도양 중앙해령에 대한 정밀 해저지형 조사였다. 이 프로젝트는 일명 'FUJI'라고 명명되었다. 프랑스, 영국, 일본 그리고 Inter-Ridge의 준말이었다. 프랑스가 마리온 두프레인(Marion du Fresne)이라는 최첨단 연구선을 싼 값에 제공하고 영국이 해저지형을 아주 정밀하게 조사하는 특수 장비(TOBI라는 심해 사이드 스캔 소나)를 제공하며 일본이 나머지 모든 비용을 대는 연구로, 국제중앙해령협의회 이름으로 발족되었다. 물론 당시 나는 영국팀의 일원이었다.

나는 이 연구에 참가하면서 일본 측 수석과학자인 켄사쿠 다마키(Kensaku Tamaki)를 만난다는 사실에 마음이 들떴다. 그는 일본 동경대학교 해양연구소의 교수였다. 그는 가끔씩 농담으로 자신이 일본에서보다 한국에서 더 유명하다는 말을 하고는 했다. 1980년대 그는 국제 해저시추사업을 이끌고 동해에 대한 대대적인 연구를 수행했다. 불행히도 당시 우리나라는 이 사업에 끼지 못했다. 다마키가 시추를 통해 알아낸 사실들은 동해를 연구하는 한국 과학자라면 누구나 머릿속으로 꿰고 있을 만큼 중요한 결과물들이었다.

그는 매우 조용했고 옷차림도 항상 평범했다. 동경대학교 교수라는 것이 짐작이 안 될 정도였다. 영어도 더듬더듬 했다. 하지만 나는 한 마디도 놓치지 않고 그의 말에 귀를 기울였다. 한국에 돌아가기로 마음먹은 마당에 동해 연구의 대가인 그를 만난다는 것은 마치 교황을 알현하는 것만큼이나 중요했다. 배에서도 나는 그에게 잘 보이려고 노력했다. 나는 한국에 돌아갔을 때 내가 당장 연구에 관해 이야기할 수 있는 사람은 거의 없을 것이라는 생각을 하고 있었다. 만약 있다면 그것은 이웃나라인 일본 학자들일 가능성이 컸다. 일본은 지진과 화산 활동이 빈번하기 때문에 지구과학에 관한 한 미국 다음으로 발전해 있다.

나를 포함한 영국 과학자들과 기술자들은 남아프리카 덜반(Durban) 항구에서 승선했다. 우리가 승선한 마리온 두프레인 호는 프랑스 탐험가의 이름을 붙인 연구선이었다. 5000톤에 이르는 이 연구선은 시설이 대단히 훌륭했다. 엘리베이터가 설치되어 있었고, 각 선실마다 호텔처럼 전자키가 주어졌다. 룸서비스가 있어서 매일 누군가가 이불 정리와 방청소도 대신해 주었다. 남서 인도양의 나쁜 날씨만 아니었다면 우리는 아주 쾌적한 유람을 하는 기분이었을 것이다. 한 달여 뒤 우리가 하선한 곳은 인도양의 프랑스령 화산섬 리유니옹(Reunion)이었다.

나를 놀라게 한 것이 또 한 가지 있었다. 대부분의 연구선들은 국적을 막론하고 제공되는 음식이 좋은 편이다. 그런데 마리온 두프레인 호 식당의 식탁에는 하얀 식탁보가 깔려 있었고 웨이터가 곁에서 서빙까지 했다. 식사 전에는 바에 모여 파스티스를 비롯한 칵테일을 한 잔씩 마셨다. 식사 때는 와인이 나왔다. 식사가 끝난 다음에는 코냑을 비롯한 여러 종류의 술이 과일, 치즈와 함께 제공되었다. 프랑스 사람들이 점심을 저녁보다 거하게 먹는다는 사실을 이때 처음 알았다. 배에서도 점심 때는 다섯 코스의 식단이 제공되었고, 저녁 때는 네 코스의 식사가 제공되었다. 나는 같이 승선한 영국 과학자와 기술자들 앞에서 프랑스의 식단을 격찬했다. 심지어는 "다시 태어난다면 프랑스인으로 태어나고 싶다."고 말하기도 했다.

어느 날 아침, 우리 일행 중 가장 나이가 많은 영국 기술자가 내 옆에 앉았다. 프랑스 식 아침은 일반적으로 '콘티넨털 블랙퍼스트(continental breakfast)'라고 해서 아주 간단하게 나온다. 말이 거창해서 콘티넨털이지 뜨거운 음식이라고는 커피밖에 없고 빵과 치즈 정도의 초라한 식단이다. 만약 프랑스 사람들이 아침까지 잘 먹었으면 비만에 시달릴 것이다. 반면 영국식 아침(English breakfast)은 거창하다. 뜨거운 그릇에 계란, 소시지, 각종 익은 야채 등이 푸짐하다. 영국의 음식 문화는 빈약하기로 유명하다. 내가 영국에 있을 때 그나마 잘 먹었던 것이 인도 카레다. 정말 영국은 음식에 관한 한 할 말이 없다. 하지만 아침만은 예외다. 내 옆에 앉은 기술자가 그동안 벼르고 별러 온 말을 했다. "상묵, 이것 봐. 얼마나 형편없는 아침이야. 우리나라 배에서 이 따위로 아침을 내 오면 주방장은 당장 해고야." 그는 그동안 내가 프랑스를 칭찬한 것이 크게 못마땅했던 모양이었다. 나는 이후로 그 앞에서는 말을 조심했다.

1998년 2월, 나는 한국해양연구소에서 선임연구원으로 일을 시작했다. 한국해양연구소는 나중에 해양연구원으로 승격되었다. 한국해양연구소는 안산에 위치해 있었고 약 200명의 박사들이 일하고 있었다. 박병권 소장님이 나를 직접 발탁했다는 사실이 연구소 전체에 알려지면서 나는 직간접적으로 여러 가지 혜택을 누렸다.

해양연구소는 정부가 출연한 기관이기 때문에 공무원 집단은 아니지만 정부의 영향권 안에 있었다. 그리고 해양수산부라는 정부부처가 새롭게 출범하면서 한국해양연구소는 실질적으로 이 아래에 놓이게 된다.

나는 한국해양연구소에서 일을 하게 되면서 미국이나 영국에서는 겪지 못한 여러 가지 낯선 경험을 하게 되었다. 그중에 하나가 PBS(Project Based System)였는데, 이것은 연구원들이 자신의 인건비를 채우기 위해 프로젝트를 따 와야 하는 시스템이었다. 이 때문에 연구비를 확보하기 위한 과열 경쟁이 생겼다. 이런 분위기라면, 내가 그동안 미국이나 영국에서 공부하던 전 지구적인 문제에 대해 해양수산부 같은 기관이 연구비를 마련해 줄 리가 없다는 생각이 들었다.

그런데 우리나라 정부출연연구소에는 아주 특이한 제도가 있었다. '기관고유사업'이라는 것으로, 기관장이 수십억 원의 예산권을 가지고 기관 차원에서 필요하다고 여겨지는 분야에 투자할 수 있는 제도였다. 다시 말해, 지금 당장 과학기술부나 해양수산부 같은 곳에서 지원을 받지 못하더라도 꼭 필요하다고 판단되는 연구사업에 대해 연구소 스스로 그 사업을 지원할 수 있었다. 물론 기관장의 영향력이 컸다.

박 소장님 이후 한상준 박사님이 승격된 한국해양연구원의 원장으로 계실 때 일이다. 하루는 임장근 기획부장님이 나를 찾아왔다. 그는 내가 하고 싶은 일을 지금 해양수산부나 과기부에 이야기해 봤자 말이 안 통할 테니 이번에 기관고유사업을 맡아서 해 보는 것이 어떻겠느냐고 제안했다. 한마디로 온누리호를 줄 테니 네가 하고 싶은 대로 해보라는 이야기였다. 연구원에 들어온 지 얼마 안 된 나로서는 정말 좋은 기회였다. 하지만 각종 위원회의 심사를 거쳐야만 했다.

그날부터 바빠지기 시작했다. 지도를 펼쳐 놓고 세계를 깜짝 놀라게 할 만한 연구지역이 어디 있는지 살펴보았다. 외국에 있는 동료들과도 상의했다. 서태평양 적도 바로 위 에이유 분지(Ayu Trough)가 눈에 들어왔다. 필리핀 해 최남단으로 인도네시아와 팔라우 공화국 사이에 있는 해역으로, 500킬로미터 정도 되는 해역이었다. 내가 이 지역에 주목한 이유는 필리핀 판 주변이 모두 수심 5000~8000미터가 넘는 깊은 해구인데, 이 지역만이 유일하게 해구가 아닌 중앙해령이었다. 물론 아직까지 조사가 안 된 중앙해령이었다. 너무나 동떨어져 있었기 때문이다.

우리나라 주변 서태평양에는 큰 규모의 중앙해령이 없다. 우리나라에서 가장 가까운 중앙해령으로 가려면 온누리호가 2~3주 동안 쉬지 않고 항해를 해야 한다. 에이유 분지는 그 규모가 작고 동떨어져서 학자들이 지금까지 간과한 지역이었다. 그곳까지의 항해 거리는 단 5일이었다. 나는 이 지역에 대한 최초의 해양지구물리탐사를 통해 선진국 대열에 비로소 우리나라를 중앙해령 탐사국으로 등록시키겠다고 생각했다.

기관고유사업 선정위원회 위원장인 채장원 박사님를 찾아갔다. 그분은 평소에도 나를 예뻐했다. 나는 에이유 분지에 대한 연구가 왜 세계적으로 중요한지를 설명했다. 그는 내 이야기를 충분히 이해한다고 했다. 그렇지만 설득력이 약하다고 했다. 대부분의 사람들이 우리나라 주변도 잘 모르면서 그 먼 필리핀 해 남단까지 내려가 연구할 필요가 있냐고 이야기할 게 빤하다는 것이었다. 채장원 박사님은 내게 이 연구가 어떻게 우리나라에 실질적인 도움이 되는지 설득할 아이디어가 없냐고 했다. 나는 연구소 윗분들이 나를 도와줄 작정을 하고 있다는 사실을 간파하고 조금 뻥을 치기로 마음먹었다.

나는 에이유 분지를 내세우지 않고 '한반도 지반안정성 평가를 위한 대양연구'라고 제안서의 제목을 바꾸었다. 다시 채장원 박사님을 찾아갔다. 그는 훨씬 좋아졌다고 하면서, 어차피 그렇게 해 놓고 내가 연구하고 싶은 에이유 분지에 가면 되는 게 아니냐고 했다. 나도 연구를 위해서는 할 수 없다고 생각했다. 그런데 임장근 기획부장님이 돈을 더 줄 테니까 조금 더 그럴싸하게 포장할 수 없느냐고 했다. 나는 해양물리를 전공하는 이재학 박사님을 찾아갔다. 자초지종을 설명하고 남부 필리핀 해를 갈 수 있는 좋은 아이디어가 없느냐고 물었다. 그러자 그는 쿠로시오 해류에 대해서 설명했다. 쿠로시오 해류는 미국의 걸프 해류와 마찬가지로 대륙의 서쪽을 거슬러 올라오는 난류다. 이재학 박사님은 그동안 표층에 대한 연구는 많이 되어 있지만 쿠로시오의 깊은 저층에 대해서는 아직도 모르는 게 많다고 했다. 그는 쿠로시오 해류가 남필리핀 해에서 발생해 우리나라 근해까지 올라오며 우리나라 해황에도 영향을 미치기 때문에 사람들을 쉽게 설득할 수 있을 것이라고 조언했다. 나는 제안서 제목을 다시 '한반도 지반안정성 평가 및 쿠로시오 난류가 우리나라 해황에 미치는 연구를 위한 대양연구'로 포장했다.

연구사업의 새 제목을 본 채장원 박사님은 매우 흡족해했다. 그런데 다시 임장근 기획부장님이 연구소에서 이 사업에 돈을 더 내놓을 테니 더 큰 그림을 그려 보라고 했다. 나는 다시 고민에 빠졌다. 연구비도 연구비지만, 이렇게 과장을 해도 되는지 마음에 걸렸다. 그런데 누군가가 뱀장어에 관한 이야기를 해 주었다. 일본에는 칠성뱀장어라는 아주 고가의 어종이 있는데, 이것의 산란지가 필리핀 해 해저라는 것이다. 뱀장어는 연어와 반대의 습성을 보인다. 연어는 민물에서 알을 낳은 다음 깊은 바다에서 활동하지만, 뱀장어는 반대로 깊은 바다에서 알을 낳은 다음 연안 근처에서 활동한다. 일본에서는 뱀장어 산

> 미국 같은 선진국에서 배운 과학과, 한국이 요구하는 과학에는 상당한 차이가 있었다. 나는 이러한 차이에 적응하기 위해 많은 시간을 필요로 했다. 어쩌면 지금도 나는 적응 기간을 지나고 있는지도 모른다.

란지를 찾기 위해서 10년 가까이 남부 필리핀 해를 조사했다고 한다. 문제는 모든 물고기들이 치어 때는 모습이 비슷비슷하다는 것이다. 우리가 단번에 뱀장어의 산란지를 찾는다는 것은 확률이 무진장 낮았다. 그러나 할 수 없었다. 비싼 고급 어종의 산란지와 회유 경로를 연구하겠다고 하면 심사 문턱을 넘을 수 있었기 때문이다. 이런 과정을 거쳐 '한반도 지반안정성 평가, 쿠로시오 난류가 우리나라 해황에 미치는 연구 및 뱀장어 산란지와 회유경로를 밝히기 위한 대양연구'라는 아주 긴 연구 제목이 탄생했다.

연구소 내 심사가 열렸고, 통과했다. 단 한 가지 보안 의견이 들어왔다. 제목이 너무 길다는 것이었다. 채장원 박사님이 말했다.

"그러면 그냥 '서태평양 종합대양연구'로 하지."

이렇게 해서 1999년부터 대양연구가 시작되었다. 나는 드디어 총괄책임자가 되어 내가 하고 싶었던 일을 할 수 있게 되었다.

나는 해양연구원에 있었던 6년 6개월 동안 서태평양 종합대양연구 이외에 다른 대양탐사 사업에도 참여했다. 1999~2000년에는 온누리호를 타고 남극 주변을 탐사하는 사업에 참여했고, 여름이면 서태평양 미크로네시아 주변 해저산에 대한 망간각 조사와 함께 동태평양 한가운데에 있는 심해 망간단괴 지구물리 조사에도 참여했다. 파푸아뉴기니, 솔로몬 군도 주변에서의 열수광상 조사도 여러 차례 참여했다. 뿐만 아니라 외국 연구선에도 승선하여 공동연구도 수행했다.

연구소에 있는 동안 1년에 평균 3~4개월은 바다에 떠 있었던 셈이다. 그것도 우리나라 근해가 아닌 저 먼 태평양 한가운데에서.

'바다는 자원의 보고'라는 말이 있다. 이 말처럼 사람들은 바다에 보물덩어리라도 있는 것처럼 생각한다. 하지만 수산자원을 제외한 해양 자원의 대부분은 석유다. 그리고 석유는 바다 한가운데가 아닌 대륙 주변의 바다에 존재한다. 심해에는 망간단괴가 있고 해저화산 주변에는 뜨거운 물에 포함되어 나오는 금속광산이 있지만 아직 경제성은 미미하다. 최근에는 불붙는 얼음이라는 메탄수화물이 미래의 자원으로 각광받고 있는데 이 또한 마땅한 개발 방법이 없는 실정이다. 얼마 전 한 TV 프로그램에 어떤 국회의원이 출연해 일본이 독도를 노리는 이유가 독도 주변에 있는 메탄수화물 때문이라는 음모론을 제기했다. 아마도 일본 과학자들이 이야기를 들었다면 웃었을 것이다. 우리나라 주변에 메탄수화물의 저장량이 얼마나 되는지는 아직 모르지만 대규모는 아닐 것이라는 것이 중론이다. 메탄수화물이라면 태평양 쪽 일본 연안이야말로 전 세계적으로 저장량이 가장 풍부한 곳 중에 하나로 알려져 있다. 거기라면 몰라도 메탄수화물 때문에 일본이 독도까지 생각하고 있지는 않을 것이다. 독도를 사수하고자 하는 뜻은 좋지만 제대로 된 정보를 바탕으로 이야기해야 나중에 국제사회에서의 설득력이 더욱 커질 것이다.

우리가 오늘날 전자제품을 사용하고 전기를 이용하는 것은 전기와 자기에 대한 원리를 완전히 터득했기 때문이다. 인간이 자연이나 자연현상으로부터 실용적인 것을 얻기 위해서는 그 전에 그것들에 대한 완전한 이해가 항상 선행되었다. 우리가 바다로부터 무언가를 얻기 위해서는 먼저 바다에서 일어나는 현상에 대해 완전히 이해해야 한다. 아직 인류는 바다에 대해서 모르는 것이 너무 많다. 바다에는 우리가 이해하지 못한 복잡한 현상들이 많을 뿐만 아니라 접근조차 해 보지 못한 영역이 대부분이다. 이런 점에서 조급함을 버리고 한 발 물러서서 여유를 갖고 바다에 접근해야 한다고 생각한다. 지금까지의 경험으로 볼 때 바다에 대한 완전한 이해가 선행되어야 이를 활용할 방안이 제대로 마련될 수 있기 때문이다.

정부출연연구소는 연구 테마를 선정하는 것에서부터 정부의 영향력에서 자유롭지 못했다. 지각이 어떻게 만들어져서 변화하고, 맨틀이 어떻게 흐르는지에 대한 문제에 대해 정부가 관심을 가질 리 만무했다. 내가 그래도 한국해양연구원에서 일하면서 보람을 느꼈던 것은 온누리호라는 첨단 연구선을 마음대로 사용할 수 있었다는 것과 기관고유사업 덕분이었다. 한번은 새로 원장으로 임명된 변상경 박사님에게 이런 말을 한 적이 있다.

"제가 보기에 우리나라 정부가 추진하고 있는 모든 대형 연구사업은 딱 두 가지로 분류할 수 있을 것 같습니다."

그러자 변 박사님은 어떻게 분류하느냐고 물어보았다.

"하나는 GREED, 즉 탐욕입니다. '이것 연구하면 대박나', '이것 연구하면 돈이 돼' 군(群)입니다."

일리가 있는지 그는 고개를 끄덕였다.

"또 하나는?"

"또 하나는 FEAR, 두려움입니다. '이것을 하지 않았을 때는 나중에 문제가 돼. 누가 문책을 받을 수 있어.' 그룹입니다."

나는 거기에 덧붙였다.

"과학자가 어떤 문제를 연구할 때는 호기심과 새로운 발견의 기쁨 때문에 하는데, 제가 보기에 우리나라 과학정책은 그런 과학자들의 문화에 대한 이해가 없습니다. 우리나라 과학정책을 대변하는 두 단어는 '탐욕'과 '공포'입니다."

미국 같은 선진국에서 배운 과학과, 한국이 요구하는 과학에는 상당한 차이가 있었다. 나는 이러한 차이에 적응하기 위해 많은 시간을 필요로 했다. 어쩌면 지금도 나는 그러한 적응 기간을 지나고 있는지도 모른다.

26년 만의 자카르타行

> 많은 외국인 동료 과학자들은 필리핀 해 남부와 캐럴라인 판에 대해서만큼은 나보다 더 잘 아는 사람이 없을 거라고들 한다. 아직까지는 이 지역을 '이상묵의 부동산'으로 생각해 주는 분위기다.

2000년 여름, 나는 자카르타를 방문했다. 자카르타는 26년 전의 모습을 찾아볼 수 없을 만큼 변해 있었다.

1974년, 나는 인도네시아 자카르타를 떠나왔다. 방과 후면 아버지를 기다리며 도서관에 파묻혀 지냈던 아이, 〈내셔널 지오그래픽〉의 사진을 보며 다른 세계를 꿈꾸었던 아이, 낯선 이국의 풍경 속을 거닐며 마음껏 상상의 나래를 폈던 아이가 그곳에서 자랐다. 자카르타에는 그 아이가 가슴에 품었던 꿈의 원천이 흐르고 있었다. 그 아이는 21년 후 MIT 해양학 박사가 되었고, 태평양을 누비는 과학자가 되었다. 하지만 나는 추억에 잠겨 있을 여유가 없었다. 인도네시아 해양수산부와 한판 협상을 벌여야 했기 때문이다.

여러 번 기획안을 재작성하며 어렵사리 해양연구소의 허락을 얻어낸 '서태평양 종합대양연구'의 탐사 지역은 인도네시아 영해에 속해 있었다. 국제관례는 이렇다. 외교부를 통해 해당 나라에 탐사 공문을 보낸다. 학문적인 연구인 경우 6개월 전에 허락을 받으면 된다. 순수하게 학문적인 연구가 목적일 경우, 특별한 이유가 없으면 받아들여지는 게 국제관례다. 그러나 인도네시아 해양수산부는 까다롭게 굴었다. 명백하게 국제관례를 무시하는 일이었지만 나로서는 도리가 없었다. 그리고 이것은 비단 내 경우만도 아니었다.

나는 국제전화와 이메일을 통해 지속적으로 인도네시아 해양수산부와 의견을 나누었다. 그러나 협상은 쉽게 진행되지 않았다. 수소문 끝에 당시 같이 연구를 하던 호주 학자가 인도네시아 해양수산부 차관인 인드로요노(Indroyono)와 잘 알고 지낸다는 사실을 알게 되었다. 나는 그에게 다리를 놓아 달라고 부탁했다. 호주 과학자는 인드로요노에게 연락해 나를 한번 만나볼 것을 청했다. 이런 과정 끝에 인드로요노로부터 자카르타로 와 달라는 연락을 받았다. 앞에서도 이야기했지만 내가 인도네시아까지 직접 가는 것은 사실 국제관례에 어긋나는 일이었다. 모든 일은 문서로 처리될 수 있었기 때문이다. 하지만 일을 성사시키기 위해 나는 인도네시아 행을 택했다.

인천공항을 떠나며 인삼 50만 원어치를 샀다. 인도네시아에서 인삼은 귀한 물건이다. 민간에서는 만병통치약으로 통한다. 누군가가 인도네시아 사람들은 인삼이 죽은 사람도 살린다고 믿고 있다는 말을 해 주었다. 내게도 인삼이 이번 일을 해결해 줄 '만병통치약'으로 작용하기를 바랐다.

자카르타 공항에서 나를 반긴 사람은 인도네시아 해양수산부 국장인 사프리(Safri)였다. 협상은 3일 동안 진행되었다. 아침이 되면 사프리가 호텔로 나를 데리러 왔다. 나는 3일 내내 사프리의 사무실에서 논쟁을 이어 갔다. 사프리는 프랑스에서 학위를 받았는데, 내가 알고 있는 프랑스 동료들과도 친분이 있었다. 나는 그러한 간접적인 친분을 동원하는 한편 내가 어릴 적에 인도네시아에서 자랐음을 강조했다. 하지만 첫날부터 우리의 협상은 난관에 부딪혔다.

"연구 감독을 위해 인도네시아 관리 네 명이 배에 함께 타야 합니다. 한 명당 일일 수당은 2000달러로 책정했습니다."

하루 8000달러(약 800만 원)를 관리에게 지불해야 한다고? 이건 노골적인 뇌물 요구였다. 지금까지 다른 나라 경제수역에 들어가서 조사를 여러 번 했지만 이 같은 돈을 요구받은 적은 없었다. 우리는 약 20일간의 탐사를 해야 했다. 그렇다면 1억 원이 훨씬 넘는 돈을 인도네시아 관리의 인건비로 소모해야 한다는 계산이 나왔다.

"우리 연구는 순수한 학문적 연구이고 아주 적은 예산으로 이루어지는 만큼 그만한 돈이 있을 리가 만무합니다."

"조건은 우리가 정합니다."

"뇌물을 상납하란 말입니까?"

"말 함부로 하지 마시오."

논쟁이 계속 진행되고 있는데 그가 벌떡 일어났다. 그러더니 기도를 시작했다. 해가 질 무렵이었다. 마그립(일몰) 기도가 시작된 것이다.

무슬림은 하루 다섯 차례 의무적으로 예배를 드린다. 파즈르(새벽), 주흐르(정오), 아스르(오후), 마그립(일몰), 이샤(밤) 예배가 그것이다. 그는 경건히 기도를 올린 후 다시 자리에 앉았다. 내가 쏘아붙였다.

"신의 은총을 입고 계신 국장님, 돈보다 중요한 것은 신뢰 아닙니까? 우릴 믿어 주세요."

한편으로는 막대한 돈을 요구하면서, 또 한편으로는 신을 경배하는 그의 이중적인 모습에 나는 혀를 찼다. 다시 어릴 적 이야기를 꺼내었다. 인도네시아에서 보낸 즐거운 나날들에 대해, 그리고 내 인생에서 인도네시아라는 나라가 어떤 의미였는가를. 내 말에 사프리의 표정이 다소 풀어졌다.

"내일 다시 이야기합시다."

다음 날 협상은 전날보다 부드럽게 진행되었다. 그가 새로운 제안을 했다.

"관리 한 명과 해군 관계자 한 명은 반드시 태워야 합니다. 하루 수당은 1000달러로 하지요."

"감사합니다. 그러나 힘듭니다. 우리가 외부 연구원에게 지불할 수 있는 돈은 일인당 하루 400달러입니다. 규정상 그 이상은 안 됩니다."

"이렇게까지 양보를 했는데, 이런 식으로 나올 겁니까?"

이틀째 협상도 결렬이었다. 호텔로 돌아온 나는 연구원 대외협력과장인 강현주 씨에게 전화를 걸었다. 그녀는 하루에 400달러 이상 줄 수 있는 근거가 없다고 했다. 나는 머리를 식힐 겸 호텔 밖으로 나갔다. 내가 묵었던 프레지던트 호텔 건너편에는 호텔 인도네시아가 있었다. 우리가 어릴 적 자카르타에 있을 때 호텔 인도네시아는 자카르타에서 가장 좋은 호텔이었다. 호텔 인도네시아에서 나와 동생들은 수영을 배웠다. 그리고 매주 토요일이면 그곳 수영장에 가서 하루 종일 놀면서 지냈다. 집에서 출발할 때부터 아예 수영복 차림이었다. 아버지가 출근길에 우리를 호텔 인도네시아 앞에 내려다주면 우리 셋은 수영복만 입은 채 맨발로 호텔 로비를 쏜살같이 뛰어 지나가 수영장으로 직행했다. 하지만 호텔 인도네시아는 많이 퇴색해 있었다. 그 옆에 최근에 지어진 하얏트 호텔의 웅장한 모습에 비하면 초라하기까지 했다.

세 번째 날 아침, 사프리가 나를 데리러 왔다. 나는 마치 검찰에 불려가서 심문을 당하는 것 같은 기분에 사로잡혔다. 하지만 그날 사프리는 많이 완화된 조건의 제안을 했고, 나는 그것을 받아들였다. 감독관 2명 그리고 1인당 40만 원. 한국해양연구소가 정한 규정에 맞추어졌다. 극적인 타결이었다. 그런데 사프리가 난처하다는 표정을 지으며 말했다.

"당신이 내 방에 3일 동안 들락거린 것을 주변의 부하직원들도 다 보았는데, 내가 당신을 이대로 보내면 사프리 국장이 뒷거래를 해서 협상을 맺었다고 수군거릴 거요. 정말 더 내놓을 것이 없소?"

그리고 그는 한 가지 조건을 더 내걸었다.

"우리 차관님이 꼭 한국에 가보고 싶다고 하는데 당신이 초청해 줄 수 있소?"

나는 해양수산부 차관인 인드로요노가 인도네시아 최고의 명문인

반둥공과대학 출신이고 미국 미시건 대학에서 인공위성 원격탐사에 대한 공부를 했다는 사실을 알고 있었다. 또한 그는 인도네시아에서 아주 유력한 집안의 자제였다. 그의 아버지는 사성 장군 출신이고 정부 요직을 두루 거친 인물이었다.

내가 말했다.

"글쎄, 내가 인드로요노 차관을 과학자로 초청할 수는 있습니다. 하지만 이코노미 좌석입니다. 우리 능력에 VIP 대접을 해 줄 수는 없습니다."

그러자 사프리가 대답했다.

"우리 차관님은 평소 때도 배낭여행을 즐기니까 괜찮을 거요."

사프리와 나는 타협안을 가지고 인드로요노의 집무실로 갔다. 사프리가 설명을 했다. 인드로요노도 만족하는 것 같았다. 나는 인드로요노에게 왜 한국에 오고 싶어 하느냐고 물었다. 그러자 그는 판문점과 군사분계선을 꼭 보고 싶다고 했다. 나는 잘 이해가 되지 않았다. 내 표정을 읽었는지, 그는 자신의 아버지가 군인이어서 그런 것에 상당한 관심이 있다고 말했다. 그리고는 제멋대로 상상을 했는지, 그곳은 보스니아처럼 전쟁 상황이 아니겠냐고 덧붙였다.

일단 임무를 완수한 나는 결과에 만족하며 인드로요노의 집무실을 나왔다. 사프리가, 내가 예전에 살던 집을 한번 찾아보겠느냐고 제안했다. 사프리와 나는 하루 온종일 일대를 헤맸다. 하지만 자카르타가 너무 많이 변해서 결국 찾지 못했다.

이듬해에 인도네시아의 허가를 받고 인도네시아 북쪽 해역에 대한

> '서태평양 종합대양연구'가 1990년 온누리호가 도입된 이후 그 목적에 맞게 사용해서 이룩한 12년 만의 최대 국제 학문적 성과라고 자부한다. 아마 해양수산 관계 공무원들은 몰라도 최소한 미국, 일본 과 학자들은 내 의견에 동의할 것이다.

해양조사를 시작했다. 바다는 경찰들이 감시할 수 있는 곳이 아니다. 나는 경제수역뿐만 아니라 영해까지 마음대로 드나들며 조사를 진행했다. '어떻게 얻어낸 허가인데.'라는 생각이 머릿속을 맴돌았다. 그래서 본전 생각에 더 열심히 뒤지고 다녔다. 그 지역은, 그곳이 학술적으로 매우 중요하다는 사실을 안 일본 과학자들도 인도네시아 정부를 설득하지 못해 들어오지 못한 곳이었다.

탐사 결과, 믿어지지 않는 과학적 증거들이 포착되었다. 지금까지 이 지역은 부채꼴 모양으로 해저확장을 한 것으로 알려져 있었다. 하지만 조사 결과, 비스듬하게 확장되는 것으로 밝혀졌다. 이는 필리핀 판이 예전에 우리가 막연히 생각했던 방향으로 움직이지 않는다는 사실에 대한 결정적인 증거였다. 필리핀 판은 우리 유라시아 판과 마찰을 일으키면서 지진과 화산을 유발한다.

'서태평양 종합대양연구'의 결과들은 당초 목표했던 것과 같이 한반도뿐만 아니라 동아시아의 안정성을 평가하는 기본 자료로 활용될 것이다. 그것이 비록 지금 현재의 지반 안정성이 아니라 과거 2천만 년 전의 지반 안정성이기는 하지만 말이다. 나는 이 연구가 1990년 온누리호가 도입된 이후 그 목적에 맞게 사용해서 이룩한 12년 만의 최대 국제 학문적 성과라고 자부한다. 아마 해양수산 관계 공무원들은 몰라도 최소한 미국, 일본 과학자들은 내 의견에 동의할 것이다.

대양연구를 통해 나는 남부 필리핀 해와 그 옆의 캐럴라인 판 주변에 대한 연구를 할 수 있었다. 지금까지 국제적으로 이 지역에 대한 종합적인 연구는 없었다. 때문에 많은 외국인 동료 과학자들은 필리핀 해 남부와 캐럴라인 판에 대해서만큼은 나보다 더 잘 아는 사람이 없을 거라고들 한다. 아직까지는 이 지역을 '이상묵의 부동산'으로 생각해 주는 분위기다.

예정대로 모든 탐사가 순조롭게 끝나고, 인드로요노가 한국을 방문하겠다는 시기가 다가왔다. 그런데 나는 약간의 걱정에 휩싸였다. 인드로요노 차관을 초청한다는 것은 협상 당시에는 예정에 없던 일이었기 때문이었다. 이 같은 거물급을 불러들이는 바람에 내 돈까지 털어 넣어야 할지도 모르는 상황이었다. 그런데 어느 날, 부산에 위치한 S회사 사장이라는 사람으로부터 전화가 걸려왔다.

"이상묵 박사님이시죠?"

"네, 맞습니다."

"여기는 인공위성과의 통신장비를 생산하고 있는 회사입니다. 우리는 인도네시아에 수백억 규모의 선박 위치 추적장비를 판매하려고 공을 들여 왔습니다. 인도네시아 검찰청까지는 허가를 받았는데 최종 결정권자가 해양수산부 차관인 인드로요노라고 합니다. 인드로요노 차관이 이상묵 박사님 초청으로 한국에 온다면서요? 저희가 인드로요노 차관을 모실 수 있는 시간을 마련해 주시면 은혜는 잊지 않겠습니다."

그렇지 않아도 이 일을 어떻게 처리할까 고민 중이었는데, 횡재도 이런 횡재가 없었다. 나는 일부러 잠시 뜸을 들였다가 말했다.

"정 그러시다면 좋습니다. 그런데 부탁이 하나 있습니다. 비행기가 이코노미석으로 예약되어 있는데 일단 1등석으로 바꿔 주십시오."

"문제없습니다. 당장 그렇게 하죠. 그럼 허락하신 겁니다."

나는 그 회사의 사장에게 인드로요노가 판문점과 군사분계선, 땅굴 등을 구경하기 위해 온다고 말했다. 그러자 사장은 판문점과 군사분계선을 출입할 수 있는 전용버스와 통역자를 수배해 인드로요노를 안내한 다음 곧바로 부산으로 모시고 싶다고 했다. 호텔 숙박비를 비롯한 모든 경비도 그쪽에서 당연히 대겠다고 했다.

전화를 끊자 이번에는 강원도 도지사실에서 연락이 왔다. 도지사가 강원도 어선들을 인도네시아로 진출시키기 위해 자카르타를 방문했는데, 거기에서 인드로요노가 조만간 한국을 방문할 계획이라고 귀띔해 주었다고 했다. 인드로요노가 방문할 때 도지사가 꼭 인사를 나누고 싶다고 했다.

인드로요노는 그 해 2001년 12월에 한국을 방문했다. 나는 그를 데리고 판문점과 통일전망대, 땅굴 등을 방문했다. 그는 무척이나 천진난만했고, 좋아서 어쩔 줄을 몰라 했다. 임진각에 갔을 때는 내가 촬영금지 팻말을 손으로 가리키며 저쪽은 촬영을 하면 안 된다고 말하자, 그는 아무도 몰래 사진을 찍고는 어린아이처럼 좋아했다. 인드로요노는 금기된 것들에 더 큰 집착을 보였다. 나는 인도네시아와 우리나라가 대치상황이 아니라는 점에 그나마 안심했다. 그랬다면 나도 간첩과 공모한 죄로 엮여 들어갔을 것이기 때문이다.

나는 인드로요노를 보며 '이런 사람이 한 나라의 차관인가?'라는 생각을 하기도 했다. 그러나 그것은 나의 섣부른 오해였다. 그는 일벌레였다. 판문점을 돌아보는 동안 그는 '38선 여행기'를 쓰고 있었다. 나중에 그는 잡지에 실린 자신의 여행기를 나에게 보여 주기도 했다. 이런 식으로 쓴 그의 글이 한두 권이 아니었다. 수십 권이 넘었다. 나는 그제야 비로소 그가 기행문을 쓰기 위해 한국에 왔다는 사실을 알아차렸다.

그날 오후 인드로요노와 나는 함께 비행기를 타고 부산으로 가 약속대로 S사를 방문했다. 나는 그날 밤 인드로요노를 회유하기 위한 엄청난 연회가 비싼 술집에서 열릴 거라고 예상했다. 인도네시아는 회교국가라 술과 여자를 멀리한다. 하지만 어떤 사람들은 그들이 자기 나라에서는 계율을 지키지만 외국으로 나가면 그렇지 않을 거라고 생각할지도 모른다. 나 역시 그랬다. 하지만 나의 예상은 보기 좋게 빗나갔다. 인드로요노는 모든 접대를 마다한 채 호텔에서 룸서비스로 자기 방에서 음식을 시켜 먹고, 밤새 밀린 업무를 처리했다. 나는 그에게 "당신처럼 일을 많이 하는 공무원은 본 적이 없다."고 말해 주었다.

2002년 APEC(아시아태평양 경제협력체) 해양장관 회의 때, 인드로요노는 다시 한국을 방문했다. 일정을 어느 정도 소화한 그가 짬을 내 내게 연락을 했다.

"명동에 있는 로얄 호텔에 있습니다. 전번에 신세진 것도 있고, 한 번 뵙고 싶네요."

"물론입니다."

그를 만나러 명동으로 나갔다. 뭐 먹고 싶은 것이 없냐고 물었다. 그날 나는 연구소 부장에게 미리 이야기해 기관 카드를 챙겨 두고 있었다. 인드로요노를 꽤 괜찮은 식당으로 데리고 갈 계획이었다. 그런데 인드로요노는 고작 한다는 소리가 "어디 가서 볶음밥 좀 먹을 수 없나요?"였다. 인도네시아 주식 중의 하나가 나시고랭이라고 하는 일종의 볶음밥이다. 인도네시아에 살 때 우리 가족도 즐겨먹던 음식이었다. 인드로요노는 일주일 동안 한국 음식과 연회에서 나오는 음식으로만 배를 채웠더니 나시고랭이 먹고 싶어 죽을 지경이라고 했다. 인드로요노와 나는 으리으리한 음식점은 모조리 지나치고 명동 중국대사관 앞에 있는 중국집에 가서 볶음밥 두 개를 시켰다.

이번에는 인드로요노가 나에게 파격적인 제안을 했다. 인도네시아 대통령인 메가와티가 곧 평양을 거쳐서 서울로 올지도 모른다고 했다. 메가와티의 계획은 판문점을 통과하는 것이었다. 인드로요노는 메가와티가 서울에 방문할 때 자신도 수행할지 모른다고 했다. 그러면서 나에게 인도네시아 해역에 들어와 밝혀낸 새로운 사실을 메가와티 앞에서 발표하는 것이 어떻겠느냐는 것이었다. 나는 물론 좋다고 했다. 한편으로는 내가 드디어 인도네시아에서도 뜨겠구나, 하는 치기어린 생각도 했다. 하지만 메가와티의 판문점 통과 계획은 성사되지 않았다.

태평양에 울려 퍼진 메리 크리스마스

"……3, 2, 1! 해피 뉴이어!" 사람들은 감격에 겨워 옆 사람과 포옹을 나누고 볼에 입맞춤을 했다. 누군가의 기타 반주에 다함께 내가 미리 가사를 배포한 올드 랭사인(Auld Lang Syne)이라는 아이리시 연가를 불렀다.

과학의 발전은 자연에 대한 정확한 관측과 실험을 통해 이루어진다. 한국해양연구원에서 책상만 지키고 있으면 아무런 학문적 진보에 동참할 수가 없다. 내가 당초 박병권 소장의 제의를 흔쾌히 받아들인 이유는 온누리호라는 최첨단 연구선을 미국에서와 같은 경쟁을 치르지 않고 사용할 수 있으리라고 기대했기 때문이었다.

한국에 와 처음 온누리호에 승선했을 때의 감격이 아직도 생생하다. 당시 나는 다른 연구원들과 함께 온누리호를 타고 일주일 예정으로 동해로 나갔다. 그런데 4일쯤 되던 날 예정했던 모든 일들이 끝났다. 당시 수석과학자(Chief Scientist)였던 김성렬 박사님이 말했다.

"이 박사, 남은 3일 동안 하고 싶은 대로 해봐."

예정보다 일찍 돌아가는 것보다는 다른 곳을 조사해 보는 것이 낫다고 생각한 김성렬 박사가 나에게 기회를 준 것이었다. 나는 졸지에 첨단 대양연구선의 수석과학자가 되었다.

나는 이것이 꿈인지 생시인지 구분이 되지 않았다. 3일 동안 단 한숨도 자지 않았다. 연구선을 이끌고 독도로 향했다. 독도 주변의 탐사 측선을 그리고 브릿지에 올라갔다. 측선의 좌표를 받은 항해사들은 이를 자동항법 시스템에 입력했고 배는 내가 정해 준 대로 움직였다. 오케스트라의 지휘자처럼 모든 것이 나의 명령과 지시에 따라 일사분란하게 움직였다. 전방의 사령관이 된 기분이었다. 외국에 있는 동안 배를 탈 때면 기껏해야 대학원생이거나 포스닥이었기 때문에 서열상 저 아래였다. 하루 이틀도 아니고 한 달 이상을 배에서 지내다 보면 참 말 못할 서러움도 많다. 한국에서 나는 더 이상 일반 연구원이 아니었다. 수석연구원이거나 거기에 준하는 대우를 받았다. '아, 나와 같이 배를 탔던 동료들이 나의 이 모습을 보았다면 얼마나 부러워할까.'라는 생각이 절로 들었다.

배에서의 수석연구원은 연구원들에 관한 모든 사항을 지시하고 감독한다. 배를 타는 것이 더 이상 괴롭고 불편한 일이 아니다. 멀미도 나지 않는 것 같았다. 200억 원 이상 되는 첨단장비를 실은 200억 원 이상 연구선의 모든 부분이 나의 지시대로 움직였다. 연구소에서와 달리 바다에서는 내 위에 아무도 없었다. 이런 권력에 취해 바다에 나가는 것이 즐거웠던 것은 아니다. 대자연을 바라보노라면 그동안 바쁘게 뛰어온 내 자신을 되돌아보게 되었다. 그리고 연구소에 있을 때는 쓸데없는 일에 쫓겨 읽지 못한 논문들도 박스째 싸서 바다로 가져갔다. 평소에는 시간이 없어 읽지 못하던 책들도 배 안에서는 읽을 수 있었다. 게다가 새로운 발견이 끊이지 않았다. 지금까지 남들이 발견하지 못한 지형구조가 나타났고, 속된 말로 논문거리 투성이었다. 아무도 오르지 못한 산을 가장 처음 정복하는 기분의 반복이었다.

내가 관심을 갖고 연구한 해역은 파푸아뉴기니 북쪽에 자리 잡은 비스마르크 해이다. 그곳 라바울 항구에서 보면 활화산들이 보인다. 그리고 해저에서도 화산이 용암을 분출한다. 땅이 움직이고 지진과 해일이 발생하기도 한다. 그곳에 처음 도착했을 때 나는 여기가 바로 나의 놀이터라는 생각이 들었다.

한번은 이런 적이 있었다. 한 달 동안의 연구 일정을 마치고 탐사임무 교대를 위해 미크로네시아 포나페 섬으로 향하고 있었다. 배에서의 뒤풀이는 아주 거했다. 과학자 17명, 승무원 17명 등 총 34명이 배 위에서 한 달 동안 쌓인 피로를 풀었다. 나는 모든 사람들이 즐겁게 즐길 수 있도록 했다. 고생한 사람들이 함께 즐기는 것은 일을 마무리하는 최고의 방법이다.

뒤풀이가 끝나고 모두 잠자리에 들었다. 하지만 모두가 잠든 사이에도 쉬지 않고 있는 녀석이 있었다. 씨빔(SeaBeam)이라는 해저 지형 관측장비였다. 일반적으로 조사지역을 벗어나면 모든 장비를 끄는데 나는 그냥 그것을 켜 놓으라고 했다. 기계는 쉬지 않고 해저 지형의 모습을 보여 주고 있었다. 그리고 대형 플로터에 쉴 새 없이 해저 지형에 관한 정보를 프린팅하고 있었다. 깊은 밤, 태평양은 고요했다. 그

고요함 속에 '따다닥 따다닥' 하는 플로터 소리만 도드라졌다. 그것은 마치 음악 소리 같았다. 그 소리는 파도 소리와 아주 잘 어울렸다.

나는 의자에 앉아 바다를 바라보다가 씨빔으로 눈길을 돌렸다. 하루 반만 더 가면 포나페 섬에 도착할 것 같았다. 배의 현재 위치를 확인한 후에 나는 수석연구원 선실이 있는 어퍼 덱(Upper Deck) 선실로 들어가 침대에 누웠다. 모든 것이 순조롭게 끝났다고 생각하면서 잠이 들었다. 그리고 습관적으로 다음 날 아침 일찍 잠에서 깨었다. 컴퓨터와 전자장비들이 가득한 드라이 랩(Dry Lab)으로 들어갔다. 씨빔이 간 밤을 지나면서 관측한 해저 지형이 플로터에 그려져 있었다. 그것을 들여다보던 나는 내 눈을 의심했다.

단층이 규칙적으로 펼쳐지고 있었다. 5킬로미터 정도의 폭을 가진 단층이 130킬로미터에 걸쳐 균일하게 배열돼 있었다. 마치 보도블록을 보는 느낌이었다. 이런 사례를 본 적이 없었다. 나는 흥분하지 않을 수 없었다. 이 같은 지형이 나타났다는 것은 여기서부터 수천 킬로미터의 중앙해령이 펼쳐지고 있다는 것을 말하고 있었다.

나는 연구원들을 깨웠다. 혹시 누가 장난을 친 것은 아닌지, 아니면 예전의 자료를 다시 플레이백 한 것인지 먼저 확인했다. 모두 드라이 랩으로 모일 것을 지시했다.

"혹시 이런 거 본 적 있어?"

"글쎄요……."

"다시 봐. 이런 거 본 적 없지?"

"신기하네요. 중앙해령도 아닌데."

확인할 길이 없었다. 우리가 최초 발견자라면, 세계 최고 권위의 과학잡지 〈네이처〉지에도 실릴 수 있는 발견이었다. 이것은 지금까지 지구과학의 난제로 여겨졌던 깊은 심해 해구의 발달과정을 밝히는 데 있어서 아주 결정적인 증거란 걸 직감했다. 나는 포나페 섬에 도착해 비행기를 수소문했다. 가장 빨리 뜨는 비행기를 타고 한국으로 향했다. 그리고 인터넷과 문헌 정보를 훑어봤다. "유레카!"라고 소리 칠 수 있을 것 같았다.

그러나 정보 검색을 하던 나는 순간적으로 고개를 떨구었다.

'1970년 미국 학자가 필리핀에서 미크로네시아로 가는 길목에서 규칙적 해저 단층을 포착한 바 있다. 아직 연구는 제대로 이뤄지고 있지 않다.'

이런 정보가 검색됐다.

'처음이 아니구나.'

실망스러웠다. 그러나 '제대로 연구가 이뤄지지 않았다'는 말에 다시 희망을 걸었다. 나는 미국 과학자들에게 이메일을 보냈다. 그들도 내가 얻은 새로운 데이터에 대단히 흥미로워했다. 나는 기회가 된다면 그곳의 해저 지형을 면밀히 탐사해 봐야겠다고 생각했다. 그 계획은 아직 이뤄지지 않고 있다.

태평양에는 평생 노력해도 풀 수 없는, 아니 접근조차 할 수 없는 무수한 비밀이 숨겨져 있다. 나는 그런 태평양에 푹 빠져 버렸다.

연말연시에는 늘 태평양에 있었다. 아이들과 크리스마스를 보내지 못했고, 가족들과 새해를 맞이하지도 못했다. 언제나 연말연시에는 해양연구소의 프로젝트가 있거나, 외국 학자들과의 공동 연구 일정이 잡혀 있었다.

1999년에서 2000년으로 넘어갈 때, 나는 온누리호를 이끌고 남극 탐험에 나섰다. 남극으로 향하는 배에서 'Y2K 오류'가 발생하는지 실험했던 일이 기억에 남는다.

2000년에서 2001년으로 넘어갈 때는 미국 시추선을 타고 파푸아뉴기니 해저의 화산을 연구했다. 무려 10000톤급 미국 시추선이 동원되는 거대한 프로젝트였다. 우리는 해저 1600미터 아래에 있는 해저화산을 400m까지 시추하는 데 성공했다. 해저화산이 무너지는 것을 막기 위해 철관을 매설하고 주변에 특수 시멘트를 부어 견고하게 틀을 짜 가며 시추가 이루어졌다. 이를 위해 하루에 2~3억 원의 비용이 소요되었고, 이 작업은 두 달 동안 진행되었다. Ocean Drilling Program(ODP)으로 명명된 이 국제 프로그램은 연간 예산이 500~600억 원에 이르렀다. 미국 과학재단이 전체 예산의 2분의 1을 부담했고 나머지 반은 선진 8개국이 부담했다. 한국은 캐나다, 호주, 대만과 컨소시엄을 이루어 참여했는데 우리나라가 부담한 금액은 200분의 1에 해당하는 약 연간 3억 원 정도였다. 3억 원에 대한 대가는 1년에 한국 과학자 한 명을 승선시켜 주는 것인데 나는 그 해에 한국 대표로 참가했다. 작업은 2교대로 12시간씩 이루어졌다. 난 두 달간 하루도 빠짐없이 자정부터 정오까지 해저에서 올라온 아주 귀중한 암석들의 자기적 성질을 알기 위한 실험을 하고 보고서를 작성했다. 배를 타면 늘 그렇지만 체력 유지를 위해 매일 교대 후 40분 동안 러닝머신에서 달리기도 했다.

> 태평양에는 평생 노력해도 풀 수 없는, 아니 접근조차 할 수 없는 무수한 비밀이 숨겨져 있다. 나는 그런 태평양에 푹 빠져 버렸다.

1998년 MIT를 졸업하고 우즈홀 해양연구소에 있을 때 나는 모리스 타이비와 함께 지금까지 탐사가 되지 않은 서태평양 쥐라기 해양지각의 지자기 변화를 연구할 계획을 세우고 미국 과학재단에 제안서를 냈다. 하지만 떨어지기를 세 번, 그러던 중 2002년 드디어 제안서가 채택되어 탐사가 시작되었다.

우리가 지구 나이 45억 년 가운데 그나마 최근 2억 년의 역사를 잘 아는 것은 최근 2억 년의 흔적이 바다에 고스란히 기록되어 있기 때문이다. 나무의 나이테처럼 해양지각에는 자기 변화를 나타내는 띠가 기록되어 있는데, 현재까지는 약 1억 4천 년 전까지의 기록밖에 제대로 밝혀지지 않았다. 모리스 타이비와 나는 우리가 특수한 자력계를 개발해 수심 6000미터에서 이를 견인하면서 지구 자기장을 측정할 경우 약 4천만 년의 추가적인 과거 쥐라기 시대의 지구 자기 변화를 밝힐 수 있다고 확신했다. 이 탐사에는 모리스와 나 외에 윌 세이거(Will Sager)라는 과학자가 참여했다. 탐사 비용과 연구선은 미국 과학재단에서 대 주기로 했다. 나는 심해의 6000미터 수압에도 견딜 수 있는 특수한 자력계를 만들어 가지고 갔다.

모리스와 함께 꿈꾸었던 '1억 4천만 년 전 지구의 비밀'을 풀기 위해 우리는 태평양 한가운데로 배를 몰았다. 우리를 실은 토마스 톰슨(Thomas Tompson) 호가 2002년 11월 괌에서 출발했다. 해양 지각의 자기장을 완벽하게 측정하기 위해서는 주위에 섬이 없어야 한다. 단순히 바다 위로 보이는 섬뿐만 아니라 바다 아래에 있는 해저산까지도 없어야 한다. 우리는 그러한 구간을 찾아냈다. 처음 몇 번의 시행착오가 있었지만 탐사는 곧 순조롭게 진행되었다. 자력계를 심해 6000미터에서 끌다 보니 배는 1노트의 아주 느린 속도로 움직일 수밖에 없었다.

크리스마스 파티는 선상 바비큐 파티로 치렀다. 탐사를 시작한 지 한 달 반이 넘어서자 모두들 지루해하기 시작했다. 나는 신년 이벤트를 준비하기로 했다. 내용은 일단 극비사항이었다.

12월 31일 밤 11시 50분, 모든 연구원과 승무원은 갑판으로 나오라는 방송이 배 안에 울렸다. 사방은 온통 암흑 세계였다. 11시 59분이 되는 순간, 배의 마스트에서 형형색색의 불이 반짝거리는 구(球)가 내려오기 시작했다. 신년 뉴욕 타임스퀘어에서 거대한 크리스털 구가 카운트다운에 맞추어 내려오는 것을 연상시키는 것이었다. 모두들 반짝거리며 내려오는 구에 맞추어 카운트다운을 시작했다. 여기저기서 플래시가 터졌다. 모두들 감동의 도가니에 빠졌다. 눈물을 흘리는 사람도 있었다.

"10, 9, 8, 7, 6……"

적막한 바다로 내 목소리와 파도 소리가 퍼져나갔다.

"……3, 2, 1! 해피 뉴이어!"

사람들은 감격에 겨워 옆 사람과 포옹을 나누고 볼에 입맞춤을 했다. 누군가의 기타 반주에 다함께 내가 미리 가사를 배포한 올드 랭사인(Auld Lang Syne)이라는 아이리시 연가를 불렀다.

이날 행사는 뉴욕 타임스퀘어에서 벌어지는 신년행사를 그대로 따라한 것이었다. 12월 31일 자정, 뉴욕 타임스퀘어에는 카운트다운이 울려 퍼진다. 찬란한 크리스털 구가 미끄러지듯 내려온다. 불꽃놀이가 벌어진다. 사람들은 한 해를 정리하고 새해를 맞이한다. 연인들은 키스하고, 가족들은 포옹한다.

나는 이 행사를 며칠 동안 몰래 준비했다. 미국에서 공부하고 있는 에콰도르 대학원생에게 도움을 청했다. 우리는 구명조끼에 달려 있는 반짝이를 뜯었다. 바다에 빠지면 쉽게 알아볼 수 있도록 구명조끼에는 발광장치가 달려 있다. 그것을 해점 탐사 장치에 매다는 공기구에 달았다. 반짝이도 촘촘하게 달았다.

그리고 배의 선탑에서부터 갑판까지 이어지는 와이어를 설치했다. 모두 잠이 들면 에콰도르 대학원생과 나는 몇 번이고 리허설을 했다. 선원 한 명을 우리 편으로 끌어들여서 배의 전원을 끄고 켜는 일을 맡겼다.

행사가 있은 다음 날 아침, 잠에서 깨어보니 나는 스타가 되어 있었다. 아무도 동양인이 그런 미국인 감성에 부합하는 행사를 꾸몄다는 것을 믿을 수 없다고 했다.

다른 사람들이 행사를 준비한 나의 노고를 알아주어서 행복한 것이 아니었다. 나와 함께 태평양에서 연구를 진행한 사람들이 나를 기억해 줄 것이 기뻤다. 우리의 연구를 평생 기억할 거라는 생각이 나를 행복하게 만들었다.

2003년 서울대 지구환경과학부는 21년 만에 해양지질학 전공 교수를 뽑는다는 공채를 냈다. 해양연구원에서 왕성한 활동을 펼치고 있던 나는 학교로 가는 것이 나에게 어떤 의미가 있는가 하고 고민했다. 나는 이미 해양연구원에서 내가 하고 싶은 일들을 웬만큼 해 나가고 있었기 때문이다.

처음엔 응모를 하지 않았다. 나를 설득한 분은 내가 평소에 가장 진정한 학자로 존경해 온 조성권 교수님이었다. 내가 당신이 배출한 제자들보다 뛰어나서가 아니라 우리나라도 이제 미국, 일본처럼 전 지구적 스케일의 연구를 할 필요가 있다고 판단되었기 때문이라고 말씀하셨다. 한마디로 임용되더라도 까불지 말고 열심히 해야 한다는 말씀이셨다.

나는 그의 말에 용기를 얻었다. 그리고 또 지난 내 인생이 그래왔듯이 새로운 도전이 나를 기다리고 있다고 생각했다. 서울대가 세계 속에서 차지하는 위상 같은 것은 전혀 상관이 없었다. 서울대 자연대 교수들의 역량은 세계 최고 수준이었다. 공부에 관한 한 둘째가라면 서러운 사람들이다.

한국해양연구원에 있을 때 나는 소위 잘나가는 연구원이자 간판스타였다. 하지만 서울대에 와서는 사고가 나서 다치기 전부터, 여기서는 중간 정도만 한다는 것이 얼마나 어려운가를 늘 느끼며 산다. 그래서 그처럼 뛰어난 그들과 한 지붕 아래에서 같이 생활하며 더욱 함께 연구하고 싶었다. 그렇다고 그 자리가 내가 영원히 머물 자리라고는 생각하지 않았다. 과학자에게 공부란 끝이 없는 여정이다. 언젠가 또 다시 새로운 길이 열릴 것이고, 그때 나는 그 길을 향해 다시 도전할 것이었다.

그리고 2003년 12월 24일, 나는 서울대학교 지구환경과학부에 조교수로 정식 임용되었다.

나에겐 멈출 이유가
아무것도 없다

0.1그램의 희망

열심히 살라느니, 용기를 잃지 말라느니 하는 도덕적인 메시지가 필요한 것이 아니다.
장애인들을 이 세상 속으로 돌아오게 만드는 보다 현실적인 행동이 필요하다.

랜초에서의 재활 트레이닝

> 랜초 로스 아미고스에 와서 다른 척추손상 환자들과 내 상태를 비교한 다음에야 나는 내가 다시 일어설 수 없다는 사실을 깨달았다. 어쩔 수 없었다. 아무리 잔인해도 현실을 받아들여야 했다.

사고로 인해 나의 C4는 완전히 손상되었다. 말초신경은 조금씩 자란다고 하나 한 번 죽은 중추신경은 재생되지 않는다. 손상 레벨도 중요하지만 완전손상이냐 부분손상이냐 하는 문제도 매우 중요하다. 나는 완전손상이다. C4가 손상된 장애인이 할 수 있는 일이란 스스로 호흡을 하고 말을 하며 음식을 삼키고 목과 얼굴을 움직일 수 있는 정도다. 목과 어깨 아래의 몸은 이제 더 이상 내 것이 아니었다. 마취를 하지 않고 수술을 해도 고통을 느낄 수 없다. 오줌이 마려워도 느낄 수 없다. 위장이 쓰린 것도 느낄 수 없다. 잠든 사이에 다리가 잘려 나간다 해도 눈치 챌 수 없다.

USC 대학병원 신경외과 전문의 마이클 왕은 내가 다시 걷는 것은 불가능하다고 했다. 손을 쓰는 것도, 아니 손가락 하나 까딱하는 것도 힘들 것이라고 했다. 그러면서 그는 나에게 랜초 로스 아미고스로 가라고 했다. 랜초 로스 아미고스…… 세계적인 수준의 재활병원이라고 했다. 이런 나에게 재활이 무슨 소용이란 말인가. 랜초 로스 아미고스는 나에게 무엇을 줄 수 있는가.

랜초 로스 아미고스는 LA 남쪽의 롱비치(Long Beach) 공항 근처 다우니에 위치하고 있다. 랜초 로스 아미고스는 1920년부터 물리치료에서 더 나아가 '작업치료'라는 개념을 도입했다. 그 후 랜초는 척수 환자를 위한 재활 치료기관으로 특화되었다. 2004년까지 5만 명의 환자들이 이곳을 거쳐 갔다.

우리가 흔히 생각하는 재활은 물리치료(physical therapy)의 영역이다. 근육과 뼈의 능력을 향상시키고 가능성 있는 신경을 되살리는 것이 물리치료다. 그러나 그것은 재활의 일부만을 설명할 뿐이다. 작업치료(occupational therapy)는 '일상과 원래 직업으로 복귀하기 위한 훈련'을 의미한다. 한국에서는 아직 낯선 개념이다.

이곳을 찾은 환자들이 가장 먼저 받아들여야 할 사실이 있다.

'당신은 환자가 아니라 장애인입니다. 그 상태로 세상에 적응해야 합니다.'

물론 나는 아직 병원에 입원해 있는 환자다. 하지만 퇴원 후부터는 평생 장애인으로 살아야 한다. 6번이나 7번 척수를 다쳤다면, 나는 지속적으로 팔 근육을 강화하는 훈련을 받았을 것이다. 내 힘으로 몸을 뒤척이고 소변을 보는 훈련도 받았을 것이다. 어쩌면 목욕을 하는 훈련을 받았을지도 모른다. 심지어는 운전도 할 수 있었을 것이다. 팬 홀더를 끼고 글씨를 썼을 것이며, 손에 스틱을 달고 키보드를 쳤을 것이다. 그러나 나는 손은커녕 팔도 쓸 수 없는 반 식물인간으로 평생 살아야 한다. 잔인한 현실이었다.

솔직히 나는 랜초에 오기 전까지만 해도 나의 상태에 대해 막연한 기대를 갖고 있었다. 컨 메디컬센터와 USC 대학병원에 있을 때 나는 중환자실에 있었다. 때문에 나와 비슷한 환자를 만난 적이 없었다. 의사와 간호사들은 환자들이 희망을 잃지 않도록 하는 교육을 받은 것이 분명했다. 그들은 나에게 좋은 이야기밖에 하지 않았다. "지금까지 내가 본 환자 중에 당신처럼 잘하는 사람은 처음이다.", "당신 같은 의지를 가진 사람은 흔치 않다.", "당신은 분명 잘할 것이다." 등등 순전히 듣기 좋은 말뿐이었다. 그 때문에 나는 아주 처참한 상황에 있으면서도 희망을 잃지 않았던 것이다.

내가 현실을 제대로 보기 시작한 것은 랜초에 도착하면서부터였다. 랜초에는 척수손상 환자들만 있는 병동이 따로 있었다. 매일 오전 11시부터 12시까지 각종 세미나와 교육이 있었다. 모든 척수 손상 환자들이 전동 휠체어를 타고 한 방에 모였다. 많은 때는 거의 20명 가까이 모이기도 했다. 다른 환자들을 죽 둘러보았다. 그들 중에서도 나는 상당히 심하게 다친 축에 속했다. 속으로 이 병동에서는 내가 반장을 해도 되겠다는 생각을 했다. C3를 다친 사람도 있었다. 그 사람은 기계로 호흡하고 있었다. 하지만 부분손상이어서 손가락을 조금 움직일 수 있었다. 나보다 끗발이 높은 사람은 없었다. 역시 내가 대장이었다.

랜초의 아침은 모든 환자들을 전동 휠체어에 앉히기 위한 준비를 하는 것으로 시작한다. 나는 열심히 재활에 임하겠다고 다짐했다. 하지만 막상 할 것이 없었다. 신경이 단 1퍼센트라도 남아 있으면 물리치료를 통해 신경 기능을 향상시켜 근육을 움직이게 할 수도 있다. 나는 0퍼센트여서 물리치료고 뭐고 할 일이 없었다. 부분손상을 입은 환자들이 낑낑거리며 노력하고 고생하는 모습을 쳐다보고 있는 것이 나의 물리치료였다. 근육의 퇴화는 막을 수 없었다. 하지만 관절이 굳는 것은 막아야 했다. 내 몸의 주요 관절들을 운동시키는 것이 물리치료사들이 할 수 있는 유일한 일이었다.

랜초 로스 아미고스에 와서 다른 척추 손상 환자들과 내 상태를 비교한 다음에야 나는 내가 다시 일어설 수 없다는 사실을 깨달았다. 그리고 지금까지 다른 병원의 의사와 간호사, 치료사들이 나에게 했던 말들이 직업적인 멘트에 불과했다는 것도 알게 되었다. 어쩔 수 없었다. 아무리 잔인해도 현실을 받아들여야 했다.

한국에 돌아온 이후 나는 여러 사람으로부터 한국과 미국의 재활 시스템을 비교해 달라는 요청을 받았다. 물론 미국이 여러 가지 면에서 앞서 있다. 그러나 미국의 의료비가 한국의 10~15배 정도 된다는 점을 먼저 고려해야 한다. 당연히 좋을 수밖에 없다.

내가 미국에 있으면서 좋다고 느꼈던 점 가운데 하나는 간호사, 치료사 상당수가 내 입모양을 보고 내가 무슨 말을 하고 싶어 하는지 읽어내는 훈련이 되어 있다는 것이었다. 중환자실에 있는 동안 나는 목에 호스를 끼고 있었기 때문에 말을 할 수가 없었다. 하지만 간호사들은 내 입모양을 보고 내가 의도하는 바를 비슷하게나마 알아맞혔고, 내가 무엇을 필요로 하는지 도와줄 수 있었다.

"로또 복권에 당첨될 확률은 1억분의 1이다. 그러나 복권을 사는 사람의 마음에는 두 가지 경우의 수밖에 없다. 되느냐 마느냐. 50:50으로. 나는 회복을 위해 시간을 허비하느니 이 상태에서 보람 있게 내가 할 수 있는 일들에 전념하겠다."

나는 미국에서 다친 것을 참 다행으로 여긴다. 그것은 미국의 선진 의료 시스템 때문만은 아니다. 내가 만약 한국에 있었다면 주변의 친인척과 지인들이 수없이 병문안을 왔을 것이다. 그리고 그들은 나름대로 나를 돕고자 여러 가지 묘안을 제안했을 것이다. "내 주변에 누가 이 교수처럼 다쳤는데, 어디 가서 이렇게 이렇게 했더니 좋아졌더라." 돕고자 하는 마음은 이해가 된다. 가족들은 이런 상황에서 남의 말에 솔깃하지 않을 수 없을 것이다. 하지만 그건 잘못된 것이다. 다행히 이러한 주변의 관심(?)이 없었기 때문에 나는 의사의 지시에 따라 정도의 길을 걸을 수 있었다. 만약 내가 한국에서 다쳤다면, 아직까지도 전국의 용하다는 한의원과 사찰을 돌고 있었을지도 모른다. 지금까지 나는 단 한 번도 침을 맞거나 한약 한 번 먹은 적이 없다.

한번은 이런 적이 있다. 아내가 용하다는 어떤 사람에게 한번 치료받기를 간곡히 부탁했다. 나는 아내에게 비록 팔다리가 달려 있지만 나는 사지 절단 환자와도 같다고 했다. 침을 맞거나 기도를 한다고 잘려진 팔이나 손마디가 자라는 것은 들은 바가 없다고 했다. 만약 기도를 한다면 내가 용기와 희망을 버리지 않도록 해 달라고 기도하지 회복되게 해 달라고 하지는 말라고 했다. 그러자 아내는 밑져봐야 본전 아니냐고 말했다. 나는 그때 이렇게 답했다. "로또 복권에 당첨될 확률은 1억분의 1일 것이다. 그러나 정작 복권을 사는 사람의 마음에는 두 가지 경우의 수밖에 없다고 한다. 되느냐 마느냐. 그것도 50:50으로. 나는 회복을 위해 아까운 시간을 허비하느니 이 상태에서 보람 있게 내가 할 수 있는 일들에 전념하겠다."

랜초 로스 아미고스의 특징은 '팀워크'다. 그곳에서는 전문가 10여 명이 한 팀을 이룬다. 척추손상 전문의, 정신과 전문의, 보조의사, 척추 손상 전문 수간호사, 사회복지사, 케이스 매니저(보험, 보조장비 구입, 취업 알선 등 환자가 필요로 하는 다양한 업무를 지원해 주는 역할을 함), 작업치료사, 물리치료사, 호흡치료사, 레크리에이션치료사, 언어치료사, 보조간호사 등이 철저한 팀워크를 발휘해 맞춤 재활에 나선다. '모든 고객(환자)은 다르다'는 것이 그들의 서비스 정신이다. 그리고 척추 손상 환자들만 따로 모아 재활치료를 함으로써 전문성도 갖추고 있다. 우리나라 병원들과의 큰 차이점이다. 우리나라 병원들의 경우 재활치료실에 내려가면 여러 종류의 환자들이 한꺼번에 몰려 있다.

환자가 입원하면 가장 먼저 정신과 전문의나 상담자가 들어오기 마련이다. 입원 다음 날 나에게도 정신과 전문의가 찾아왔다. 그는 나와 일상적인 대화를 이어 나갔다.

"날씨가 좋습니다."

"캘리포니아 날씨가 좋다는 건 익히 알고 있었지만, 벌써 두 달 가까이 이곳에 있었는데 구름 낀 날을 아직도 보지 못했습니다. 정말 좋네요."

그가 물었다.

"지금 가장 하고 싶은 게 무엇이죠?"

그는 나의 정신 상태가 궁금한 듯했다. 갑작스런 중증 장애를 내가 어떻게 받아들이고 있는지 알고 싶었을 것이다. 내 소원을 솔직히 이야기했다.

"학교로 돌아가고 싶습니다."

그가 내 손을 꼭 쥐고 말했다(물론, 난 전혀 느낄 수 없었다).

"충분히 가능합니다."

내가 말했다.

"내가 다시 걸을 수 없다는 걸 압니다."

그리고 나는 내가 다친 직후 혼수상태에 있을 때 꾸었던 꿈에 대해서 이야기해 주었다. 내가 죽을 것이라는 사실을 겸허하게 받아들이고 마음 정리를 했는데, 이렇게 다시 살게 되어 나는 행운아라는 이야기와 함께. 죽음에 대해 담담하게 이야기하는 내 모습에 오히려 그가 당황스러워하는 듯했다. 잠시 침묵하던 정신과 전문의가 말했다.

"더 이상 당신에게는 내가 필요 없습니다. 행운을 빕니다."

내가 말했다.

"이미 나는 내가 이렇게 다친 것이 예정된 운명처럼 느껴집니다."

그가 엄지손가락을 치켜세웠다.

"내가 지금까지 들은 죽음에 관한 것들 중에 가장 밝고 긍정적인 이야기 중의 하나입니다. 하지만 모든 사람의 이야기가 당신처럼 희망적이지는 않습니다. 어떤 사람은 죽은 친척이 보이고 징그러운 벌레가 보이기도 한다고 하소연합니다."

정신과 전문의를 만난 후 가장 먼저 한 일은 휠체어를 고르는 것이었다. 작업치료사 제이콥 바퀴르(Jacob Baquir)가 나의 몸무게를 정밀하게 측정했다. 뿐만 아니라 골반의 크기와 앉은키, 다리의 길이 등도 쟀다. 나에게 맞는 최적의 휠체어를 찾기 위해서였다. 얼굴만으로 움직일 수 있는 전자동 기계 장비도 필수적이었다.

처음 내가 받은 휠체어는 턱으로 작동하는 것이었다. 가운데와 좌우의 센서를 통해 휠체어를 움직일 수 있었다. 누가 밀어 줄 필요도 없었다. '모드 전환'에 따라 휠체어를 뒤로 젖힐 수도 있었다. 한마디로 틸팅(tilting, 경사지게 하는 것)이 가능했다. 욕창을 방지하기 위해 나에게는 자세를 바꾸어 주는 휠체어가 반드시 필요했다. 그 휠체어는 좌석이 뒤로 젖혀져 누운 자세를 만들어 주었다. 휠체어는 나의 행동반경을 상당히 넓혀 주었다.

휠체어를 타고 복도를 나서자, 각양각색의 휠체어와, 그것을 운전하는 장애인들이 눈에 들어왔다. 조금이라도 팔이나 손을 움직일 수 있는 사람들은 손으로 움직이는 방식의 전동 휠체어에 앉아 있었다. 그들은 손과 팔로 휠체어를 작동하는 훈련을 받았다.

나와 거의 같은 시기에 랜초에 들어온 환자 중에 데이비드라는 이름의 미국 사람이 있었다. 나중에 알고 보니 자식 다섯을 둔 가장이었다. 그도 컨에 있다가 이곳으로 옮겨왔다고 했다. 우연이었다. 처음에는 그도 나처럼 턱으로 움직이는 전동 휠체어에 앉았다. 그런데 어느 날 보니 손으로 움직이는 휠체어를 타고 있었다. 손가락의 감각이 조금씩 돌아오기 시작한 것이었다. 나는 그와 내가 같은 처지라는 생각에 친하게 지냈는데, 이제는 더 이상 그럴 수가 없었다.

팔다리를 움직이지 못하는 나에게 전동 휠체어는 다리 역할을 충분히 해 주었다. 더 이상 걷지 못한다는 사실에는 아쉬움이 들지 않았다. 나는 팔도 어떤 대안이 없을까 생각했다.

내가 타고 다니는 전동 휠체어는 특수한 것이 아니다. 가장 기본적인 모델이다. 하지만 한국에는 전동 휠체어가 많이 보급되어 있지 않은 탓에 내가 지나가면 다들 신기한 눈으로 쳐다본다. 어른들의 경우에는 대부분 보고도 못 본 척한다. 하지만 아이들의 호기심은 어쩔 수가 없다. 아이들은 끝까지 나에게서 눈을 떼지 못한다.

랜초 로스 아미고스에서 제일 먼저 한 일 중의 하나는 나에게 맞는 전동 휠체어를 찾는 것이었다. 나처럼 다쳤을 경우, 미국에서는 일단 병원에 있는 전동 휠체어 중에 골라 환자를 훈련시킨다. 몇 개월 뒤에 보험회사에서 환자의 집으로 새로운 전동 휠체어를 가지고 오면 그동안 타고 다니던 휠체어를 다시 병원에 반납한다. 그래서 환자나 장애인들은 전동 휠체어의 가격이 얼마인지도 잘 모른다. 100퍼센트 보험처리가 되기 때문이다. 현재 내가 타고 있는 휠체어는 가격이 대략 2천만 원 정도 한다. 우리나라 정부에서는 이 중 약 2백만 원 정도를 지원하는 것으로 알고 있다.

나를 살린 것은 줄기세포가 아니라 IT기술이었다

> 그가 관객 한 명에게 기습적으로 묻는다. "무슨 과일을 좋아하시죠?" 관객은 주뼛주뼛 대답한다. "바나나요." "오, 이런! 내가 바나나 껍질을 밟고 넘어서 이 꼴이 됐잖아!" 여기저기서 웃음이 터져 나온다.

내가 랜초에서 시간을 가장 많이 보낸 곳은 CART(Center for Advanced Rehabilitation Technology, 컴퓨터를 이용한 재활 기술 센터)였다. CART는 랜초의 정신을 가장 잘 보여 주는 기관이며, 랜초의 자랑이기도 하다. IT기술은 장애인에게 신이 내려준 축복과도 같은 선물이다. 컴퓨터를 이용해 인터넷에 접속하는 순간, 나 같은 장애인과 정상인의 격차는 현격하게 줄어든다. 세상의 곳곳에 뻗어 있는 무한 네트워크. 재활의 성공 여부는 네트워크에 얼마나 성공적으로 접근하느냐에 달려 있다.

나는 수많은 접근성 장치를 경험했다. 접근성, 그것은 모든 장애인에게 꿈같은 단어다. 얼마나 많은 장애인들이 '접근성'을 위해 싸우는가. 버스를 타기 위해, 공공장소에 가기 위해, 사람을 만나기 위해,

인터넷을 쓰기 위해…….

　접근성을 갖는다는 것은 장애인이 직업 활동을 할 수 있는 가능성을 의미하며, 그것은 곧 자립을 의미한다. 장애인이 혼자 먹고살 수 있다는 것은, 비장애인에게도 축복이다. 그로 인해 가족과 사회의 부담이 줄어들기 때문이다. 특히 가족은 장애인을 보조해야 하는 엄청난 희생과 비용 때문에 힘들어한다. 장애인과 그의 가족은 그렇게 멀어진다. 장애인이 자립할 수 있다면 그가 가족을, 가족이 그를 멀리하지 않아도 된다.

　손을 전혀 움직이지 못하기 때문에 나는 컴퓨터의 키보드나 마우스를 전혀 쓸 수가 없다. 그래서 다른 방식으로 컴퓨터에 명령을 입력하는 방법을 찾아야 했다. 그렇게 해서 처음 만난 것이 턱으로 볼을 돌리는 마우스였다. 예전에 한때 유행했던 켄싱턴 볼 마우스(Kensington Ball Mouse)였다. 그 다음에 만난 것이 지금 내가 쓰고 있는 인테그라 마우스(Integramouse)다. 입김으로 작동을 한다. 빨면 왼쪽 클릭, 불면 오른쪽 클릭, 두 번 빨면 더블클릭, 빤 상태에서 움직이면 드래그다. 손으로 사용하는 마우스에 가장 가까운 접근성 장치다.

　현재 내가 사용하는 또 다른 마우스는 헤드 마우스(Head Mouse)다. 이것은 주로 침대에 누웠을 때 사용한다. 이것도 랜초에서 만났다. 인테그라 마우스보다는 조종하기가 까다롭지만 손을 쓰지 못하는 나에게는 무척 유용하다. 우선 이마에 스티커 형태의 센서를 부착한다. 컴퓨터에는 센서의 움직임을 포착하는 카메라를 단다. 머리의 작은 움직임에 따라 센서가 움직이고, 그 움직임을 포착한 카메라가 컴퓨터에 신호를 보낸다. 인테그라 마우스는 대략 200만 원, 그리고 헤드 마우스는 100만 원 정도 한다. 수요가 많지 않다 보니 비쌀 수밖에 없다.

더 놀라운 기술도 있다. 얼굴조차 움직일 수 없는 사람을 위해 눈동자의 움직임에 따라 조작할 수 있는 마우스가 있고, 또 입만 움직일 수 있는 사람을 위해 입에 장치하는 마우스피스 형 마우스도 있다. 그리고 아무것도 움직일 수 없는 사람을 위한 뇌파 탐지 마우스도 있다. 이 같은 장비들을 구하기 위해서는 직접 웹에서 찾아보아야 한다.

며칠 동안의 시행착오를 겪으며 내 주력장비를 입김으로 움직이는 인테그라 마우스로 정했다. 그런데 작업치료사인 바퀴르가 곤란하다는 표정을 지었다. 내가 물었다.

"무슨 문제라도 있나요?"

"휠체어를 바꿔야겠어요."

"왜요?"

"입김으로 작동하는 마우스를 사용하기 위해서는 얼굴 앞쪽에 장애물이 없어야 해요. 현재 당신의 휠체어는 턱으로 움직이는 것이잖아요. 다른 조종 방식을 찾아봐야겠어요."

"얼굴 말고 움직일 수 있는 부분이 없는데 어쩌죠?"

"머리의 뒷부분이 남아 있잖아요. 뺨도 남아 있고."

나는 바퀴르와 다시 휠체어를 골랐다. 머리 받침 같은 것이 달려 있는 휠체어였다. 그리고 받침에는 '핸드 프리 전화기' 같은 마이크 모양의 기계가 달려 있었다. 뒤통수로 좌우와 정면의 센서를 작동했다. 마이크 모양의 기구는 일종의 '변속기'였다. 전진 모드, 후진 모드, 휠체어를 뒤로 젖히는 모드 등으로 전환하는 것이다.

특수 마우스를 이용해서 컴퓨터를 조작하는 것은 생각보다 간단했다. 문제는 글을 쓰는 것이었다. 먼저 화상키보드(on-screen keyboard)라고 해서 컴퓨터 화면에 키보드를 띄워 놓고 마우스를 움직여 한 자 한 자 찍는 프로그램이 있다. 변환키를 누르면 영문과 한글도 변환할 수 있다. 처음에는 나도 이것을 사용했는데, 이메일 한 통을 쓰고 나면 숨이 차서 하루 종일 쉬어야 할 만큼 힘이 들었다.

나 같은 장애인이 글을 쓰기에 가장 좋은 방법은 음성인식 프로그램을 이용하는 것이다. 내가 처음 사용한 음성인식 프로그램은 뉴앙스(Nuance)라는 미국 회사가 개발한 드래건 내츄럴리 스피킹(Dragon Naturally Speaking)이라는 프로그램이었다. 가격은 30만 원 정도밖에 하지 않는데, 하도 잘 만들어져서 미국에서는 타이핑이 느린 일반인도 사용한다고 한다. 나는 윈도우즈 XP 운영체계에서 이 프로그램을 사용했다. 그러던 2007년 1월, 미국 마이크로소프트(Microsoft)사가 윈도우즈 비스타(Vista)라는 새로운 운영체계를 선보였다. 윈도우즈 비스타에 관해 여러 가지 말이 많다. 하지만 이 운영체계가 대단한 것은 음성인식 프로그램이 공짜로 포함되어 있다는 것이다. 나는 이 프로그램이 돈을 주고 구입한 뉴앙스의 드래건 내츄럴리 스피킹보다 분명히 형편없을 것이라고 생각했다. 하지만 그것은 커다란 오산이었다. 기존의 프로그램에는 없던 새로운 기능들이 추가되었고, 인식률도 매우 좋았다. 현재 나는 비스타에 내장된 음성인식 프로그램을 사용하고 있다.

그런데 문제는 한국어가 지원되지 않는다는 사실이다. 마이크로소프트사는 비스타를 만들면서 7개 국어에 대한 음성인식 프로그램을 만들었다. 영어, 프랑스어, 독어, 스페인어 외에 아시아 국가 언어로는 일본어와 중국어 두 가지를 만들었다. 한국어가 빠진 것이다. 중국어의 경우, 전통적인 한자에 대한 지원과 간자체 한자에 대한 지원이 포함되어 있다.

음성인식 프로그램은 한 나라의 총체적인 기술 정도를 보여 준다. 이를 위해선 소위 '코르퍼스(corpus)'라는 특정 언어의 음성 정보가 데이터베이스로 구축되어 있어야 한다. 큰돈과 많은 시간이 소요되는 프로젝트다. 한때 음성인식기술이 각광받을 때 우리나라의 여러 기관이 코르퍼스를 개발했다고 한다. 대표적인 기관이 전자통신연구원(ETRI)이다. 하지만 이들은 외국 기업체인 마이크로소프트에 이를 제공하지 않기로 내부방침을 정했다. 만약 한국 기업체가 나섰다면 달랐을 것이다. ETRI가 개발한 코르퍼스를 기술이전 받았을 것이다. 하지만 시장이 좁다는 이유에서 국내 기업체도 나서지 않았고 결국 마이크로소프트사도 처음부터 자체적으로 한국어 코르퍼스를 만드는 것을 포기했다고 한다.

나는 요즘 한국어 음성인식 프로그램 개발의 중요성을 역설하고 다닌다. 내가 마이크로소프트사 접근성 담당 관계자를 만났을 때 왜 한국어만을 제외했는지 물어보았다. 그들은 그 이유가 그들이 사용할 수 있는 한국어 코르퍼스가 없기 때문이라고 답했다. 만약 한국어 코르퍼스가 있다면 6개월 이내라도 한국어 음성인식을 포함한 새로운 운영체계를 시장에 내놓을 수 있다고 말했다. 나는 한국어 음성인식 프로그램 개발 프로젝트를 '대왕 세종 프로젝트'로 명명하자고 제안했다. 나와 같은 학자들은 영어를 이용해서라도 의사를 전달하는 것이 가능하지만, 일반 사람들은 '나랏말씀이 미국과 달라' 불가능하기 때문이다. 다시 말해 한국어 음성인식 프로그램을 개발하는 것은 세종대왕이 한글을 창제한 정신과 같다는 의미다.

랜초에서는 시간 관계상 보조기기 사용법을 하나하나 직접 다 가르쳐 주지는 않는다. 그들이 하는 것은 여러 가지 기기들 중에 환자에게 가장 적합한 것을 골라 주는 것과, 그 제품을 어디서 어떻게 구입할 수 있는지, 가격은 얼마인지 등등 그 제품에 대한 정보만을 주는 일이다. 보조기기에 익숙해지는 것은 퇴원 후 환자의 몫이다.

컴퓨터는 나에게 여러 가지 새로운 길을 열어 주었다. 이메일 주고받기, 글쓰기, 인터넷 정보 검색, 전화 걸기, 온라인 쇼핑, TV 보기, 인터넷 뱅킹을 비롯하여 내가 사회에 다시 복귀하는 데 결정적인 도움을 주었다. 사람들은 내가 어떻게 강의하는지 궁금해 한다. 혹시 내가 학생들을 모아 놓고 옛날이야기나 하고 있는 것은 아닌지 의혹을 품는 분들도 있다.

연구를 하고 강의를 준비하기 위해서는 나도 끊임없이 공부를 해야 하고 새로운 정보를 받아들이며 지식을 습득해야 한다. 나는 손을

> 나는 한국어 음성인식 프로그램 개발 프로젝트를 '대왕 세종 프로젝트'로 명명하자고 제안했다. 다시 말해 한국어 음성인식 프로그램을 개발하는 것은 세종대왕이 한글을 창제한 정신과 같다는 의미다.

쓰지 못하기 때문에 책장을 혼자 넘길 수가 없다. 다행히 최근에는 거의 모든 논문들이 전자문서화 되어 있어서 컴퓨터를 통해 볼 수가 있다. 기존의 장서들은 스캔을 통해 PDF 파일로 만들어 컴퓨터 화면에서 파일을 열고 마우스나 음성인식 프로그램으로 페이지를 넘길 수 있다.

나같이 척추를 다친 사람들은 으레 줄기세포에 희망을 걸기 마련이다. 나는 다행히 줄기세포가 희대의 지적 사기사건으로 밝혀진 다음에 다쳐서 거기에 대한 미련이 없었다. 만약 줄기세포에 관한 일들이 사기사건이 아니었다 해도 그 기술이 아직 실용화 단계에 있는 것이 아니라면 내가 지금 하고 있는 모든 일을 중단하고 많은 시간과 노력을 들여 가면서 치료에 매달릴 필요도 없다고 생각한다. 내가 "나를 살린 건 줄기세포가 아니라 IT기술이었다."고 말했다는 사실이 신문지상을 통해 알려지면서 몇몇 사람들로부터 항의를 받기도 했다. 나 같은 척수 손상 환자에게는 줄기세포도 희망이고 IT기술도 희망인데, 줄기세포는 아직 연구 단계이기 때문에 장차 미래에 도움이 될 것이라고 말해야 했다는 것이다. 또 몇몇 IT기술은 지금 당장 도움이 될 뿐이라고 말해야 한다는 것이다. 그러니까 양자택일의 문제가 아니라 둘 다 장애인에게 필요한 것이라는 이야기다. 백 번 맞는 이야기다. 절대로 줄기세포 연구를 폄하할 생각은 없다.

랜초 로스 아미고스의 또 다른 자랑거리는 '모델 홈(Model Home)'이다. 실제 집을 완벽하게 재현해 지어 놓은 모델 홈은 일상으로 돌아가기 위한 훈련소다. 르네 알바레즈(Rene Alvarez) 작업치료사는 이곳에서 일상에 적응하는 법을 보여 주었다. 그가 물었다.

"재활이 뭐죠?"

"원래 직업으로 돌아가는 거죠."

알바레즈가 박수를 쳤다. 그리곤 또 물었다.

"또 있는데, 뭔지 아세요?"

"글쎄요."

"타인에게 짐이 되지 않는 것입니다. 자, 이제부터 혼자서 할 수 있는 것들을 찾아보도록 하죠. 생각보다 많아요."

휠체어에는 집 안의 모든 가전기구를 작동할 수 있는 유니버설(universal) 리모컨이 장착돼 있다. 손을 못 쓰는 사람들은 휠체어의 전동기구를 통해 리모컨을 작동할 수 있다. 불을 켤 수 있고, 전화를 받을 수 있다. 컴퓨터를 끄고 켤 수도 있다. TV를 작동시킬 수도 있다.

USC 대학병원에서 있었던 일이다. 저녁을 먹은 뒤 취침 전까지 한동안 나는 TV를 시청했다. TV를 보다 보면 지금 다른 채널에서 보다 흥미로운 프로그램을 하지 않는지 수시로 채널을 돌리기 일쑤다. 하지만 나는 그런 고민 따위는 전혀 하지 않았다. 왜냐하면 주구장창 한 채널을 볼 수밖에 없었기 때문이다. 간혹 간호사가 와서 채널을 바꾸기도 했다. 나는 누군가가 채널을 바꾸어 주기 전까지 그 채널만 봐야 했다.

그것은 무척 사소한 문제다. 하지만 지극히 사소한 것이 때로는 가장 소중하다. 보고 싶은 TV 프로그램을 선택할 수 있다는 것은 즐거움을 넘어 하나의 권리다. 정상인일 때는 몰랐다. 지금 대부분 정상인도 모르고 있을 것이다. 그것이 얼마나 소중한 권리인지를.

모델 홈은 그런 사소한 일상의 권리를 찾도록 훈련하는 곳이다. 그 권리는 삶의 즐거움과 직결된다.

어느 정도 시간이 지나자 나는 완벽하게 휠체어에 적응했다. 휠체어 폭만큼의 공간만 있으면 정확히 운전해서 그 틈으로 휠체어를 몰고 갔다. 작업치료사들은 장애인들을 쇼핑몰과 영화관에도 데리고 갔다. 그것 역시 장애인들이 일반인과의 접촉을 기피하려는 것을 막기 위한 일종의 훈련이었다.

랜초에서 재활에 성공해 '스탠딩 코미디언'으로 재기한 제이 크레머(Jay Cramer)의 이야기를 전해 들은 적이 있다. 나보다는 그의 사례가 랜초의 재활 정신을 더 잘 보여 준다고 생각한다.

미국 LA에서 북동쪽으로 15킬로미터 정도 떨어진 조용한 교외도시 패서디나에는 48년 동안 수많은 가수와 코미디언을 배출한 클럽 아이스 하우스(Ice House)가 자리 잡고 있다. 엄격한 오디션을 거치지 않으면 아이스 하우스에서 공연할 수 없다.

저녁이 되면 클럽에 손님들이 모여든다. 사회자가 코미디 배우 제이 크레머를 관객에게 소개한다. 베테랑만 가능하다는 단독 스탠딩 코미디다. 하지만 무대에는 휠체어 한 대가 미끄러져 들어온다. 제이는 척수 장애인이다. 몇몇 관객은 측은하다는 표정을 짓는다.

그가 관객 한 명에게 기습적으로 묻는다.

"무슨 과일을 좋아하시죠?"

관객은 주뼛주뼛 대답한다.

"바나나요."

"오, 이런! 내가 바나나 껍질을 밟고 넘어져 이 꼴이 됐잖아!"

여기저기서 웃음이 터져 나온다.

감추지 않는 적나라함, 모든 걸 긍정적으로 해석하는 힘, 그것이 제이의 매력이다.

몇 년 전까지만 해도 제이의 취미는 암벽 등반이었다. 2005년 11월, 제이는 여느 때와 마찬가지로 등반에 나섰다. 그러나 로프 고리가 풀어지면서 10여 미터 아래 바위로 추락했다. 5번 척추가 손상되었다. 그는 무대를 꿈꾸던 단역배우였다. 제이는 절망에 빠졌다.

그러나 랜초 로스 아미고스에서의 8주가 그를 완전히 변화시켰다. 5번 척추가 '부분손상'된 제이는 거듭된 물리치료를 통해 어느 정도 팔을 움직이게 됐다. 그는 곧바로 작업치료에 들어갔다.

랜초는 가족 같은 커뮤니티를 강조한다. 정신과 의사와 카운슬러가 재활전문가팀에 속해 있는 것도 '사회 적응'을 강조하는 랜초의 정신을 보여 준다. 내가 재활치료를 받는 동안 거의 매일 이곳을 다녀간 옛 환자들이 병원을 찾고는 했다.

제이는 이곳에서 연극 동호회를 조직하기도 했다고 한다. 지금도 그의 무대 사진이 병원에 걸려 있다. 그곳에서 약혼녀도 만났다. 육상선수였던 그녀는 사고로 두 다리를 잃었다. 하지만 꿈을 버리지 않고 베이징 장애인올림픽을 준비하고 있다. 두 다리가 없는 사람이 얼마나 빨리 달릴 수 있을지 섣불리 상상하면 안 된다. 내기를 걸어서는 더더욱 안 된다. 망신만 당한다.

퇴원한 제이는 지역의 유명한 클럽을 돌아다니며 오디션을 보기 시작했다. 제이는 컴퓨터 배경화면에 처음 다쳤을 때 바위에 떨어진 모습을 띄워 놓았다. 헬기가 자신을 실어 나르는 모습도 함께 띄웠다. 그는 이렇게 말한다.

"그날 나는 다시 태어났기 때문입니다. 잊지 않기 위해, 난 그날과 늘 대면합니다."

나도 그랬다. 현실을 냉정히 받아들이게 되는 순간, 묘하게도 희망이 보였다. 나는 스스로를 '리사이클(재활용) 인간'이라 부른다. 이 친구도 나와 같은 생각을 하고 있었다. 버린 삶이 아니라, 다시 얻은 삶이라는 '긍정의 힘!'

긍정의 힘이 그를 일으켜 세웠다. 그는 이렇게 강조한다.

"나는 영원히 걷지 못한다. 그러나 나는 다치기 전에 할 수 없었던 스탠딩 코미디 배우가 됐다."

그의 형은 대학 역사학과의 교수다. 형은 동생을 자랑스러워했다.

"랜초 출신 사상 첫 코미디 액터의 탄생을 지켜보고 있습니다."

역사학자인 형은 동부에 있는 대학에서 교편을 잡고 있었지만 동생이 사고를 당한 뒤 LA로 직장을 옮겼다. 제이는 "사고가 나에게 가족과 함께 살 기회를 줬다."고 자랑스레 말한다. 사고와 장애는 형제에게 가족의 소중함을 일깨워 주었다. 사고 전, 형제는 남처럼 살았다. 가끔 연락이나 주고받았을 뿐이다. 형은 동생을 위해 인생의 방향을 일부 수정했다.

제이는 요즘 운전 연습 중이라고 한다. 아직은 악력이 살아나지 않아 핸들을 쥘 수 없어 힘들어한다. 그러나 다양한 보조기구가 그의 모자란 부분을 채워 주고 있다. 팔로만 작동할 수 있는 운전대의 보조기와 가속기, 브레이크. 그는 비지땀을 흘리며 운전 연습을 한다고 했다. 그는 주위 사람들에게 이렇게 말한다.

"면허를 따면 혼자 클럽에 갈 수 있잖아요. 형은 매일 집에 일찍 들어가자고 해서, 저 앞의 미녀를 항상 그냥 두고 집에 가야 한단 말이야."

형, 한 체급 올렸다고 생각해

> "형, 다쳤다고 생각하지 말고 그냥 체급을 올렸다고 생각해. 형은 라이벌이 없어서 체급을 올렸고, 지금 겪는 어려움은 높은 체급에 도전했기 때문이라고 생각해."

랜초에서 재활을 받던 때를 회상하면 함께 떠오르는 사람이 있다.

내가 컨 병원에 있을 때였다. 나의 사고 소식을 듣고 돕겠다고 하는 서울대 해양학과 후배에게서 전화가 왔노라고 어머니가 알려 주었다. 그 후배는 "상묵이 형은 자신을 모를지 몰라도 자신은 형을 잘 안다."고 했다고 했다. 나는 LA에 온갖 사기꾼들이 득실거리니 일단 조심하라고 어머니에게 말했다. 지금 내 처지에 그런 부분까지 신경 써야 된다는 사실이 곤욕스러웠다. 전화를 한 그 후배는 자신이 상묵이 형을 평소에 존경했다고 덧붙였다고 했다. 나는 절대 그럴 리가 없다는 생각에 더더욱 의심이 들었다.

나를 돕겠다고 한 후배는 서울대 해양학과 86학번 서진원이었다.

나는 진원이를 대학 다닐 때 만난 기억이 없다. 그는 졸업 후 미국으로 이민을 했다. 나는 계속 중환자실에 있었기 때문에 진원이가 딱히 도울 일은 없었다. 병원에서 다 알아서 해 주었기 때문이다. 대신 진원이는 나 때문에 갑자기 미국에 오게 된 어머니와 아내에게 많은 도움을 주었다. 심지어 어머니는 차를 운전하다가 길을 잃으면 진원이에게 연락할 정도였다. 진원이는 전혀 귀찮은 내색을 하지 않으며 우리 가족을 도왔다. 처음에 그를 이상한 사람으로 의심했던 내 자신이 부끄러웠다.

랜초로 옮긴 다음 진원이를 처음 만났다. 다친 지 거의 두 달이 지난 뒤였다. 나는 앞으로 어떻게 살아가야 할지 막막했다. 하지만 어머니와 아내에게 그런 이야기를 할 수는 없었다. 하루는 진원이가 찾아왔다. 우리는 발코니로 나갔다. 나는 진원이에게 그동안 우리 가족을 보살펴 주어 참 고맙다고 말했다. 진원이는 가톨릭 신자였다. 아내와 딸이 있었다. 아내는 근처 병원의 간호사였다.

나는 진원이에게 앞으로 어떻게 살아야 할지 모르겠다고 속내를 털어놓았다. 그는 동화책을 써서 어린이들에게 과학을 쉽게 설명해 줄 수 있지 않느냐고 했다. 그나마 그런 일을 할 수 있다는 사실에 기분이 조금 나아졌다. 하지만 오대양 육대주를 돌아다니며 연구하던 내가 동화책이나 쓰고 있어야 한다고 생각하면 그리 달갑지만도 않았다. 그런데 진원이가 이런 말을 했다.

"형, 내가 보기에 형은 형 분야에서 이미 챔피언이야. MIT를 나오고 서울대 교수고 그렇잖아?"

그리고 그는 이렇게 덧붙였다.

"사람이 챔피언이 되고 주변에 라이벌이 없으면 체급을 올리잖아. 형, 다쳤다고 생각하지 말고 그냥 체급을 올렸다고 생각해. 형은 상대자가 없어서 체급을 올렸고, 지금 겪는 어려움은 높은 체급에 도전했기 때문이라고 생각해."

솔직히 나는 나 자신을 아직 챔피언이라고 생각해 본 적이 없다. 경쟁을 할 만한 상대가 없는 것이 아니라 오히려 너무 많다. 그렇지만 진원이의 말은 참 듣기 좋았다. 그래서 나도 대답했다.

"그래, 체급을 올렸다고 생각할게!"

한국에 돌아온 후 나를 그렇게 따르던 진원이에게 연락을 했다. 진원이는 내가 미국을 떠난 뒤 얼마 안 있어 자신이 암에 걸렸다는 사실을 알았다고 했다. 나는 그 녀석처럼 남을 돕기 좋아하고 선행을 베푸는 사람이 암에 걸렸다는 사실이 믿어지지 않았다. 그 녀석만은 세상의 모든 몹쓸 병도 피해갈 것만 같았다. 항암 치료를 하느라 고생을 많이 하고 있다고 했다. 병에 걸리고 나니 내 생각을 더 자주 한다고 했다. 나는 어떻게 너를 나와 비교하느냐며, 나보다는 네가 백 배 낫다고 말해 주었다.

진원이는 현재 투병중이다. 조만간 가족을 데리고 한국에 나와 나를 찾아오겠다고 했다.

당신들의 사소한 배려가 나를 움직이게 만든다

> 혜정이의 죽음을 전해 들은 뒤 나는 큰 절망감에 빠졌다. 학교로 돌아가는 것이 옳은 일인지 의문이 들었다. 그동안 모든 것이 다 잘될 것이라고 믿었지만, 혜정이의 죽음은 달랐다. 그것은 나중에 다시 좋아질 수 없는 일이었다.

2006년 10월 10일, 한국에 돌아온 지도 보름이 지났다. 조금씩 지겨워지기 시작했다. 이젠 일상으로 돌아가야 했다. 학교 측에서는 아직 소식이 없었다. 돌아가야 하는데, 구체적인 응답이 없었다. 밤이 되면 여러 가지 생각이 들었다. 갈수록 잠이 드는 시간이 늦어지고 있었다.

그런데 저녁 9시가 넘어 아버지가 혼자 전철을 타고 멀리 분당병원까지 왔다. 아버지는 나에게 할 말이 있다고 했다. 나는 이 늦은 시각에 혼자 오신 아버지가 약간 수상했다.

아버지가 입을 열었다.

"남자는 말이다……."

아버지는 늘 그렇게 말을 시작한다. 당신께선 누구보다 '남자의 구실'을 중요하게 생각한다.

"……남자가 살다 보면 감옥에도 갈 수 있다. 명예를 잃을 수도 있어."

나는 아버지가 무슨 말씀을 하고 싶어 하는지 이해가 되지 않았다.

아버지는 그래도 넌 명예를 잃은 건 아니지 않느냐고 했다. 그리고 꼭 교수만이 살 길은 아니라고 했다. 그때까지 나는 전신마비인 상태에서도 내 원래의 직업이던 교수는 할 수 있을 거라고 생각하고 있었다. 그리고 빨리 학교로 돌아갈 날만 손꼽아 기다리고 있었다. 나는 '만약 내가 고등학교 선생님이었다면 불가능했을 거야.'라고 생각했다. 애들은 때려야 말을 잘 들을 텐데, 나는 때릴 수가 없으니까.

"네 영어 실력이면 한국에서 과외 선생을 해도 교수보다 훨씬 많이 벌 수 있다."

나는 아버지가 도대체 무슨 말씀을 하고 싶어 하는지 도무지 알 수가 없었다.

그런데 아버지가 말했다.

"학생 중에 이혜정이라고 있지 않느냐?"

순간, 나는 '나 말고도 학생이 다쳤구나!'라는 생각이 들었다. 그런데 다음에 나온 아버지의 말은 너무나 충격적이었다. 그 학생이 죽었다는 것이었다.

'아니, 어떻게 그런 일이……'

다쳤으면서도 나는 지금까지 하늘을 원망한 적이 없었다. 그런데 어떻게 이런 일이 있을 수 있단 말인가! 학교로 돌아가려던 것을 비롯해 지금까지 계획했던 모든 일이 전부 멈추고 말았다.

  나는 미국에 있을 때 병원을 방문한 사람들에게 여러 차례 나만 다쳤다는 것을 확인받았다. 컨에 있을 때 병원 측에서는 가족들에게 사고 당시 학생이 죽었다는 사실을 알리지 말라고 했다. 가족뿐만 아니라 나를 방문한 미국 동료들조차도 나를 감쪽같이 속인 것이었다. 모든 희망이 순식간에 날아가 버렸다.

  나는 개인적으로 혜정이에 대해서 잘 알지는 못했다. 주위 사람들 말로는 혜정이가 붙임성 좋은 성격이라고 했다. 2006년 새 학기에 혜정이는 〈바다의 탐구〉라는 나의 과목을 들었다. 수강생은 20명이 넘었고 그중 반 조금 안 되는 학생이 여학생들이었다. 그해 나는 〈바다의 탐구〉 수강을 하는 학생들을 데리고 1박 2일로 야외 교육을 나갔다. 버스를 대절해 거제도로 내려가 해양연구원 남해연구소를 탐방하고 온누리호를 구경하는 코스였다. 내려간 김에 옥포조선소도 견학하고 거제도 포로수용소 기념관도 둘러보았다. 여기서 나는 학생들에게 올 여름 캘리포니아 야외 지질조사가 있을 것이라고 이야기했다.

  2006년 6월 말, 칼텍 학생들을 처음 만났을 때도 혜정이는 한국 학생들 중에 가장 적극적이었다. 네이티브가 아닌 대부분의 한국 학생들은 미국 애들 앞에서 적극적으로 행동하지 못했다. 서울대 학생들이었지만, 익숙하지 않은 언어에 대한 두려움은 일반인들과 마찬가지였다.

칼텍 학생 중에 유난히 숫기가 없는 데이비드라는 학생이 있었다. 마른 체구의 그 남학생은 밥을 먹을 때도, 잠자리에 들 때도 늘 혼자였다. 그에게 처음 다가간 사람도 혜정이었다고 했다. 혜정이는 그에게 무언가를 끊임없이 물어보았다. 하지만 데이비드는 그런 혜정이를 경계했다.

그 모습을 보고 혜정이의 단짝인 지원이가 웃으며 말했다.

"저러다 혜정이 언니, 삐치겠어요. 데이비드, 너무하네."

결국 혜정이는 데이비드와 친해지는 데 실패했다. 그러나 혜정이는 데이비드의 대답을 이끌어내고, 그와 소통하는 데 성공한 유일한 한국 학생이었다고 한다.

혜정이는 홀어머니 밑에서 자랐다. 오빠와 쌍둥이 언니가 있었다. 아버지는 어릴 때 교통사고로 세상을 떠났다. 혜정이는 부지런했다. 과외를 해 등록금과 용돈을 벌었다. 엄마에게 끔찍이 잘하는 딸이었다. 다른 대학교의 사범대학에 다니는 쌍둥이 언니도 마찬가지였다. 두 자매는 엄마와 함께 자주 찜질방에 가고 쇼핑을 다녔다. 주위에서는 효녀가 따로 없다고들 했다. 모녀가 아니라 세 자매 같다고 했다.

2006년 7월 6일, 미국에서 혜정이의 장례식을 치렀다. 나는 까맣게 모르고 있었다.

혜정이의 죽음을 전해 들은 뒤 나는 큰 절망감에 빠졌다. 학교로 돌아가는 것이 정말 옳은 일인지 의문이 들기 시작했다. 그동안 모든 것이 다 잘될 것이라고 믿었지만, 혜정이의 죽음은 달랐다. 아무리 생각해도 그것은 나중에 다시 좋아질 수 없는 일이었다. [혜정이를 생각했다. 나는 학교로 돌아왔지만 혜정이는 그러지 못했다. 혜정이를 기념할 만한 사업이 필요했다.]

좌절 속에 며칠을 보내던 중 서울대학교로부터 연락이 왔다. 공대 기계항공과의 이건우 교수님이라는 분이 이번에 제2회 경암학술상 공학 부문 수상자로 선정되었는데, 상금 1억 원 전액을 나의 회복과 연구 활동 지원을 위해 기부했다는 것이었다. 처음에 나는 무슨 착오가 있을 것이라고 생각하고 귀도 기울이지 않았다. 잘못 걸린 전화쯤으로 생각했다. 가족들도 반신반의했다.

학교에 다시 전화를 걸어 확인해 볼 수 있는 문제가 아니었다. 그런데 서울대학교에서 다시 전화가 왔다. 이 같은 미담을 신문에 내고자 하는데 동의하느냐는 것이었다. 나는 학생의 죽음을 안 지 얼마 안 되었기 때문에 충격에 빠져 있으며 신문지상에 신분을 드러내고 싶지 않다고 이야기했다. 결국 다음 날 신문에는 서울대학교 공대 이건우 교수님이 자연대학의 발전을 위해 상금 1억 원을 기부했다는 기사가 짤막하게 실렸다.

이 기사를 본 다른 공대 교수님들은 그것이 오보라고 생각했다. '왜 공대 교수가 자연대에 돈을 줘?' 당시 그분들은 공대를 자연대로 잘못 표기한 기자의 실수라고 생각했다고 한다.

나는 일주일이 지나서야 이건우 교수님의 기부가 사실이라는 것을 알았다. 나는 모르고 있었지만, 당시 학교에서는 나를 돕고 싶으면서도 쉬쉬 하고 있었다고 한다. 같은 학교 학생이 죽었는데 교수만 감싼다는 비난 여론이 형성될지도 몰랐기 때문이다. 그리고 그러한 비난은 나에게도 해가 될 거라고 학교는 판단했다. 그런데 갑자기 학교 보직 교수님들이 나를 찾아오겠다고 했다. 자연대 학장님을 비롯해 예닐곱 분이 갑자기 병원으로 들이닥쳤다. 모두들 이제는 팔을 걷어붙이고 내가 학교로 돌아올 수 있도록 돕겠다고 했다. 그제야 나는 이건우 교수님의 기부가 사실이라는 것을 알았다.

나는 이건우 교수님의 이름뿐만 아니라 그런 분이 공대에 있다는 사실조차 전혀 모르고 있었다. 이건우 교수님은 나보다 8년가량 선배였다. 그도 MIT를 나왔다. 하지만 내가 MIT에 갔을 때 그는 벌써 학위를 받고 떠난 뒤였다. 공대 기계항공과에 친한 후배들이 있어 그들에게 전화를 걸었다. 송성진 교수가 이건우 교수님에 대해 들려주었다. 아주 다재다능한 분이고, 현재 아주 유명한 외국 학술지의 편집위원장으로 있으며, 과거에도 그 같은 상을 여러 차례 받았기 때문에 부담 없이 생각하라고 했다. 이건우 교수님이 아무리 뛰어난 능력을 가진 사람이라도 어떻게 1억 원이라는 돈을 그렇게 쉽게 내놓을 수 있는지 쉽게 납득이 가지 않았다. 과연 나 같으면 그렇게 할 수 있을까?

이건우 교수님의 1억 원은 돈 그 이상의 가치가 있었다. 그의 선행은 학교 내 다른 교수님들에게도 영향을 미쳤고, 학교가 나의 복직을 서두르는 계기가 되었다. 나에게는 재임용이나 다름없었다. 만약 그분의 도움이 없었다면, 나는 시간이 조금 더 흐른 뒤 고개를 숙인 채 남몰래 학교로 돌아와야 했을지도 모른다. 평소 알고 지내던 이의 도움도 중요하지만, 전혀 모르는 분들의 도움이 얼마나 큰 힘을 발휘하는지 새삼 깨달았다. 만약 인문대든 사회대든 다른 서울대 교수님이 어려움을 당했을 때 내가 돕는다면, 그것은 그분에게 엄청난 힘이 될 것이다.

학교에 돌아온 뒤 나는 이건우 교수를 찾아뵙고 인사를 드리고 싶다고 했다. 호텔 중국음식점에서 그를 만났다. MIT 후배인 송성진 교수와 손병혁 교수도 자리를 함께했다. 이건우 교수님에게 내가 건넨 첫마디는 "혹시 저 아세요?"였다. 나는 그를 모르지만, 혹시 그가 나를 알지도 모른다는 생각에서였다. 물론 그의 대답은 "아니오."였다.

이건우 교수님은 자신이 경암학술상 후보로 선정되었다는 소식을 듣고, 만약 내가 상을 탄다면 좋은 데 쓸 것이라고 마음먹었다고 한다. 그리고 그는 평소에 의공학 분야에 관심이 많다고 했다.

"몇 년 전 스탠퍼드대 교수와 함께 척추를 대신할 수 있는 물질에 대한 특허를 내기도 했어요. 미국에서 회사를 세우기 위해 기금을 모으는데, 1라운드에서만 1200만 달러가 모였죠. 선생님이 의공학 발전에 기여할 수도 있을 겁니다."

그 말을 하다가 그는 내 휠체어를 살폈다.

"미국 제품이군요. 이 정도면 우리도 충분히 만들 수 있을 텐데……."

2008년 2월 대학신문 학생기자와의 인터뷰에서 기자는 짓궂게 과연 1억 원을 선뜻 내놓을 수 있었냐고 질문했다. 이건우 교수님은 다음과 같이 말했다.

"만약 1억 원을 보면 마음이 흔들릴지도 모르겠다는 생각이 들더군요. 그래서 경암학술재단에 전화를 해서 내 통장으로 넣지 말고 바로 학교 쪽으로 보내라고 했습니다. 이 일에 대해 솔직히 아내는 관대했는데 아들놈이 좀 뭐라고 하더군요, 허허."

그의 넉넉함이 내 인생을 많이 바꾸어 놓았다.

나는 그 돈을 나를 위해서만 쓸 수는 없었다. 혜정이를 생각했다. 나는 학교로 돌아왔지만 혜정이는 그러지 못했다. 혜정이를 기념할 만한 사업이 필요했다. 나는 이 교수님이 준 돈으로 밴 한 대를 사서 개조했다. 한국에서는 내가 불편함 없이 쓸 만한 적당한 밴을 구하기가 무척 힘들었다. 그래서 직접 밴을 개조하는 방법을 택했다. 그리고 연구실을 나의 상황에 맞게 개조하고 갑자기 발생한 비용들을 처리하는 데에 일부를 사용했다. 거기서 남은 돈과 내 개인 돈을 보태 5000만 원 규모의 '이혜정 장학금'을 조성했다. 장학기금은 2007년 가을에 만들어졌다. 그리고 2008년 2월 두 번째 장학금 혜택을 받을 학생이 선정되었다. 내 힘으로 이 장학금을 키우는 것이 또 다른 삶의 목표다.

2008년 3월, 이건우 교수님은 차세대 융합기술원의 초대 원장에 부임했다. 융합기술원은 차세대 생명공학, 지능로봇, 미래 자동차 등 차세대 융합기술에 대한 연구를 진행한다. 경기도는 기술원에 1400억 원이 넘는 돈을 투자했다. 운영은 서울대가 맡는다.

이건우 교수님이 나에게 자신의 상금을 기부한 사실이 뒤늦게 알려지자 경암학술재단을 설립하신 송금조 회장님께서 다시 이건우 교수님께 1억 원을 주셨다. 우리는 다른 교수님들과 함께 그 돈으로 융합기술원에 '보조재활공학센터'를 만들었다. 영문 센터 이름은 내가 지었다. 우리말로 '보살핌'을 뜻하는 CARE(Center for Assistive and Rehabilitation Engineering)가 정식명칭이다. 센터 오프닝에는 송금조 회장님이 먼 길까지 오셔서 참석하셨다.

AGU 모노그래프

> 지금 이 책이 출판되는 순간 치명적인 차 사고로 병원에 누워 있는 이상묵 덕분에 이 워크숍과 모노그래프가 가능했다. 그의 완전한 쾌유를 위해 이 책을 바친다.
>
> _척 피셔 & 데이비드 크리스티

내가 다쳤다는 소식은 삽시간에 미국은 물론이고 전 세계 지질학, 지구물리학자들에게 퍼졌다. 외진 곳에서 실험을 자주 하는 지구과학 분야의 종사자들은 가끔씩 사고를 당한다. 하지만 사고 당사자들이 칼텍과 서울대라는 유명한 기관이다 보니 소식은 삽시간에 전 세계로 퍼져나갔다. 모두들 너무 쇼킹했다고 한다. 수많은 격려 전화와 이메일이 도착했다. 컨 병원에 가장 먼저 도착한 제수는 걸려오는 전화 때문에 중환자실을 수도 없이 들락날락거렸다고 했다. 나는 전혀 기억을 하지 못하지만 서울대에서 김구 교수님과 김규범 교수님이 다녀갔고, 학부장님이신 김경렬 교수님도 왔다 가셨다 한다. 또 칼텍에 있던 마이크 거니스 교수와 마크 사이먼스 교수가 몇 차례 왔지만, 올 때마다 내가 잠들어 있어 헛걸음을 쳤다고 한다.

내가 어느 정도 정신을 차린 다음 프랑스 친구인 제롬 다이망(Jerome Dyment) 박사가 나를 찾아왔다. 그때 나는 USC 대학병원 중환자실에 있었고 말을 하지 못했다. 나는 그가 알파벳이 적혀 있는 보드의 글자 하나하나를 집을 때마다 고개를 끄덕이는 식으로 단어를 완성해 가며 그와 이야기를 나누었다. 그는 마침 샌디에이고 스크립스 해양연구소를 방문 중이었다. 방학 때라 어린 두 아들과 함께 미국에 왔다고 했다.

제롬을 처음 만난 것은 미국 지구물리학회(AGU)가 열렸던 1997년 12월 샌프란시스코에서였다. 마침 우리는 같은 세션에 포스터 발표를 했다. 그는 나에게 다가와 자기 아내가 한국 사람인데 자신의 두 아들에게 한국을 더 잘 알려 주고 싶다고 했다. 그는 나와 마찬가지로 중앙해령에서의 자기장 변화에 관한 연구를 하고 있었다.

지금은 파리 6대학과 IPGP라는 세계적인 연구소에서 근무하고 있지만, 당시에 그는 브레스트(Brest)라는 프랑스 북서쪽 항구도시의 대학에 CNRS 국가 연구원으로 있었다. 나이도 비슷해 우리는 금방 친해졌다. 이후로 그와 나는 일본 삿포로, 베트남 하노이, 인도 고아, 중국 베이징 등의 여러 국제회의에서 만났다. 한번은 그가 한국에 온 적이 있는데, 예전에 프랑스에 갔을 때에 대한 호의로 우리 아버님께서 개고기를 먹으러 가자고 했다. 제롬은 아주 좋다며 평소에도 한번 먹고 싶었다고 했다. 나는 하는 수 없이 따라갔다. 그 이후 제롬이 프랑스에 돌아가 그 일을 어찌나 떠벌리고 다녔는지, 나중에 그의 동료들은 "너 또 개고기 먹은 얘기냐? 한 번만 더 들으면 열 번이 넘는다." 며 그를 만류했다고 한다.

제롬의 두 아들 바질(Basil)과 꼴랑(Colin)은 별나기로 유명했다. 내가 파리를 방문할 때면 제롬은 비싼 호텔 대신 자기 집으로 가는 것이 어떠냐고 제안하고는 했다. 하지만 예전에 그의 두 아들과 대면한 이후로 나는 항상 거절했다. 한번은 제롬이 가족과 함께 서울에 왔다. 우리 가족과 함께 식당에서 만났는데, 제롬의 두 아들은 식당을 완전히 뒤집어 놓았다. 우리 아이들은 얌전하게 의자에 앉아 있으면서도, 자기네들도 저 아이들처럼 행동해도 되는지 우리 부부의 눈치를 살폈다.

나는 사고 직후 의식불명 상태에서 며칠을 보냈다. 그때 나는 아주 생생한 꿈을 꾸었다. 꿈에서 나는 죽음을 경험하기도 했다. 꿈에서도 나는 다쳐서 몸을 전혀 가누지 못했고 말도 하지 못했다. 하루는 꿈에 제롬을 비롯한 여러 친구들과 여행을 하고 있었다. 나는 다쳐서 꼼짝하지 못하고 있는데 다른 사람들은 여행을 즐기고 있었다. 성대한 축제 같았다. 유목민들의 이동 같기도 했다. 샌디에이고에서부터 출발해 컨 병원으로 가는 여정이었다. 다친 나를 돌보는 멕시칸 간호사들 두 명이 있었다. 잠시 간호사들이 자리를 비웠다. 그러자 꼴랑과 바질이 기회는 이때다, 하면서 자기네들이 의사, 간호사 복장을 하고 나에게 접근하는 것이었다. 마치 하이에나 떼가, 사자가 먹이를 두고 자리를 뜨기를 기다렸다가 달려드는 것 같았다. 그들 눈에는 내가 신기해 보였나 보다. 그들은 손에 주사기를 비롯한 의료기구를 들고 나에게 점점 다가왔다. 나는 '안 돼!' 하면서 소리를 질렀다. 하지만 목에서 소리가 나오지 않았다. 나는 눈을 크게 뜨고 그들을 겁주려고 했다. 그들은 그것을 더 재미있어 했다. 그들은 "미스터 리, 왜 그리 놀라십니까? 우리가 도와드릴 테니 가만히 계세요. 왜 우리를 그런 눈으로 쳐다보시는 겁니까?"라고 말했다. 나는 이제 어린애들 손에 죽었구나, 라고 생각했다. 큰 위기 상황이었다.

제롬이 찾아왔을 때도 나는 말을 하지 못했다. 나는 보드에 한 자 한 자 찍어 가며 제롬에게 내 의사를 전달했다. 내가 쓴 글은 "I saw your family in my dream. (꿈에 네 가족을 봤어.)"이었다. 전후사정을 모르는 제롬은 감격했다. 내가 죽는 순간에도 자기 가족을 떠올렸다는 사실에.

2000년경, 일본 동경에서 Inter-Ridge 연래 정기 모임이 있었다. 나는 참석하지 못했다. 그 회의에서의 안건 중에 하나는 차기 학술워크숍의 개최지를 정하는 것이었다. 주제는 후열도분지에 관한 것이었다. 후열도분지는 거대한 해양지판이 맨틀로 들어가면서 그 힘에 의해 다시 바다가 열리는 것이다. 우리나라 동해가 이 같은 원리에 의해 약 2천만 년 전에 만들어졌다. 오오츠크 해를 비롯하여 우리나라 주변과 서태평양의 열 개도 넘는 대규모 바다들이 이 같은 현상에 의해 만들어졌다. 후열도분지 분과위원 회장은 당시 나였다. 제롬의 발의에 의해 차기 후열도분지 학술워크숍의 장소로 한국이 선정되었다는 통보가 왔다.

> 학교로 돌아왔을 때, 《모노그래프》 한 권이 책상에 놓여 있었다. 《모노그래프》는 사고를 당하고 미국 병원에 누운 채 말을 하지 못하는 상황에서도 간단한 기구와 동료들의 도움으로 어렵게 완성한 책이었다.

외국 과학자들만 해도 백 명이 넘게 모일 이 회의는 2004년 5월 제주도 서귀포에서 개최하기로 했다. 그런데 마침 구원자가 나타났다. 척 피셔(Chuck Fisher)라는 펜실베이니아 주립대학 생물학과 교수였다. 당시 미국의 중앙해령연구는 새로운 방향으로 진행되고 있었다. 중앙해령에서 새로운 박테리아들이 발견되면서 중앙해령이 미생물의 보고라는 사실이 알려지기 시작했다. 생물학자들이 새로운 미생물을 찾기 위해 바다 속 해저화산으로 몰려들었다. 척 피셔는 RIDGE 2000이라는 새로운 미국 과학재단 프로그램의 총괄책임자였다. 사업 규모는 연간 500억 원 내외였다. 일본 동경 회의에서 그 자리에 참석도 하지 않은 나를 다음 워크숍 책임자로 임명하고 난 며칠 뒤 척 피셔가 마침 자기네들도 그러한 워크숍을 추진하려고 했는데 같이 진행하자고 제안했다. 나는 척 피셔만 잘 구워삶으면 비용 문제 걱정은 없을 것이고 또한 성공이 보장되리라고 여겼다.

2002년 여름, 나는 일본 동경에서 척 피셔를 처음 만날 수 있었다. 우리는 워싱턴 신주쿠라는 호텔에 같이 머물고 있었다. 일본 동경대학교 해양연구소를 방문할 때면 나는 주로 이 호텔에서 머문다. 지금까지 열 차례도 넘게 숙박했던 것 같다. 저녁 때 나는 척에게 같이 저녁을 먹으러 가겠냐고 물었다. 전날 저녁 문전성시를 이루는 어떤 음식점을 봐 두었는데 꽤 음식을 잘하는 집이 틀림없을 것이라고 내가 말했다. 척은 좋다고 했고, 우리는 같이 이 음식점을 찾아갔다. 외국에 나가면 늘 그렇듯이 나는 가급적이면 한국 음식점 말고 다른 곳을 가려고 노력한다. 척과 함께 음식점에 들어가 메뉴를 살펴보았다. 그런데 메뉴판을 펼치는 순간 나는 쓴웃음을 지었다. 그곳은 한국 음식점이었다. 완전히 일본화되어 있어서 내가 미처 알아차리지 못했던 것이었다. 척은 웃었다. 분명히 숯불을 피고 고기를 구워 먹는 한국식(야끼니쿠) 음식점이었다. 그런데 조금 달랐다. 우리나라에서와는 달리 소의 부위마다 따로 주문할 수 있게 되어 있었다. 소의 혀는 물론이고 소의 첫 번째 위, 두 번째 위, 세 번째 위 등등을 개별적으로 주문하는 형태였다. 나는 소의 위가 여러 개 있는지 몰랐다. 척은 신이 났다. 생물학자였기 때문이다. 그는 무식한 지질학자를 앞에 두고 해부학 강의를 했다. 솔직히 말해 신주쿠의 그 음식점에서 먹은 것은 내가 지금까지 먹어 본 쇠고기 숯불구이 중에 가장 맛있었다. 어쩌면 한국 라면이 일본 라면보다 맛있는 것과 같은 맥락일지도 모른다는 생각이 들었다.

그 날 저녁을 함께 재미있게 보낸 덕분에 척은 내가 하는 워크숍의 든든한 후원자가 되었다. 그의 적극적인 협조에 힘입어 초청연사 20명 전원에 대한 초청비용을 미국 과학재단에서 전액 부담했다. 대단한 연사들을 부르니 너도나도 참석하고자 난리였다. 이 외에 약 60명 가까운 미국 과학자들의 비용 역시 미국 과학재단에서 댔다. 수십 명의 일본 과학자들이 제주도로 왔다. 척은 만찬 비용도 자기가 도울 수 있다고 했다. 단, 미국 과학재단 규정상 술에 대한 비용은 지불할 수 없다고 했다. 술값만 한국이 마련하면 된다고 했다. 130~140명의 참석자 중에 한국 사람은 10명이 겨우 넘었다. 그러나 회의는 대단히 성공적이었다.

워크숍 결과는 《미국 지구물리학회 모노그래프》라는 책으로 1~2년 뒤 출간된다. 제주도 회의도 마찬가지였다. 나와 척을 비롯한 네 명의 과학자가 공동편집위원장이 되었다. 나는 여기에 지난 수년 간 내가 연구한 파푸아뉴기니 비스마르크 해에 대한 논문을 실었다. 한국에서 개최되는 회의임에도 불구하고 《모노그래프》에 실린 논문 가운데 한국인 저자는 한 명도 없었기 때문이었다. 워크숍을 준비하랴, 편집위원장으로 남의 논문을 심사하랴, 논문집에 실릴 논문을 쓰랴 1인3역을 해야 했다. 그런데 《모노그래프》가 완성되기 바로 전에 사고를 당하고 말았다. 나는 미국의 병원에 누워 말을 하지는 못했지만 《모노그래프》가 걱정되었다. 내가 쓴 논문에 대한 최종 리뷰도 남아 있었지만, 한국에서 워크숍이 열릴 수 있도록 도와준 기관들과 사람들에게 보내는 감사의 내용을 책 서문에 달아야 했기 때문이다.

학생들은 모두 서울로 떠난 뒤였다. 나는 칼텍에서 공부하고 있으며 미국 야외 지질조사에서도 적극적으로 나를 도와주었던 최은서 군이 생각났다. 나는 아내에게 최 군을 불러 달라고 했다. 당시 나는 말을 전혀 할 수 없었다. 기도에 구멍이 뚫려 있어 바람이 그곳으로 샜기 때문이다. USC 대학병원에서는 각종 검사를 진행하는 동시에 새로운 도구도 소개해 주었다. 그 가운데 패시미아 밸브라는 일종의 스피치밸브(speech valve)가 있었다. 이 기구는 바람을 한쪽 방향으로만 통하게 만든 조그마한 플라스틱 밸브였는데, 이것을 목구멍에 끼우면 바람이 새지 않고 성대로 올라갔다. 장기간 사용하기에는 무리

여서 하루에 10분 정도밖에 사용할 수 없었다. 그래서 나는 치료사가 이 밸브를 끼워 주는 시간에 맞추어 최은서 군이 병원을 방문하게 했다. 그리고 최 군은 내가 불러 주는 대로 받아 적었다. 또 최 군은 내가 전해 준 정보를 동료 편집위원들에게 이메일로 보냈다. 최은서 군이 찾을 수 없는 정보는 서울대 연구실로 연락해 학생들이 찾아 주었다. 007작전을 방불케 했다. 사람들은 내가 다쳤다는 소식을 듣고 무척 궁금해 하고 있었다.

다행히 패시미어 밸브와 최은서 군의 도움으로 《모노그래프》는 2006년 11월에 예정대로 출간되었다. 다음 해 학교로 돌아왔을 때, 《모노그래프》한 권이 책상에 놓여 있었다. 2000년에 내가 없는 상황에서 제롬이 우리나라를 워크숍 개최지로 발의한 일, 척 피셔를 만나 도움을 받은 일 등이 떠올랐다. 《모노그래프》는 사고를 당하고 미국 병원에 누운 채 말을 하지 못하는 상황에서도 간단한 기구와 동료들의 도움으로 어렵게 완성한 책이었다.

내가 지시한 대로 모든 기관들이 제대로 거명되었는지 그리고 수고했던 사람들에 대한 감사의 뜻이 빠짐없이 기록되었는지를 확인하기 위해 책 서문을 펼쳐 보았다. 그런데 서문 아래를 내려가니 척 피셔와 데이비드 크리스티(David Christie)가 나에 관해서 쓴 글이 보였다.

> As this volume goes to press, our friend and fellow editor Sang-Mook Lee remains in hospital after a serious car accident. Sang-Mook provided the inspiration and was the driving force behind the International

Theoretical Institute from which this volume arose. Without his energy, dedication, and abundant hospitality, this book would not exist. We dedicate this volume to his full and rapid recovery.

지금 이 책이 출판되는 순간 치명적인 차 사고로 병원에 누워 있는 이상묵 덕분에 이 워크숍과 모노그래프가 가능했다. 그의 완전한 쾌유를 위해 이 책을 바친다.

학교에 돌아오다

한국에 도착해서 짐을 찾는 일이며 입국절
차 등의 모든 수속까지 아주 친절하게 도와주었
다. 환자냐, 장애인이냐, 단 한 마디 차이었다.

2006년 12월 30일, 나는 서울대학교 분당병원에서 퇴원했다. 그리고 2007년 1월 2일, 학교로 돌아왔다. 사고를 당한 지 정확히 6개월 만이었다. 내가 이렇게 빨리 돌아올 수 있을 거라고는 아무도 상상하지 못했다. 하지만 지금 와서 생각해 보면 학교가 나를 맞을 준비만 되어 있었다면 3개월 만에 돌아올 수도 있었을 거라는 생각이 든다.

사람들은 돌아온 나를 보고 어떤 순간이 가장 힘들었냐고 묻는다. 나는 미국에서 한국으로 돌아올 때가 아니었을까, 라고 대답한다.

나 같은 환자가 비행기를 타기 위해서는 국제적으로 통용되는 의사소견서가 필요하다. 사고 당시 나는 폐가 완전히 내려앉았기 때문에 기도에 구멍을 뚫고 호스를 연결해 호흡을 했다. 나중에 폐가 정상이라는 사실이 밝혀졌지만 비행기에 탔을 때 어떤 응급상황이 발생할지 몰라 목에 난 구멍을 일부러 열어 두었다. 목의 구멍에는 빨간 뚜껑이 있어 그것을 열고 닫을 수 있다. 뚜껑을 닫아야만 허파의 공기가 성대로 통했다. 이 빨간 뚜껑을 닫고 있었기 때문에 나는 랜초에서부터 말을 할 수가 있었다.

비행기를 타기 위해, 한국에 가기 위해, 그리고 만약의 사태에 대비하여 일부러 목의 구멍을 닫지 않았는데, 이것 때문에 비행기에 탈 수 없는 상황이 발생했다. 어이가 없었다. 항공사를 아무리 설득해도 통하지 않았다. 그들은 환자를 태우기 위해서는 이러한 사람들이 동승해야 되고 이런 장비가 있어야 한다며 목록을 우리에게 보냈다. 한국에 있는 아버지는 아는 분들을 동원하여 항공사에 로비를 시도했다. 하지만 그것 역시 먹히지 않았다.

여객기 안에는 컴프레서가 있어서 지상과 거의 같은 기압을 유지해 준다. 하지만 의사는 기내의 기압이 낮아서 내가 호흡 곤란을 일으킬 것이라고 염려했다. 의사 말대로라면 나는 한국에 돌아가는 것을 포기해야 했다. 어차피 비행기를 타려면 병원에서 퇴원해야 하고, 퇴원을 하는 순간부터 나는 당신의 환자가 아니기 때문에 내가 죽든 말든 네 책임이 아니라고 말했다. 필요하다면 각서도 쓰겠다고 했다. 의사는 다른 의사의 소견을 들어 보겠다고 했다. 그런데 그 의사까지도 위험하다고 했다.

결국 나는 하는 수 없이 환자 이송을 전문으로 하는 미국 회사에 접촉을 시도했다. 어느 날 그 회사의 사장이 찾아왔다. 그는 나를 보더니 위험할 수 있다며 자기 회사 서비스를 이용해야 한다고 했다. 비용은 대략 5천만 원 정도였다. 어처구니가 없었다. 게다가 그는 겁까지 주었다. 작년에 나와 비슷한 환자가 자기 회사 서비스를 이용하지 않고 혼자 비행기를 타고 가다가 죽었다고 했다. 나는 그 말을 듣는 순간, 오기가 생겼다. 내가 이렇게 바보 취급을 당하면서까지 그 회사의 서비스를 써서는 안 된다는 생각이 들었다. 약간의 위험은 있지만 나는 나의 판단을 믿고 모험을 감행했다.

랜초 로스 아미고스의 물리치료사 중에 르네 알바레즈라는 중남미계 치료사가 있었다. 그는 환자를 아주 능숙하게 다루었다. 나는 르네에게 3000달러를 줄 테니 나를 한국까지 데려다줄 수 있냐고 제안했다. 그는 젊었고 내 제안을 수락했다. 의사의 반대에도 불구하고 나를 돕겠다고 한 그가 정말 고마웠다.

하지만 아직 항공사의 벽을 넘어야 했다. 나는 다시 항공사에 연락했다. 이번에 그들은 나의 탑승을 반대하지 않았다. 대신 우리가 충족시킬 수 없는 이런저런 조건을 내걸었다. 아버지는 이때 너무 화가 나서 다시는 이 항공사를 이용하지 않겠다고까지 했다.

나는 밑져야 본전이라고 생각하고 아버지의 충고를 따라 다른 우리나라 국적 항공사에 전화를 했다. 이번에는 환자라는 말을 뺐다. 단지 거동이 불편한 장애인인데 한국으로 돌아가는 비행기를 타고자 한다고 했다. 그들의 반응에 나는 깜짝 놀라지 않을 수 없었다. 그쪽의 태도가 이전 항공사와는 180도 달라졌기 때문이었다. 나는 누워서 가야 하기 때문에 일단 비즈니스 좌석을 사고자 했다. 그런데 그들은 내 좌석을 일등석으로 업그레이드해 주었다. 3개월 동안 미국에서 지내는 동안 짐이 엄청나게 늘어나 있었다. 항공사에서는 짐들을 무료로 실어 주었다. 뿐만 아니라 한국에 도착해서 짐을 찾는 일이며 입국 절차 등의 모든 수속까지 아주 친절하게 도와주었다. 환자냐, 장애인이냐, 단 한 마디 차이였다. 이 책을 읽는 독자들께서도 앞으로 이 점에 유의하시길 바란다.

내가 장애인이라는 현실을 받아들이는 순간, 묘한 희망이 느껴졌다. 무언가를 잃어버린 삶이 아니라, 새로운 삶이라는 긍정의 힘도 찾을 수 있었다. 게다가 나는 과학자였다. 과학자인 내가 머리를 다치지 않은 것만도 천만다행이었다. 몸은 멀쩡한데 머리만 다쳤다면 그게 훨씬 더 불행했을 것이다. 그렇게 나는 장애를 받아들였다.

혜정이의 죽음을 알고 난 뒤 절망과 슬픔, 무력함에 빠져 있던 나를 흔들어 깨워 준 것은 동료 과학자들이었다. 그들이 전해 준 책 《AGU 모노그래프》의 서문에는 과학자라는 나의 정체성이 담겨 있었다.

그리고 이건우 교수님은 나에게 구체적인 길을 열어 주었다. 그가 나에게 1억 원을 기부하면서 학교의 모든 사람들이 나를 주목하기 시작했다. 그로 인해 자연대에서는 '공대 교수도 저렇게 하는데 우리도 나서야 한다.'는 움직임이 일었다. 그리고 학교로 돌아오는 데 걸림돌이 되었던 여러 가지 행정적인 문제가 순식간에 해결되었다. 미국에 있는 동안 엄청난 병원 비용이 나왔다. 서울대 교수는 공무원이라 공무원 연금 관리공단에서 병원비를 담당한다. 연금관리 공단은 모든 비용을 처리해 주었다. 그들의 도움에 나는 감사할 뿐이다.

> 맥가이버 강동진 박사의 손재주, 김성용 씨의 키보드 소프트웨어가 그들 자신에게는 자잘한 것인지도 모른다. 그러나 그들의 그 작은 마음씨들이 나를 움직이게 만든다.

2007년 1월, 서울대는 추웠다. 까칠하게 속살을 드러낸 나무들이 엮어낸 풍경은 무거웠다. 하지만 나는 놀이공원에 가는 어린아이마냥 가슴이 두근거렸다.

밴의 뒷문이 열렸다. 싸늘한 공기가 뒷덜미에 와 닿았다. 차에서 내리자 차가운 겨울바람이 볼에 느껴졌다. 손도 발도 시린 줄 몰랐다. 정확히 목까지만 추위를 느꼈다. 내 머리는 연구실에 쌓여 있을 수많은 연구 주제를 떠올렸다.

처음 며칠은 연구실을 새롭게 세팅하는 데 써야 했다. 컴퓨터에 여러 가지 장애인용 소프트웨어를 설치하고, 누워서도 인터넷을 사용할 수 있게 컴퓨터를 놓을 수 있는 지지대를 설치했다. 입김으로 작동하는 인테그라 마우스, 머리에 스티커 센서를 붙여 사용하는 헤드 마우스를 자유롭게 사용하기 위해서도 여러 가지를 손봐야 했다.

내가 연구실에 다시 나온다는 소식이 알려지자 여기저기서 전화가 걸려왔다. 벨이 울릴 때마다 간병인이 전화기를 들어 내 얼굴에 가져다주었다. 혼자 있을 때도 자유롭게 전화를 받을 수 있는 장치가 필요했다.

어느 날 대학원생 김영균 군이 '이지 콜러(Easy Caller)'라는 전화기를 소개해 주었다. 장애인용으로 만든 전화기는 아니었다. 하지만 나에게 큰 도움이 될 것 같았다. 전용 소프트웨어를 설치한 후, 이지 콜러를 전화기와 컴퓨터에 연결하면 손을 사용하지 않고도 쉽게 전화를 걸고 받을 수 있었다. 컴퓨터 화면에는 전화기와 똑같이 생긴 모양의 그림이 뜬다. 마우스로 번호를 눌러 전화를 걸 수 있는 시스템이다. 저장된 전화번호도 쉽게 찾을 수 있다. 전화가 올 때도 클릭 한 번으로 전화를 받을 수 있다.

하지만 이지 콜러로 전화를 걸고 받을 때마다 헤드셋을 써야 한다. 텔레마케터들이 사용하는 헤드폰과 마이크가 함께 달려 있는 세트를 생각하면 된다. 그러나 머리와 얼굴로 모든 걸 해결해야 하는 나에게 헤드셋은 여간 거치적거리는 게 아니었다. 나는 뒤통수와 머리의 옆면, 그리고 뺨으로 휠체어를 작동한다. 휠체어를 작동하려고 머리를 움직일 때마다 헤드셋이 걸렸다. 뭔가 다른 방법을 찾아야 했다. 순간, 인테그라 마우스에 달린 마이크가 눈에 들어왔다. 음성인식 프로그램을 위해 달아 놓은 마이크였다. 딱히 설치할 데가 없어 마우스에 마이크를 달았는데, 인테그라 마우스가 물병 모양이어서 쉽고 보기 좋게 달 수가 있었다.

나는 무릎을 탁 쳤다(그럴 수 있었다면 그랬을 것이다).

'헤드셋의 마이크와 이어폰을 분리해, 마이크는 인테그라 마우스에 달고, 이어폰은 스피커에 연결해 크게 들리도록 하면 되겠구나!'

나는 혼자 웃었다. 그런데 문제가 있었다. 이걸 간병인에게 시킬 수는 없었다.

'그렇지! 강동진 박사가 있었지!'

2년 후배인 강동진 박사의 별명은 '맥가이버'다. '강가이버'라고 부르는 사람도 있다. 야외 관측을 나가면 예측하지 못한 문제가 생기기 마련이다. 철저히 준비해 세팅한 연구 기기도 다른 방식으로 조립해야 할 때가 많다. 문제점을 해결하기 위해 끝없이 기계를 손보고 개조해야 한다. 강 박사는 재치가 있고 손재주도 뛰어났다. 주위의 물건을 이용해서 그럴듯한 기기를 뚝딱 만들어냈다. 맥가이버라는 별명은 야외 연구에서 보여 준 탁월한 그의 임기응변 능력 때문에 붙여진 것이었다. 나는 강 박사에게 전화해 상황을 설명했다. 얘기를 듣고 있던 강 박사가 너스레를 떨었다.

"아, 그거 힘들겠는데……."

그의 농담에 나도 빈정거리는 말로 받아쳤다.

"순 허당이구먼."

"하하, 조금만 기다리셔."

전화를 끊고 조금 뒤 강 박사가 작은 니퍼(전기선을 자를 때 쓰는 도구) 하나를 들고 내 연구실에 들어섰다. 그는 헤드셋에 연결된 선을 뽑아 두 개로 분리했다. 하나는 마이크에 연결하고 다른 하나는 스피커에 연결했다.

전화기 마이크는 음성인식 프로그램용 마이크와 나란히 붙었다. 인테그라 마우스에 붙어 있는 두 개의 작은 마이크가 마치 토끼의 두 귀처럼 앙증맞았다. 이제 전화를 걸고 받을 때 헤드셋을 쓰지 않아도 되었다. 마이크에 대고 말하고, 상대의 말소리는 스피커로 크게 들린다. 강 박사는 말 그대로 '뚝딱' 일을 해치우고는 연구실을 나갔다.

"형, 또 불러요. 건당 만 원."

유쾌한 기운이 연구실을 가득 채웠다.

며칠 후 김영균 군이 뭔가 새로운 것을 보여 주겠다고 하며 연구실에 들어섰다.

"어젯밤 인터넷을 하다가, 어떤 네티즌이 올린 컴퓨터 키보드 프리웨어(freeware, 공짜로 공유하도록 만들어진 소프트웨어) 마그네 톡(Magne Tok)을 발견했어요. 마우스로 쉽게 자판을 누를 수 있도록 고안했다고 하더라고요. 사용해 보세요."

그날 저녁, 김영균 군이 가르쳐 준 사이트에 들어갔다. 게시판에 컴퓨터 자판 소프트웨어가 올라와 있었다. 적지 않은 품이 들었을 텐데, '그냥 가져가서 쓰라'는 말까지 덧붙여져 있었다. 그런데 그 자판 소프트웨어에는 몇 가지 불편한 점이 있었다. 열 손가락을 사용하는 정상인들에게야 문제가 없겠지만, 손을 쓸 수 없는 장애인들에게는 시프트(shift)키를 사용한다는 것이 매우 불편하다. 'ㄲ'을 친다고 하면, 지금의 자판은 시프트키를 누른 다음 'ㄱ'을 누르고 다시 시프트키를 눌러 해제해야 했다. 세 번을 눌러야 하는 것이다. 내 경우 마우스를 세 번 빨아 당겨야 한다.

나는 개발자에게 이메일을 보냈다. 장애인인데, 모든 키를 한 화면에서 볼 수 있게 할 수는 없는지 물었다. 그러자 그는 다음 날 바로 그 같은 기능을 추가해서 보냈다. 이렇게 빨리 프로그램을 수정하는 걸 보면 대단한 실력자임에 틀림없었다. 그는 부산에 있는 큰 선박회사에서 전기와 관련된 일을 하고 있는 엔지니어, 김성용 씨였다. 나는 전화통화를 하고 싶다고 했다. 그에게 전화로 감사하다고 했다. 그리고 앞으로도 도와달라고 했다. 서울에 올 일이 있으면 한번 꼭 방문해 달라고 부탁했다.

세상에는 자잘한 불편함이 많다. 정상인일 때는 혼자서 해결하면 그만이었다. 하지만 지금의 나는 자잘한 불편함 하나하나에 자잘한 도움을 필요로 한다. 맥가이버 강동진 박사의 손재주, 김성용 씨의 키보드 소프트웨어가 그들 자신에게는 자잘한 것인지도 모른다. 그러나 그들의 그 작은 마음씨들이 나를 움직이게 만든다.

내가 세상과 만나는 방법

이 모든 과정이 나에게는 지극히 자연스러운 것이 돼 가고 있다.

나의 하루 일과는 이메일을 점검하는 것으로 시작된다. 컴퓨터의 전원을 켬과 동시에 음성인식 프로그램이 자동으로 실행된다. 참고로 내가 쓰는 노트북은 델 노트북인데, 이것을 택한 이유는 USB 포트가 여섯 개나 달려 있기 때문이다. 그리고 영문 음성인식 때문에 나는 영문 윈도우즈 비스타를 운영체계로 쓰고 있다.

"오픈 마이크로소프트 아웃룩(Open Microsoft Outlook, 아웃룩을 실행하시오)."

음성인식 프로그램이 나의 말에 반응해서 아웃룩 프로그램을 실행시킨다. 이제 미스터 강(Mr. Kang)에게 메일을 보내야 한다.

"뉴(New, 새로 만들기 실행)."

'뉴'라는 명령어를 말하면 이메일 새로 만들기 창이 뜬다. 그 다음엔 이메일을 보낼 사람을 주소 목록에서 찾아야 한다.

"투(To, ~에게라는 전치사로, 한국어로 하면 '보낼 사람'에 해당한다)."

'보내는 사람'란에 커서가 멈춰 선다.

"케이(k, 이메일을 보내고자 하는 사람의 이니셜)."

케이로 시작하는 모든 사람의 주소가 알파벳 순서대로 뜬다. 강(Kang)은 목록의 조금 아랫부분에 있다.

"무브 다운, 무브 다운(Move Down, 목록을 아래로 내리면서 찾으시오)."

커서가 강(Kang)에서 멈추면, 선택해야 한다.

"엔터(Enter, 선택하시오)."

이제 이메일의 제목을 쳐야 한다.

"서브젝트(Subject, 이메일 제목)."

제목란에 원하는 글을 쳐 넣는다.

"마이 위클리 스케줄(My weekly schedule, 이번 주 내 일정)."

그 다음엔 본문을 쳐야 한다. 이때는 입김으로 작동하는 인테그라 마우스를 사용한다. 마우스의 끝을 입으로 물고 본문 부분에 갖다 대 한 번 빤다. 한 번 빨면 클릭(왼쪽 클릭)이 된다. 그러면, 본문 창이 활성화된다.

애기하듯 말하면, 음성인식 프로그램이 단어와 문장을 그대로 표현한다. 그러나 가끔 내가 원하는 것과 다른 단어들이 나올 때가 있다.

가령, week(일주일)를 치고 싶은데 프로그램은 weak(약한)로 알아들고, 본문에 weak로 나타날 때가 있다. 그럴 때는 '고치기' 명령어를 말한다.

"코렉트 잇(Correct it, 이것을 고치시오)"

이렇게 말하면, 비슷한 단어들이 옆에 일렬로 뜬다. 나는 그중에 정확한 것을 찾아 인테그라 마우스를 갖다 댄다. 그리고 한 번 빤다(클릭한다). 원하는 단어가 나오지 않을 경우엔 철자 하나하나를 쳐야 한다. 그럴 땐 이런 명령어를 말한다.

"스펠 잇(Spell it, 이것의 철자를 말하겠음). 더블유, 이, 이, 케이(w, e, e, k)."

불필요한 문장을 지울 때도 말로 처리하면 된다. 지우고자 하는 단어에 커서를 갖다 댄다. 물론 이때도 보통 사람이 그러듯, 마우스로 원하는 곳에 커서를 갖다 대면 된다. 그리고 이렇게 말한다.

"딜리트 잇(Delete it, 이 단어를 지우시오)."

이런 식으로 문장을 다 완성하면, 보내는 일만 남는다.

"센드(Send, 이메일을 보내시오)."

이메일을 다 보내고 난 뒤 워드 작업을 실행해야 한다. 그럴 때 내가 쓰는 방법이 있다.

"쇼우 넘버스(Show numbers, 번호를 보여 주시오)."

컴퓨터의 모든 프로그램과 명령어에는 번호가 매겨져 있다. 내가 '쇼우 넘버스'라고 말하면 프로그램의 고유번호가 일렬로 뜬다. 그러면 나는 원하는 프로그램의 번호를 부르면 된다.

"파이브(Five, 5번)."

다른 방법도 있다. 인테그라 마우스를 사용해 원하는 프로그램의 아이콘에 커서를 갖다 댄 뒤, 마우스의 끝을 두 번 빤다. 그럼 더블클릭이 된다. 프로그램이 실행되는 것이다. 아니면 말로 해도 된다.

"오픈 워드(Open word, 워드 프로세서를 실행하시오)."

이 모든 과정이 나에게는 지극히 자연스러운 것이 돼 가고 있다.

AOGS

부산에서 개최된 제5회 AOGS는 사상 최대인 2천 명이 참가하는 대기록을 수립했을 뿐만 아니라 발표 논문의 수준도 아주 많이 향상되어 많은 성과를 이루었다.

2001년, 나는 미국 지구물리학회(AGU) 회장이자 MIT에서 교수를 지냈던 마르샤 맥넛으로부터 편지 한 장을 받았다. 2002년 7월, 뉴질랜드 웰링턴에서 열리는 WPGM(Western Pacific Geophysics Meeting) 회의 과학 프로그램 주관자로 초청한다는 내용이었다. '경애하는 이상묵 박사님'으로 시작하는 의례적인 편지였다. 그런데 역시 맥넛답게 그녀는 이 같은 존칭을 펜으로 죽 그은 다음 그냥 '상묵'이라고 손 글씨로 적었다. 친근함의 표시였다. 당시 나는 셋째 진석이가 태어나기 직전이었기 때문에 갈까 말까 망설였다. 그런데 첫째 윤수가 태어났을 때 마르샤 맥넛이 축복을 해 주었던 기억이 떠올랐다. 금방 다녀오면 되겠다고 생각했다.

내가 미국 지구물리학회에 처음 참가한 것은 1989년 볼티모어에서 열린 봄 학회였다. 당시 약 2천 명의 과학자들이 모였다. AGU는 말이 미국 지구물리학회이지, 지구과학 전 분야를 아우르는 세계 제일의 지구과학 학회다. 지구구조, 지구동력학, 탄성파, 암석학, 화산, 해양학, 기상과학, 우주과학, 행성과학 등을 총망라한다. 5~6월과 12월, 일 년에 두 차례 대규모 학회가 치러진다. 그 가운데 12월 학회는 매년 샌프란시스코에서 크리스마스 2주 전에 치러지는데 참가자 수만도 1만 2천 명이 넘는다. 현재 AGU 회원은 전 세계적으로 10만 명에 육박한다. 지구과학을 공부하는 거의 모든 사람들이 가입되어 있는 셈이다. 〈JGR(Journal of Geophysical Research)〉, 〈GRL(Geophysical Research Letters)〉, 〈G-cubed(Geochemistry, Geophysics, and Geosystems)〉 등 백년 이상의 전통을 자랑하며 세계적으로 가장 권위 있는 논문들이 AGU가 발간하는 것들이다.

만 명이 넘는 전 세계 사람들이 미국 샌프란시스코에 모이는 것은 정말 대단한 일이다. 일본에서도 매년 천 명이 넘는 과학자들이 샌프란시스코에 모인다. 우리나라 사람들도 백 명 가까이 모인다. 지구과학자들, 그중에서도 특히 지구물리학자들에게 AGU는 우주의 중심이다. 만 편 이상의 논문이 발표되다 보니, 동시에 약 30~40군데에서 발표가 이루어진다. 때문에 듣고 싶은 발표를 다 들을 수가 없다.

나는 과학자로서 최고의 영예가 무엇일까 생각해 보았다. 서울대 교수? 아니다. MIT 교수? 그것도 아니다. 나는 최고의 영예가 AGU의 Fellow(특별 회원)가 되는 것이 아닌가 생각한다. AGU의 경우 전체 회원의 0.5%에 해당하는 인원의 Fellow가 같은 동료 회원들에 의해 선정된다. 이는 한마디로 '대가'의 명단이다. 간혹 신문지상을 통해 누가 우리나라 최고의 과학자로 선정되었다는 등등의 기사와 수상 소식 등이 실리는 것을 볼 수 있다. 나는 peer(동료 과학자)가 뽑은 과학자가 가장 영예롭다고 생각한다. peer라는 것은 나와 같이 경쟁하는 같은 분야의 동료 과학자다. 그들이 내가 쓴 논문을 평가하고 어떨 땐 비판을 가하기도 하며 때로는 '채택불가판정'을 내리기도 한다. peer만이 나의 실력을 제일 잘 안다. 또 그들만이 내 논문과 업적을 제대로 평가할 수 있다. 인기 내지 인지도에 의해 국민이 뽑은 과학자나, 정부가 선정한 과학자도 나름대로 의미가 있겠지만, 그래도 나는 나와 같은 분야에서 일하고 또 경쟁하는 peer들에게 인정받는 것이 가장 의미 있다고 생각한다. 예를 들면, '기자가 뽑은 올해의 기자상', '의사가 뽑은 올해 최고의 의사' 같은 것이다.

나에게 소망이 있다면, 과학자로서 내가 AGU의 Fellow가 되거나, 아니면 나중에 내 학생 중에 누가 그 자리에 오르는 것이다. 아직까지 한국인 중에는 단 한 명도 없는 것으로 안다. 언젠가 유심히 살펴보니 Fellow 중에 일본 성을 가진 사람이 한 20여 명 되었다. 그런데 이 가운데 근무하는 곳이 일본인 사람은 대여섯 명밖에 되지 않았다. 일본인 Fellow들 대부분이 미국에서 활동한다는 이야기다. 미국이 과학의 중심이라는 것은 부정할 수 없는 현실이다.

미국에 AGU가 있다면 유럽에는 EGU(European Geosciences Union)가

있다. 그동안 두 개로 나누어져 있던 유럽의 양대 지구과학학회 EGS와 EUG가 약 20년 동안 노력한 끝에 통합한 것이다. EGU는 이렇게 나가다가는 미국에게 완전히 밀릴지도 모른다는 위기감을 느낀 유럽 과학자들에 의해 만들어졌다. 여러 나라로 구성된 유럽에서 합의점을 이룬다는 것이 쉽지는 않았을 것이다. EGU는 매년 4월, 약 5천 명의 참가자들이 모인다. 요즘 모이는 장소는 비엔나다.

지난 10여 년간 아시아와 태평양에서 종합지구과학 모임을 주도한 것은 AGU가 만든 WPGM이었다. 이는 미국을 주축으로 2년마다 장소를 옮기며 진행되어 왔다. 지구과학자가 많은 일본에서 열릴 때는 2천 명 정도, 그렇지 않은 조그만 아시아 국가에서 열릴 때는 고작 수백 명 정도의 사람들이 다녀간다. 내가 초청받은 행사는 2002년 뉴질랜드에서 개최되는 WPGM이었고, 약 천 명의 과학자들이 모였다. 출발 전 나는 서울대 박창업 교수님으로부터 그 기간 중에 몇몇 아시아 과학자들이 모여 별도의 전략회의를 하니, 한국 대표로 회의에 들어가 보라는 이야기를 들었다. 그래서 그 모임에 참석했다.

모임에서 아시아 과학자들 사이에 미국이 만들어 놓은 WPGM에 끌려 다닐 게 아니라 우리 스스로 독자적인 학회를 만들어야 한다는 이야기가 거론되었다. 가상한 뜻에 나도 동의하기는 했지만, 토론은 곧 그게 현실적으로 가능한지, 그리고 또 누가 과연 봉사를 할 것인가라는 문제에 봉착했다.

그 회의에 참석한 사람 중에 비교적 젊은 축 중에 나 외에 겐지 사다케(Kenji Satake)라는 일본 지질조사소의 과학자가 있었다. 사다케는 부인이 한국인이었다. 그는 일본에서 학위를 받은 후 미시간 대학에서 교수를 하다가 다시 일본으로 귀국했으며 지진해일이 전공이다. 2004년 12월 수마트라에서 큰 해일이 났을 때 해일이 전 대양으로 퍼져 나가는 동영상이 전 세계 언론 매체에 공개되었다. 이것을 재빨리 만든 사람이 겐지였고, 그 일로 그는 일약 스타가 되었다. 겐지는 최근 동경대학교 지진연구소 교수로 자리를 옮겼다. 겐지 외의 나머지 과학자들은 대부분이 나이 든 중년이었다. 뉴질랜드의 이안 엑스포드(Ian Axford), 일본의 카미데(Y. Kamide), 대만의 윙입(Wing Ip)이 바로 그들이다. 이들 셋 모두 우주과학과 행성과학이 전공인데, 엑스포드와 카미데는 AGU의 Fellow였다. 나와는 비교가 안 되는 대과학자였다. 이들의 주장은 다음과 같았다.

"그동안 AGU가 WPGM을 아시아 국가들에서 개최하면서 어려운 일은 해당 국가 사람들이 다 하고 AGU는 돈만 챙겨 떠났다. AGU가 아시아 국가들에게 해 준 것이 무엇이냐?"

거기에 모인 사람들은 이구동성으로 WPGM을 없애야 한다는 대의명분과 원칙에는 찬성했다.

"우리가 12월마다 미국 샌프란시스코에 가서 AGU 본회의에 참석하는 것은 좋으나 아시아에서의 회의는 아시아인에 의해 주도되어야지만 장기적인 발전을 기대할 수 있다."

미국에서 공부해 오면서 AGU를 학문 세계의 중심이라 생각해 온 나에게 그것은 역적모의나 다름없었다.

나는 다른 나이 든 과학자들은 과학자로서 해볼 것은 다 해보았기 때문에 그렇게 생각할 수도 있다는 생각이 들었다. 그래서 나는 그들의 의견보다 겐지가 이에 동의하는지가 궁금했다. 만약 일이 벌어지면 우리 젊은 사람들이 동원되어 일을 할 것이기 때문에 나는 그 일에 대단히 회의적이었다. 그런 나의 우려는 나중에 실시한 여론조사에서도 나타났다. 대부분의 젊은 과학자들은 새로운 학회를 만드는 데 반대했다. 아무래도 새로 만들어진 학회 학술지의 인지도는 낮을 수밖에 없기 때문이다. 그들은 기존의 학회 학술지에서조차 논문을 내기가 힘든데, 괜한 헛일을 한다고 생각했다. 반면 노장들은 '까짓것 왜 못해?' 하는 식이었다. 그때 겐지가 이런 말을 했다.

"WPGM이 아시아 나라들을 돌아가면서 2년마다 학회를 연 지도 십 년이 지났습니다. 우리는 그때마다 아시아 학회가 필요하다는 것을 이야기했습니다. 만약 오늘 이 순간에 우리가 일을 저지르지 않는다면 우리는 앞으로 5~6년 뒤에도 이처럼 모여서 똑같은 말을 하고 있을 것입니다. 학회가 제자리에 서려면 적어도 5년 이상이 소요됩니다. 자, 어떻게 할 것입니까?"

나는 겐지의 말에 감명을 받았다. 겐지는 미국 AGU가 깊은 신뢰를 갖고 있는 일본 과학자 중의 한 명이었다. 일본에서는 그를 미스터 AGU라고 부르기도 했다. 그런 그가 우리 역모의 주동자였다.

WPGM이 벌어지고 있는 순간 바로 그 장소에서 우리는 새로운 학회를 만들기로 합의했다. 명칭은 'AOGS(Asia-Oceania Geosciences Society, 아시아-오세아니아 지구과학협회)'로 정하고, 본부는 아시아, 오세아니아의 지리적 중심인 싱가포르에 두기로 했다. 당시 모인 열 명의 이름으로

> "만약 오늘 이 순간에 우리가 일을 저지르지 않는다면 우리는 앞으로 5~6년 뒤에도 이처럼 모여서 똑같은 말을 하고 있을 것입니다. 자, 어떻게 할 것입니까?"

우리는 싱가포르에 정식 학술단체 등록을 했다. 모두들 앞으로 얼마나 잘될까 걱정했다. 나 역시 괜히 이런 일에 나서서 창피나 당하는 것은 아닐까, 하는 생각이 들었다. 그러나 겐지 말대로 최소한 5년은 얼굴이 팔리고 역적으로 몰려도 할 수 없다고 생각했다. 나는 솔직히 AOGS가 잘될 것이라는 데 회의적이었다. 지금 내가 학회에 봉사할 때인가, 하는 생각도 들었다. 그럴 시간이 있으면 한 자라도 더 공부를 하는 것이 좋을 텐데……. 우리나라에서는 같은 지구과학자들이라도 다른 분야를 연구하는 사람들끼리는 제대로 한 번 모인 적이 없기에 전 분야를 아우르는 학회의 필요성이 얼마나 설득력을 가질지 의심스러웠다.

2002년과 2003년은 우리 모두 여론을 모으고 홍보하는 데 치중했다. AOGS라는 단체가 생겼으며, 앞으로 미국의 AGU, 유럽의 EGU와 더불어 지구과학의 3대 축이 될 것이라고 선전하고 다녔다. 마침 싱가포르에 본부를 둔 'World Scientific'이란 출판사가 우리에게 투자를 했다. 3년간 수익이 있건 없건 지원을 하겠으며, 3년 넘어서부터는 수익을 나눠 가진다는 조건이었다. 나는 2004년에 제1차 싱가포르 총회에 참석했다. 윙입이 나를 임시총무로 임명했다. 나의 임무는 윙입을 민주적으로 초대 회장에 추대하는 것과 겐지 사다케를 초대 총무로 추대하는 막중한 것이었다. 그런데 문제가 있었다. 예를 들어, 만약 총회에 중국 사람이 단 한 명이라도 더 많이 오면 그들은 민주주의라는 미명 하에 모든 보직을 차지할 것이고, 인도 사람들 역시 그런 상황에서는 그렇게 할지도 모른다는 것이었다. 그렇다면 모든 것이 수포로 돌아갈지도 몰랐다. 나는 이런 상황에 대비해 어떻게 해야 할지 조언을 구해 보았지만 아무도 도움을 줄 수가 없었다.

전체 회원 총회가 개최되었다. 중국 사람들과 인도 사람들은 자기들 나름대로 모여서 각 분야의 회장과 임원을 이미 정한 듯 보였다. 나는 투표에 앞서 각 나라별로 분과 회장과 보직을 고루고루 나누어 가져야만 된다고 일장연설을 했다. 그렇지 않으면 모든 것이 수포로 돌아간다며 협박도 섞었다. 그러자 중국 남경대학교의 여교수가 강력하게 이의를 제기했다. 그녀는 중국 학술원 회원으로서 어느 누구도 감히 그녀에게 맞서지 못했다. 나는 계속 표결을 지연하면서 설득했다. 그때 앞에 앉아 있던, 나이가 많이 들었지만 고운 외모를 지닌 다른 중국 여자 과학자가 일어섰다. 그녀 역시 중국 학술원 회원으로, 상해의 모 천문관측소에서 오랫동안 일을 해 온 유명한 과학자였다. 그녀가 내 편을 들고 나섰다. 그러자 남경대학교의 교수는 갑자기 꼬리를 내렸다. 중국 학술원 회원들 사이에도 서열이 있는데, 상해에서 온 여류 과학자의 끗발이 훨씬 좋은 듯했다. 나는 이 순간을 놓치지 않고 윙입과 겐지 사다케를 회장과 총무로 맞이하자고 말하며 박수를 유도했다. 정확히 몇 명이 박수를 쳤는지 알 수 없지만, 나는 박수를 친 사람이 과반을 넘었다고 선언하고 이들을 추대했다. 그리고 다섯 개의 분과 회장을 인도, 중국, 일본, 한국, 싱가포르에 각각 배정하고 이 또한 박수로 넘어갔다. 회의가 끝나고 많은 사람들이 나를 축하해 주었다. 마치 경매에서 물건을 낙찰시키듯 속전속결로 진행하면서 결국 우리가 원하는 대로 통과시킨 것이었다.

나는 여름마다 배를 타고 태평양 한가운데로 나가야 했기 때문에 한동안 AOGS에 참가하지 못했다. 그런데 2005년 윙입을 이어 새로운 회장으로 추대된 일본의 니시다(Nishida) 박사가 나를 찾아왔다. 당초 계획은 싱가포르에서 계속 회의를 가지려고 했지만 싱가포르에 더 이상 볼 것이 없다 보니 참가자가 점점 줄어든다고 그는 하소연했다. 그러면서 그는 2008년 회의를 한국에서 열어야 한다고 말했다. 그 자리에서 부산의 벡스코(BEXCO)가 회의장으로 거론되었다.

2006년 11월 서울대학교 분당병원에 있을 때 윙입과 니시다 박사를 비롯한 AOGS 관계자들이 다시 나를 찾아왔다. 그 먼 곳까지 찾아와 준 그들이 무척 고마웠다. 그런데 그 이후 나는 다시 AOGS에 휘말리게 되었다. 니시다 박사는 많은 일에 나의 조언을 구했다. 그리고 나를 2008년 대회준비위원과 대외홍보 책임자로 임명한 것이다. 대외홍보 책임자가 할 일은 개회식 때 VIP를 초청하는 것과 AOGS에서 전통적으로 치러지는 대중강연(Public Lecture)을 맡는 것이라고 했다. 그런데 문제는 대중강연이 주로 영어로 진행되는 탓에 한국 사람들이 과연 알아들을 수 있을 것인가 하는 것이었다. 나는 강의를 동영상으로 찍은 다음 아래에 한국어, 일어, 중국어 자막을 달자고 제안했다. 그렇게 해서 인터넷에 올려놓으면 한국 사람들뿐만 아니라 아시아 여러 나라의 사람들도 볼 수 있을 것이라고 덧붙였다. 니시다 박사는 아주 좋은 아이디어라면서 내가 직접 추진하기를 권유했다.

하지만 나는 과연 어떤 VIP를 초청해야 할지 몰랐다. 지구과학학회의 성격에 맞게 미국 전 부통령 앨 고어(Al Gore)에게 영상 메시지라도 부탁할까 하는 막연한 생각뿐이었다. 그런데 주변에서 한승수 국무총리에 대해서 거론했다. 그는 총리가 되기 전에 유엔 기후협약 특사라는 중요한 직책을 맡은 적이 있었을 뿐만 아니라 이명박 정부 총리로서 자원외교의 총괄책임자였다. 자원과 환경과 관련한 중책을 맡았다는 점에서 한 총리야말로 지구과학학회의 VIP로 손색이 없었다. 어느 날 화학과의 손병혁 교수와 이야기를 나누던 중 한 총리의 아들이 MIT 기계과를 나왔다는 이야기를 들었다. 세 번 정도 다리를 건너면 연결될 것 같았다. 하지만 그것이 얼마나 효력이 있을지 의문스러웠다.

2008년 3월 5일을 전후해서 나의 이야기가 주요 방송매체에 소개되었다. 일약 유명인이 된 것이다. 이후로 여러 번 섭외가 들어왔지만 나는 TV 출연을 고사하고 있었다. 그런데 마침 김동건 씨가 진행하는 KBS의 〈한국, 한국인〉이라는 프로그램의 고보견 작가가 내 연구실을 방문했다. 그녀는 자기도 얼마 전까지 싱가포르에 있었다며 약간의 유대를 내세워 나를 설득하고자 했다. 그때 나는 그렇다면 총리를 섭외해 줄 수 있냐고 물었다. 만약 KBS에서 한승수 총리를 섭외해 준다면 기꺼이 방송에 출연하겠다고 했다. 고보견 씨는 그럴 필요 없이 방송에서 직접 러브콜을 해보는 것이 어떻겠냐고 말했다.

나는 사회자인 김동건 씨와 미리 짜고 방송에 나갔다. 김동건 씨가 마지막으로 앞으로의 계획에 대해 물어보았다. 나는 AOGS라는 아주 중요한 국제학회가 부산에서 열리는데 국무총리를 섭외하는 것이 현재 나의 가장 큰 일이라고 말했다. 총리께서 예전에 유엔 기후협약 특사였기 때문에 더더욱 그 자리를 빛내 줄 수 있는 분이라고 덧붙였다. 그러자 김동건 씨가 "당연히 그런 부탁은 들어 주시겠죠?"라고 말하면서 방송을 마쳤다.

아니나 다를까, 다음 날 아침 총리비서실에서 전화가 걸려왔다. 그쪽에서는 이전에 내가 먼저 총리를 초청했냐고 물었다. 나는 아니라고 답했다. 안도의 한숨이 들려왔다. 그리고 며칠 뒤 총리실에서 다시 연락이 왔다. 총리께서 나와 직접 통화하고 싶어 한다고 했다. 그는 다른 일정이 없는 한 꼭 나를 위해 참석해 주겠다고 약속했다. 그리고 나를 격려했다. 이로써 니시다 박사가 나에게 맡긴 첫 번째 임무를 수행할 수 있었다.

부산에서 개최된 제5회 AOGS는 사상 최대인 2천 명이 참가하는 대기록을 수립했을 뿐만 아니라 발표 논문의 수준도 아주 많이 향상되어 많은 성과를 이루었다. 촛불시위와 화물연대파업이라는 큰 국가적 위기상황에서도 한승수 총리께서 직접 참가해 주었다. 또 총리께서 직접 방문한다는 사실이 알려지자 부산시도 더욱 적극적으로 지원에 나섰다. 부산시장도 참석해 주었고 모두들 총리의 축사에 깊은 감명을 받았다. 이제는 더 이상 WPGM을 아시아의 대표 지구과학학회라고 여기는 사람이 없을 것이라는 자신감이 들었다. 겐지가 뉴질랜드에서 말한 것처럼 꼭 5년 만의 일이다.

'한국의 스티븐 호킹', 쑥스러운 별명을 얻다

그리고 나는 다시 생각했다.
'여기까지 온 것만으로도 감사해야겠다.'

2008년 2월 27일, ○○일보 K기자가 찾아왔다. 대학신문의 기자가 찾아온 적은 있지만 전문적인 직업 기자가 찾아온 것은 처음이었다. 그동안 나는 언론에 노출되는 것을 꺼렸다. 사고로 제자를 잃은 내가 무슨 할 말이 있을까, 생각했기 때문이다. 그래서 조용히 연구만 하면 그만이라고 생각했다.

하지만 다른 한편으로는 이건우 교수님 같은 분의 선행을 알리고 싶은 마음도 있었다. 이건우 교수님도 고마웠지만, 그보다는 이 같은 선행이 다른 사람들에 의해서도 계속해서 베풀어졌으면 좋겠다고 생각했기 때문이다. 또 한편으로는 척추 손상에 관한 정보를 알리고 싶기도 했다. 내가 다쳤을 때 가족들은 척추 손상이 무엇인지 몰랐다.

여동생은 미국 배우 크리스토퍼 리브가 척추를 다쳤다는 이야기를 상기했고, 그의 자서전을 두 권 사서 미국으로 향하던 아내에게 주었다. 아내는 미국으로 오는 비행기에서 그 책을 읽고 많은 정보를 얻었다. 척추 손상의 대부분은 교통사고나 높은 곳에서 추락하면서 발생한다. 순식간에 누구에게나 일어날 수 있는 일이다. 하지만 막상 일을 당하고 나면 본인이나 가족은 정보가 없어 우왕좌왕하기 마련이다.

기자가 처음 왔을 때 나는 나 자신에 대한 인간 승리 형태의 보도보다는 이건우 교수님의 선행과, 척추 손상을 입고도 보조공학 기기들의 도움으로 충분히 사회에 복귀할 수 있다는 내용이 실렸으면 좋겠다고 말했다. 그리고 가급적 가족에 관한 이야기는 삼가 달라고 부탁했다. 가족은 아직도 충격에서 완전히 벗어나지 못한 상태였기 때문이다.

다음 날, 나는 발전기금에서 주최한 '2008학년도 1학기 장학금 수여식'에 참가했다. 이건우 교수님의 도움으로 만들어진 이혜정 장학금의 수혜자를 만나 장학금을 수여했다. 그날 K 기자가 다시 나를 찾아왔다.

"올 첫 수업은 언제죠?"

"바다의 탐구 수업이 매주 화요일과 목요일 오후 1시에 잡혀 있습니다."

"3월 4일이 첫 수업이겠군요?"

"그렇습니다."

기자는 첫 수업 하루 전인 3월 3일에 또 나를 찾아왔다. 우리는 좀 더 깊은 얘기를 나누었다. 그는 내가 어떻게 재활에 성공했는지 자세히 물었다. 나는 랜초 로스 아미고스에 대해 이야기했다. 그리고 루게릭병을 앓고 있는 프랑스 여인 마리 프랑스 브루의 이야기도 했다. 또 크리스토퍼 리브에 대한 이야기도 했다. 리브가 척수장애인을 위해 얼마나 많은 일을 했는지 들려주었다. 그가 만든 재단은 미국에서도 가장 활발하게 움직이고 있다. 나는 그 재단에서 만든 책자와 인터넷 사이트로부터 많은 정보를 얻었다. 기자에게 www.paralysis.org에 접속해 볼 것을 권했다.

K기자가 물었다.

"앞으로 어떤 일을 하고 싶습니까?"

"IT기술은 장애인의 희망입니다. 그런데 많은 장애인이 IT기술의 혜택을 누리지 못하고 있습니다. 따지고 보면 그렇게 돈이 드는 것도 아닙니다."

이런 이야기라면 사회에 메시지를 줄 수 있을 것 같았다. 기사가 나가도 좋겠다는 생각이 더욱 강해졌다. K기자가 다시 물었다.

"이런 걸 다 갖추려면 돈이 얼마나 들죠?"

"전동 휠체어를 빼면 내가 쓰는 장비들은 전부 합쳐서 300만 원 정도밖에 들지 않습니다."

나는 정부 여러 부처의 노력에도 불구하고 일반인에게 척추 손상과 보조공학 기기들에 대해서 잘 알려져 있지 않다는 점을 지적했다.

"제가 뒤져보니 한국정보문화진흥원이라는 곳에서 장애인에게 IT장비 구입비용을 지원하고 있는 것 같습니다. 그러나 저도 최근에야 그 사실을 알았고, 더욱이 외국에 있는 정보들은 영어로 되어 있어서 일반인들은 잘 모를 겁니다."

"기자인 저도 전혀 몰랐습니다."

정말 무지한 건 언론이었다. 나는 다소 냉소적으로 말했다.

"언론에서도 별로 관심이 없죠."

"부끄럽습니다."

기자의 '부끄럽다'는 말에 미안한 기분이 들었다. 나도 다치기 전에는 전혀 몰랐던 일 아닌가.

"나도 다치기 전엔 관심이 없었습니다."

"선생님의 사례가 장애인에게 큰 도움이 될 것 같습니다."

"그렇게 생각해 주니 고맙군요."

"선생님도 그런 일을 하고 싶은 거 아닙니까?"

"저는 장애를 입은 지 채 2년도 안 된 초보 장애인입니다. 지금까지 장애인들을 위해 만들어진 정부 시책들은 저 이전의 분들이 투쟁하고 싸워서 어렵게 얻어낸 것들입니다. 초보자인 제가 나서서 무슨 도움이 되겠습니까? 단지 저는 저같이 팔을 쓰지 못하는 중증 척수장애인도 컴퓨터를 사용할 수 있고 이를 통해 사회와 폭넓게 교류할 수 있다는 사례를 보여 줄 수 있으면 제 역할은 다한 것입니다. 제가 제일 낯 뜨거워하는 것은 다른 장애인들에게 힘을 내라, 용기를 잃지 말라 같은 윤리적이고 도덕적인 메시지를 전하는 것입니다. 그냥 제가 강의를 하는 모습을 보면서 다른 장애인들과 가족들이 '아, 저렇게 하면 되는구나.' 하고 깨닫게 되겠죠. 그리고 저의 사례가 그들에게 도움이 된다면 저한테 문의를 해 오겠죠. 저는 그때 기술적인 정보만을 장애인과 그 가족들에게 전하고 싶습니다."

"선생님은 일반적인 경우보다 장애가 훨씬 심한 사례입니다."

"그렇습니다. 매년 서울대에 많은 장애인 학생들이 들어옵니다. 하지만 저처럼 손을 쓰지 못하는 장애인이 입학한 사례는 아마 없을 겁니다."

"손을 쓰지 못한다는 건 그렇지 않아도 힘든 장애인들 중에서도 가장 힘든 경우인 것 같습니다."

"그렇습니다. 손을 쓸 수 있다는 것만으로도 큰 축복입니다. 얼마 전 우연히 장애인 인터넷카페에 접속해 보았습니다. 다음 장애인 올림픽에 나가기 위해 모여서 양궁, 사격 같은 것을 연습하자는 글들이 눈에 띄었습니다. 순간 나는 이러한 인터넷 카페도 손을 쓸 수 있어야지 낄 수 있겠구나, 라고 생각했습니다. 하지만 저를 보세요. 손을 쓰지 못해도 아니, 단 1퍼센트도 움직이지 못해도 컴퓨터를 마음대로 조작할 수 있지 않습니까? 조금 느리긴 하지만."

"크리스토퍼 리브처럼 척수장애인을 위해 많은 일을 하셔야죠. 내일 사진기자, 동영상 기자와 함께 다시 찾겠습니다."

다음 날 K기자는 오전부터 나를 찾아와 몇 가지 보충 취재를 했다. 수업시간에도 취재는 이어졌다.

그리고 다시 하루가 지난 뒤 신문 1면에 내 이야기가 대서특필되었다. 어느 정도 장애인을 위한 홍보에 도움이 되도록 협조해야겠다고 생각했지만, 이렇게까지 세상이 크게 반응하리라고는 전혀 예상하지 못했다. 새벽부터 지인들로부터 전화가 쏟아졌다. 모두들 '서울대의 스티븐 호킹 이상묵 교수, 강단에 선 그는 슈퍼맨이었다'는 기사를 읽고 격려 전화를 한 것이었다.

아마도 3월 5일이었을 것이다. 아침부터 전화벨이 쉴 새 없이 울리더니 오전 10시 30분쯤 KBS, MBC, SBS, YTN 등의 방송사에서 동시에 찾아왔다. 거대한 카메라 네 대가 방을 꽉 채웠다. 방송사 직원들 사이에 충돌이 일어나기도 했다. 결국 KBS와 MBC가 먼저 취재하고, 그 다음에 SBS와 YTN이 취재하는 것으로 그들끼리 합의를 보았다.

이후로 신문, 주간지 등의 언론에서도 찾아왔다. 취재진들은 연구실 바깥에까지 진을 치고 있었다. 그렇게 며칠이 지났다. 사람들은 이런 상황이 한 달은 갈 것이라고 했다. 내 기억에 두 달 반 정도 간 것 같다. 내가 가르치는 바다의 탐구라는 강의에는 학기의 3분 2 정도 되는 기간까지 한 번도 빠지지 않고 카메라가 들어왔다. 나는 학생들에게 농담으로 "내일 방송에 나가고 싶은 사람은 이 앞자리에 앉으면 된다."고 말했다.

약 7~8개의 KBS 프로그램으로부터 출연 요청이 들어왔다. 어떤 프로그램에서는 가족을 취재하겠다고 했다. 나는 가족 취재 요청은 모두 사양했다. 또 어떤 프로그램은 혜정이의 부모님과 인터뷰하고 싶다고도 했다. 나는 그건 절대로 있을 없는 일이라고 딱 잘라 말했다.

내가 이처럼 주목을 받는 것은 내가 서울대 교수이기 때문이다. 만약 내가 평범한 장애인이었다면 아무런 주목을 받지 못했을 것이다. 어떤 장애인은 나에게 이메일을 보내 이번 기회에 장애인을 위해 더욱 더 홍보를 해 달라고 요청하기도 했다. 오죽하면 그럴까, 하는 생각이 들었다.

나는 내가 다쳐서 무의식중일 때 꾸었던 꿈과 생각을 떠올렸다. 나는 인간의 자유의지를 믿는다. 하지만 사고 후에 일어난 모든 일들을 생각해 보면 마치 사고가 정해진 운명에 따라 일어난 것 같다는 생각이 든다. 나는 사고 초기에 죽음을 경험했다. 죽음의 과정이 몇 단계인지는 모르지만 최소한 나는 그 과정의 초기 단계까지는 가 보았다고 생각한다. 그러나 내가 교회 같은 곳을 다니며 간증을 하고 하나님의 위대함을 찬양하라고 하늘이 나를 다시 살려 보낸 것은 아니라는 확신이 든다. 만약 그러려고 했다면 나보다 적임자들이 훨씬 많을 것이다.

어느 날 자연대 전체 교수회의에 참석하는 길에 노정혜 교수님을 만났다. 노정혜 교수님이 나에게 "요즘 언론 때문에 힘드시죠?"라고 물었다. 나는 "선생님께서 더 잘 아시지 않습니까?"라고 했다. 황우석 교수 논문 조작 사건 때 서울대 대변인 역할을 했던 분이 노정혜 교수님이기 때문이다. 그러자 노정혜 교수님은 나에게 "선생님, 그냥 대충 거절하세요. 선생님은 그냥 존재하시는 것만으로 주변에 메시지를 전하고 계십니다."라고 말했다. 참 지혜로운 말씀이다.

사람들은 농담으로 장애인 세계를 '장판'이라고 한다. 이 세계에도 여러 사람들의 이해와 감정이 얽혀 있다. 뒤늦게 이 세계에 들어온 내가 과연 무슨 일을 할 수 있을까. 나는 아직까지도 그 질문에 명쾌한 답을 얻지 못했다. 나는 가끔 이런 생각을 한다. 배를 타고 태평양을 건너 샌프란시스코를 목적지로 항해하고 있었다. 그러던 중 갑자기 연락이 왔다. 샌프란시스코 항에 문제가 생겨서 그러니 LA 항으로 들어가서 육로로 샌프란시스코로 가라고. 샌프란시스코는 매년 12월 AGU가 열리는 곳이다. 샌프란시스코는 지구과학자에게 그 기간만큼은 예루살렘이고 메카다. 나의 목적지는 여전히 샌프란시스코다. 다만 그곳에 이르는 경로가 약간 바뀐 것뿐이다.

나는 내가 사고를 당하고 첫 며칠간 혼수상태에 있을 때 했던 생각을 생생하게 기억한다. 사고 당일에 대한 기억은 전혀 없다. 따라서 이 같은 생각을 언제 했는지도 정확하게 기억할 수 없다. 단지 사고를 당한 다음 가졌던 첫 번째 생각이라는 사실밖에 기억나지 않는다.

사고를 당한 순간, 나는 그 상황을 내가 풀어야 할 일상적인 문제로 받아들였다. 상황의 심각성을 깨닫지 못했던 것 같다. 예를 들면, 오늘까지 연구비 제안서를 과학재단에 내야 하는데, 그것을 까맣게 잊고 있다가 뒤늦게 알았을 때의 위기상황같이 생각했다. 나는 스스로에게 말했다. '상묵, 당황하지 말고 이 난관을 어떻게 하면 빠져나올 수 있을지 생각해 봐. 너는 충분히 생각해낼 수 있어.' 그리고 조금 시간이 흘렀다. 아무리 생각해도 빠져나갈 묘안이 떠오르지 않았다. '아, 이렇게 사람이 죽는구나. 아무리 생각해도 빠져나갈 길이 없어. 이번만은 꼼짝없이 제대로 걸린 거야.' 지금 내가 처한 상황이 과거에 내가 겪었던 그 어떤 위기상황과도 다르다는 생각이 점점 강해졌다. 그러다가 나는 하늘을 원망하기 시작했다. '이거 각본대로 맞아? 어떻게 지금까지 잘 오다가 나를 무대에서 끌어내리는 거야? 이럴 거였으면 애당초 이 길을 걸어오지 않았지. 아니, 말렸어야지. 다 걸어오게끔 해 놓고 중간에 이렇게 하차시키는 것이 원래 계획이었어?' 지난 20여 년 동안 학자로서의 성공이라는 목표 하나만을 위해 나 자신은 물론 가족들까지 희생시켜 가며 여기까지 왔는데 도충하차라니, 도무지 말이 안 되었다. 그래서 나는 운명이든 하늘이든 내 인생의 각본을 쓴 그 존재를 원망한 것이다. 이럴 줄 알았으면 나도 남들처럼 편하게 사는 거였는데…….

> 노정혜 교수님은 나에게 "선생님, 그냥 대충 거절하세요. 선생님은 그냥 존재하시는 것만으로 주변에 메시지를 전하고 계십니다."라고 말했다. 참 지혜로운 말씀이다.

다시 시간이 흘렀다. 내가 그래도 여기까지 온 것은 나의 실력과 노력보다는 주위 사람들이 나를 예쁘게 봐 주고 도와주었기 때문이라는 생각이 들었다. 그리고 솔직히 정상적인 몸으로 있었다 해도 내가 나의 목표를 이룬다는 보장은 없었다. 골프에서 이런 말을 가끔 쓴다.

'It is better to be lucky than good!'

잘하는 것보다 운이 좋은 것이 더 낫다는 뜻이다. 나는 내가 good 하기보다는 lucky했다는 생각이 들었다. 내가 여기까지 온 것을 두고 하늘에 항의를 한다면, 이 세상에는 불만을 터뜨릴 사람이 수도 없이 많을 것이라는 생각도 들었다.

그리고 나는 다시 생각했다.

'여기까지 온 것만으로도 감사해야겠다.'

나 때문에 피해와 손해를 보았을 사람들을 하나하나 머릿속에 떠올렸다. 그리고 그들에게 미안하다고 이야기했다. 어떨 때는 본의 아니게 남에게 상처를 준 일도 있었다. 가장 먼저 두 동생 유진이와 원재가 떠올랐다. 어릴 때부터 장남인 내가 부모의 사랑과 관심을 독차지하는 바람에 두 동생은 서러웠던 때가 많았을 것이다. 그래도 동생들은 부모님이나 나를 원망하지 않았다. 불만을 터뜨리기는커녕 나를 그렇게 키운 부모님의 판단을 오히려 두둔했다. 또 다른 사람을 떠올려 보았다. 한국해양연구원에 있을 때 내가 멀리했던 상사가 생각났다. 나는 그를 학자의 수치로 여겼다. 그랬음에도 불구하고 그는 나를 좋아했다. 조금 더 공부했다는 나의 기준으로 그를 평가하고 멀리했던 것이 미안했다. 그런 생각을 하는 동안 몸이 점점 가벼워지며 공중으로 올라가는 것 같은 기분이 들었다.

물론 내가 다치지 않고 끝까지 갔다면 좋았을 것이다. 나는 그때까지 세상을 살아오면서 나 혼자 호사를 누리기 위해 앞만 보고 달려온 것이 아니라고 믿어 왔다. 만약 성공을 했다면 모든 영광을 나를 도와준 주위 사람들에게 돌릴 것이라고 생각했다. 하지만 이제는 나의 그런 진심을 보여 줄 기회조차 없이 나의 영혼은 다치고 고장 난 몸에 갇히고 만 것이었다. 그리고 어쩌면 곧 하늘의 부름을 받을지도 모르는 상황이었다. 희미한 정신으로 무의식중에 그런 생각의 끈을 이어가는 동안 슬그머니 이런 생각이 들었다. 어쩌면 지금까지의 내 삶이 나 자신만을 위한 삶은 아니었을까. 과학자의 삶이란 그럴 수밖에 없는 것이라고 애써 자조했다. 그래서 억울하기도 했다. 하지만 그래도 가끔씩은 나를 도와준 고마운 분들에게 감사의 표시라도 했어야 했다는 후회가 들기 시작했다. 그러나 죽음을 목전에 둔 상황에서는 아무것도 되돌릴 수가 없었다. 나는 이런 생각을 하며 깨어났다가 다시 무의식 속으로 빠져들었다.

나는 나중에 이 이야기를 여러 사람들에게 들려주었다. 어느 날 MIT에서부터 알고 지낸 후배 교수들이 찾아왔다. 나는 또 이 이야기를 꺼냈다. 그리고 이야기를 끝낸 다음 손병혁 교수에게 물었다.

"앞으로 내가 어떻게 살아가면 될까?"

손 교수가 대답했다.

"제가 보기에 형은 다친 직후 스스로 물음을 던지고 답을 구하신 것 같은데요?"

그 순간, 나는 '맞아. 내가 죽음을 앞두었을 때 나만을 위한 삶에 대해 후회했었지.'라고 생각했다. 그리고 나는 어느 정도나마 내가 할 수 있는 봉사를 하겠다고 마음먹었다. 지금 당장은 그것이 무엇인지 잘은 모르지만.

그동안 수많은 미디어 매체와 인터뷰를 했다. 그런데 거의 모든 언론사들이 공통적으로 묻는 질문이 딱 하나 있다. "강단에 다시 섰을 때 기분이 어떠셨습니까?" 하지만 '강단에 선다'는 것은 내가 학교에 복귀하는 일의 일부에 지나지 않는다. 서울대를 비롯한 많은 국내의 우수 대학들이 연구 중심의 대학으로 바뀐 지 꽤 되었다. 나의 학교 활동에 있어서 강의가 그다지 큰 비중을 차지하지 않은 지 오래다. 내가 가장 걱정하는 것은 연구비를 따고 논문을 쓰는 것이다. 내가 치중하는 강의 또한 대학원생 강의다. 그들을 잘 가르치고 지도해야 논문이 나오고 미래의 과학자가 나오기 때문이다. 학부 강의는 어떤 면에서는 서비스다. 세상이 이렇게 바뀌었는데도 사람들은 아직도 강단에 선 교수의 모습을 떠올린다. 서울대에서는 강의 못한다고 쫓겨나지는 않는다. 하지만 연구를 못하면 쫓겨날 수밖에 없다.

언론은 한결같이 나를 '서울대 스티븐 호킹'이라고 불렀다. 전신마비에 자연과학자라는 점이 언론의 호기심을 자극했다. 어떤 기자들은 그것에 대해 어떻게 생각하느냐고 묻는다. 그러면 나는 "나는 큰 영예로 생각하는데, 정작 스티븐 호킹이 좋아할지는 의문이다."라고 대답한다. 그렇지 않아도 겨울방학 때 스티븐 호킹이 쓴 《시간의 짧은 역사》라는 책을 읽었다. 스티븐 호킹이 대과학자라는 사실에 대해서는 두말 할 여지가 없다. 내가 새롭게 안 사실은 그 책이 아주 어려운 우주의 원리와 블랙홀 등을 설명하고 있는데도 거의 3년 동안 세계적인 베스트셀러에 올라 있었다는 점이다. 일반인들이 알아듣기 쉽게 얼마나 잘 설명했으면 그럴까, 라는 생각을 했다. 그 책을 낸 출판사의 편집장은 호킹에게 물리 공식을 책에 한 번 쓸 때마다 독자의 수가 반감할 것이라고 경고했다고 한다. 그래도 그는 하는 수 없이 한 가지 공식만은 쓸 수밖에 없었다고 한다. 그 공식은 $E=mc^2$이었다.

언론에 내 이야기가 대서특필된 이후 나는 한 달 사이에 직업이 하나 더 생겼다. 연구를 하고 논문을 써야 하는 서울대학교 조교수. 또 하나는 장애인 보조공학기기 홍보대사다. 그런데 전혀 예상치 못한 직업이 또 하나 생겼다. EBS를 비롯한 몇몇 방송사들이 내가 공부하는 지구과학에 관심을 보였다. 그래서 나는 '지구과학 홍보대사'가 되었다. 하지만 이 세 번째 직업이 얼마나 오래 갈지는 확실치 않다. 나뿐만 아니라 모든 과학자들이 자신이 하고 있는 연구에 관해서 물어보면 신이 나서 떠들어댈 것이다. 하지만 요즘 나는 지구과학이라는 학문을 일반인들에게 설명하는 것이 얼마나 어려운 일인가를 다시 한 번 실감하고 있다.

언론의 스포트라이트가 한창 쏟아지던 어느 날, K기자가 찾아왔다. 그가 웃으며 말했다.

"스타가 되셨네요?"

"덕분입니다."

"아니오, 할 일을 했을 뿐이죠."

"그런데 이제 끝내야 할 거 같아요. 나머지 일은 장애인 권익단체와 정부에 맡겨야죠."

Life on a wheelchair

(∗이상묵 교수의 블로그 'http://lifeonwheelchair.blogspot.com/'의 이름이다)

> 죽음에 다가가면서 내가 살아온 과정을 뒤돌아보고 때에 따라 반성하며 누군가와 끊임없이 대화했다. 내 편에 서서 마치 변호사처럼 나의 이야기를 들어주는 존재가 있는 것처럼 나는 누군가와 끊임없이 이야기를 했다. 아마도 신은 이와 같은 존재가 아닌가 싶다.

루 게릭

2008년 3월 19일, 경기도 분당에 위치한 한국장애인고용촉진공단에서 나는 처음으로 학생이 아닌 학교 외부 사람들에게 강의를 했다. '작은 IT기술 하나가 나같이 손도 못 쓰는 장애인을 쓸모 있는 사람으로 바꾸어 놓는다'는 메시지를 전하는 것이 강의의 목적이었다. 공단 사람들은 장애인의 취업을 돕는 공무원들이다. 장애인 정책을 만들고 실현하는 그들에게 나 같은 장애인의 체험담이 필요할 거라고 생각했다.

강의가 끝나갈 때쯤 나는 프레젠테이션 화면에 흑백 사진 한 장을 띄웠다. 미국 메이저리그 뉴욕 양키즈의 전설적인 타자 루 게릭(Louis

Gehrig)이었다. '루 게릭'이라는 병의 이름을 낳은, 불치병의 대명사이기도 한 선수다.

"여러분, 이 사람이 누군지 아세요? 그는 전설적인 뉴욕 양키즈의 타자 루 게릭입니다. 루 게릭이라는 병이 이 사람 이름에서 나왔습니다. 루 게릭의 불행을 한 가지 더 든다면, 그가 또 다른 전설적 야구선수인 베이브 루스(George Herman Ruth, 'Babe Ruth'는 그의 애칭이다)와 같은 팀 소속이었다는 것이죠. 제가 겪고 있는 장애와 루 게릭 병의 증상은 비슷합니다. 몸을 아예 움직일 수 없으니까요. 그 역시 루 게릭 병을 얻어 더 이상 선수생활을 이어 갈 수 없게 됩니다."

청중은 조용했다. 프레젠테이션 화면의 불빛이 강당의 유일한 빛이었고, 나의 말이 유일한 소리였다.

"당시 야구는 라디오로 미국 전역에 중계가 되었습니다. 은퇴식을 할 때, 그는 이런 고별사를 합니다. '오늘 나는 이 지구상 최고의 행운아입니다(Today I consider myself as the luckiest man on the face of the earth).' 이 말에 대해서는 해석이 분분합니다. 야구팬들은 뉴욕 양키 스타디움에 모인 관중들이 그를 위해 기립박수를 쳐 주었기 때문이라고 합니다. 그러나 미국의 한 장애인단체에서는 그가 다치고 나서야 비로소 자기 삶이 얼마나 의미 있었는지를 알게 되었기 때문에 자신을 행운아라고 했다고 합니다. 다치기 전에는 당연하게 받아들였던 모든 것들이 사실은 얼마나 소중하고 고마운 일이었는지를 깨달은 것입니다. 그리고 인생의 참의미를 깨달았다고도 합니다. 저도 그런 것 같습니다."

나는 그들에게 장애인이 사람답게 사는 방법이 그리 복잡하지 않다는 사실을 말해 주고 싶었다. 나는 장애를 당한 뒤 인터넷을 돌아다니며 나 같은 처지에 있는 사람들을 찾아보았다. 하지만 생각보다 쉽게 찾을 수가 없었다. 사회활동을 하거나, 그나마 인터넷을 통해 세상과 만나는 사람들은 대부분 손을 쓸 수 있는 장애인이었다. 언젠가 가정 방문 간호사가 이런 말을 한 적이 있다.

"치료를 위해 다니다 보면, 선생님같이 팔을 전혀 못 쓰는 중증 장애인을 자주 만나요. 그런데 사회에 나와 보면 없어요. 척추 손상 장애인의 지적 능력이 떨어지는 것도 아닌데, 참 안타까워요."

핵심은 그것이다. 그들도 직업을 얻을 권리가 있다. 아니, 얻어야 한다. 가족을 위해서라도 자립할 수 있어야 한다. 내가 쓰는 간단한 IT 장비와 소프트웨어만 있어도 먼저 삶의 질을 크게 높일 수 있고, 나아가서 직업도 구할 수 있다. 그러나 대부분의 척추 손상 장애인들은 그런 장비를 어디서 얻어야 하는지 모른다. 장비를 얻더라도 '몸도 불편한데 그냥 쉬시죠'라는 사회의 편견이 기다리고 있다.

나의 이야기가 언론을 통해 대대적으로 보도되자 장애인고용촉진공단에서 연락이 왔다. 장애인 취업과 재활을 위해 협조해 달라는 요청이었다. 공단 산하의 보조공학센터는 '장애인 보조 장비의 국산화', '장애인 직업 개발 아이디어 제공', '미국의 재활 서비스 개념 도입'을 위해 함께 일해 달라고 했다. 그런 일들에 앞서 공단 측은 공무원을 상대로 강의를 해 달라고 부탁했다. "장애인에게 취업을 알선해 주는 공무원에게 현실을 말해 달라"는 것이었다. 내가 앞서 밝힌 강의는 그렇게 해서 이루어진 것이다.

장애인고용촉진공단뿐만이 아니다. 정보통신부와 복지부 산하 단체들도 "함께 일하자"며 연락을 해 왔다. 국립중앙도서관에서는 장애인을 위한 센터를 정부가 예산상의 이유를 들어 없애려 한다며 도와달라고 했다. 연구와 강의 때문에 바빴지만, 나 같은 장애인에게 실질적인 도움을 줄 수 있다면 마다할 이유가 없었다. '장애인 IT기술 홍보와 연구'는 나의 큰 바람이기도 했다.

장애인고용촉진공단에서 강의를 시작하기 전, 박은수 공단 이사장님과 담소를 나누었다. 그 또한 소아마비로 걸을 수 없는 처지였다. 1980년 그는 22회 사법고시를 패스했다. 우수한 성적으로 사법연수원을 수료한 박 이사장은 1982년 법관에 지원했고 당당히 합격했다. 그러나 대법원은 장애를 이유로 임용에 난색을 표했다. 박 이사장은 물러서지 않고 대법원을 상대로 싸웠다. 여론이 들불같이 일어났고, 대법원은 임용 거부를 철회했다.

박 이사장은 스탠딩 휠체어를 몰고 다닌다. 레버를 작동하면 휠체어가 기계적으로 펴지면서 정상인과 같이 선 자세를 만들어 준다. 박 이사장은 이 휠체어의 도움으로 야구장에서 시구까지 했다. 그는 몸소 장애인 보조장비의 효용성을 보여 주기 위해 안 가는 곳이 없었다. 스탠딩 휠체어는 뼈와 근육에 자극을 주어 뼈와 근육이 완전히 퇴화하는 것을 막아 주는 기능도 있다고 한다.

그는 휠체어를 타고 내 앞으로 다가왔다. 그리고는 스탠딩 자세로 나를 맞이했다. 그의 보조장비와 내가 활용하는 IT기술, 그것은 신이 장애인에게 내려준 선물이다. 장애인이 세상과 만날 수 있는 방법이다.

척추 손상 환자의 대부분은 교통사고와 낙상 사고에 의해 발생한다. 미국의 경우에는 총기 사고도 척추 손상의 주요 원인이다. 우리나라에서만도 한 해에 3천 명이 넘는 사람이 나같이 척추를 다친다고 한다. 내가 그들에게 전하고 싶은 이야기는 도덕적인 메시지가 아니다. 단지 나처럼 이런 기구를 사용하면 다시 세상과 쉽게 소통할 수 있다는 이야기를 해 주고 싶은 것뿐이다.

뉴욕 타임스

2008년 4월 19일, 내 이야기가 세계 최고의 권위를 가진 〈뉴욕 타임스〉에까지 소개되었다. 참으로 우연한 기회였다. 2007년 크리스마스 다음 날, 동경대학교 교수인 켄사쿠 다마키 교수가 나를 만나기 위해 일본에서 왔다. 나는 그를 통해 많은 일본 과학자들을 알게 되었다. 다마키 교수는 일종의 내 후견인이었다. 그는 최근 일본 정부를 대표해 뉴욕에 있는 UN본부를 자주 찾는다고 했다. 그러면서 그는 나에게 온라인으로 〈뉴욕 타임스〉를 구독하라고 강력하게 권했다. 마치 〈뉴욕 타임스〉를 팔려고 한국에 온 듯했다. 그는 특히 매주 화요일마다 나오는 과학 섹션이 아주 정확해서 과학자인 자신도 반드시 읽는다고 했다. 나는 한 달에 1만 5천 원씩 하는 〈뉴욕 타임스〉 온라인 판을 그 때문에 2008년 1월부터 구독하기 시작했다.

그리고 3월, 내 이야기가 국내 언론에 대대적으로 보도된 뒤 〈뉴욕 타임스〉 한국사무소의 기자가 나를 찾아왔다. 그녀는 수차례 나를 취재한 뒤 이렇게 말했다.

"선생님의 감동적인 이야기를 미국 독자에게 소개하고 싶어요. 에디터가 선생님 이야기를 취재하라고 승낙했습니다."

> 내가 그들에게 전하고 싶은 이야기는 도덕적인 메시지가 아니다. 단지 나처럼 이런 기구를 사용하면 다시 세상과 쉽게 소통할 수 있다는 이야기를 해 주고 싶은 것뿐이다.

내가 소개된 코너는 '토요일의 인물(The Saturday Profile)'이라는 제 5면의 고정란이었다. 지도교수였던 숀 솔로몬을 비롯한 미국의 동료들로부터 연락이 왔다. 미국뿐만 아니라 일본, 유럽 등지에서 보낸 이메일이 쏟아졌다. 내가 사고를 당했을 당시 서울대 변호사로 활약했던 에비 실버만(Abby Silverman)은 나에게 "그 칼럼이 어떤 칼럼인 줄 아십니까? 그것은 지역사회에 의미 있는 변화를 가져온 사람들을 소개하는 칼럼입니다."라고 했다. 〈뉴욕 타임스〉의 제목은 '휠체어에 앉아 한국인들의 마음을 열어젖힌 과학자(From a Wheelchair, a Scientist Pries Open South Korean Minds)'이다.

같은 날 〈인터내셔널 헤럴드 트리뷴(IHT)〉에도 '한국 장애인에게 귀감이 된 교수, 장애인을 숨기는 나라에서 장애인의 모델이 된 사람(A Model for the Disabled in a Land That Hides Them)'이라는 제목으로 내 이야기가 소개되었다. 그리고 그 이후 전혀 예상치 못한 여러 곳에서 연락이 왔다. 그 가운데 하나가 샌프란시스코 시의회다. '올 연말 샌프란시스코에서 열리는 미국 지구물리학회(AGU)에 이상묵 교수가 참가하기를 원한다'는 내용의 신문 기사가 실린 덕분이었다. 그 기사를 본 샌프란시스코 시의회 측이, 내가 샌프란시스코에 오게 되면 나를 정기회의 때 표창하고 싶다는 것이었다.

휴먼 네트워크

2008년 1월 중순, 나는 정기검진을 받기 위해 주치의인 서울대학교 분당병원 신형익 재활의학과 교수님을 만났다. 그는 나에게 교통사고로 척추를 다친 여대생에게 멘토링을 해 줄 수 있냐고 물었다.

"얼마나 다쳤죠?"

"4번 척추를 다쳤습니다."

"완전손상인가요?"

"그렇습니다. 선생님과 똑같아요."

"몇 살인가요?"

"스물두 살입니다."

순간 나는 '나보다 훨씬 어려운 상황이겠구나.'라고 생각했다. 주변을 보면, 젊었을 때 다친 척추 손상 환자들의 경우 교육 기회를 놓친 것을 가장 아쉽게 생각한다. 내가 다쳤을 때 나는 이미 마흔네 살이었고, 공부도 어느 정도 해 놓은 뒤였다. 척추 손상 환자들은 비록 몸은 불구가 되었지만 머리를 다치지 않았기 때문에 끊임없이 새로운 것에 도전하고 자기가 처한 상황을 더 낫게 하려고 노력하는 특징을 보인다. 어떤 치료사의 말을 빌리자면, '무진장 나댄다.'

절실한 크리스천인 그 여대생은 누구보다 봉사활동에 적극적이었다. 1월에도 벽지 봉사활동을 위해 버스를 타고 이동하는 중이었다. 그러다 차가 전복되었고 나와 똑같은 상처를 입었다. 척수를 다친 것 외에 별다른 외상이 없었던 여대생은 내가 그랬던 것처럼 빨리 회복했다. 그러나 4번 척수의 손상은 되돌릴 수 없는 것이었다. 한 번 죽은 중추신경은 되살아나지 않는다. 여대생과 그녀의 가족들은 현실을 받아들일 수 없었다. 서울대 분당병원에 입원해 있던 중에도 지성으로 기도를 드렸고 백방으로 치료할 수 있는 방법을 찾았다.

나는 신 교수님께 왜 하필 나에게 부탁하느냐고 물었다. 신 교수님께서 직접 하셔도 되지 않느냐고 덧붙였다. 그러나 신 교수님은 우리나라의 정서적 분위기에서는 자신이 할 수 있는 일이 별로 없다고 했다. 예를 들어, 신 교수님이 현실을 그대로 이야기했다고 치자. 그런데 가족 중에 누군가가 어디 가면 더 나아질 수 있다는 이야기를 어디선가 들었다. 그러면 대개의 경우, 가족들은 환자를 데리고 더 나아질 수 있도록 만들어 준다는 그곳으로 가 버린다. 신 교수님 말로는, 그렇게 되면 자신이 오히려 환자를 나쁜 길로 모는 꼴이 된다고 했다. 나는 충분히 이해가 되었다. 나 역시 비슷한 일을 겪었기 때문이다. 내가 단호하게 거절하고 거부하지 않았다면, 나 역시 지금쯤 어딘가에서 침을 맞고 한약을 먹거나 심한 경우에는 무당 앞에 가 있을지도 모른다.

처음 신 교수님이 나에 대해 이야기했을 때 그 여대생의 가족들은 시큰둥한 반응을 보였던 것 같다. 그러나 3월 초 언론에서 대대적으로 내 이야기가 보도되자 그제야 그 여대생의 가족들은 나를 만나겠다고 했다.

며칠 후 그 여대생을 만나기 위해 서울대학교 분당병원으로 향했다. 우리는 점심시간 때 텅 비어 있는 재활치료실에서 만났다. 여대생은 아버지와 함께였다. 이야기를 시작한 지 얼마 안 돼 큰 벽이 있음을 느꼈다. 그녀는 독실한 기독교 신자였고, 교회에 나가지 않는 나를 이방인처럼 생각했다. 나는 '더 이야기를 하다가는 내가 이상한 사람으로 몰리겠구나.' 하는 생각이 들었다. 그녀는 기도의 힘으로 자신이 다시 일어설 수 있다고 생각하는 것 같았다. 나는 아직 이야기를 할 때가 안 됐구나, 라고 생각했다.

나는 얼른 간병인에게 컴퓨터를 가져오라고 했다. 그리고 인테그라 마우스로 컴퓨터를 어떻게 조작하는지 보여 주었다. 음성인식도 되는데, 아직 한국어는 안 된다고 말해 주었다. 하지만 이런 기기들이 있으니 희망을 버리지 않으면 계속 공부도 할 수 있을 것이라고도 말해 주었다. 나는 그날 기술적인 정보만을 주고 돌아 나왔다.

나는 자라오는 동안 특별한 종교를 갖지 않았고 지금도 마찬가지다. 굳이 나 스스로를 분류하자면 agnostic(불가지론, 우리 인간은 신이 존재하는지를, 또 반대로 신이 존재하지 않는지를 알 수도 증명할 수도 없다는 입장)에 가깝다고 생각한다.

여기서 잠시 리처드 파인만(Richard Feynman)의 이야기를 소개하고자 한다. 많은 사람들은 파인만을 아인슈타인 이후 최고의 물리학자 중 한 사람으로 여긴다. 그가 암에 걸렸을 때 〈뉴욕 타임스〉 기자가 그에게 하나님을 믿느냐고 물었다. 아마도 우주의 근본과 물질의 근본을 연구하던 그였기에 이러한 질문을 받은 게 한두 번이 아니었을 것으로 짐작된다. 그는 기자에게 이렇게 대답했다.

"나는 과학자다. 그렇기 때문에 나는 내가 뭔가를 모른다는 사실에 익숙해져 있다. 인간이 무엇을 모른다는 것은 매우 자연스럽고 당연한 것이다. 그런데 우리 인간은 대부분 이 같은 모른다는 상태를 매우 불안하게 생각하는 것 같다. 나아가 그들은 비어 있는 상태보다도 설령 틀렸더라도 뭔가로 채워져 있는 상태를 더욱 선호하는 것 같다."

정말 공감이 가는 말이다. 다시 말해, 사람들은 모른다고 이야기하느니 차라리 다소 모순이 있을망정 자기가 만들었거나 남들이 이야기하는 세계를 받아들이기를 선호한다는 것이다. 그리고 나도 절대적으로 공감하지만 (일반인들의 생각과 달리) 연구를 통해 세상에 인간이 아는 것보다 모르는 것이 훨씬 많다는 점을 매일매일 깨닫는 것이 과학자의 일상이다. 따라서 자연을 연구하는 선두 그룹의 과학자들에게 우리가 무언가를 모른다는 사실은 매우 자연스러운 일이다. 많은 사람들은 과학자들이 모든 것에 대한 해답을 가지고 있고, 그 믿음 때문에 신을 부정하는 것으로 착각하고 있다. 하지만 그것은 큰 오산이다. 진짜 과학을 하다가 보면 우리가 아직 모르는 것이 얼마나 많은지 알게 되고, 또 설령 우리가 안다는 것들조차도 우리가 무엇을 근거로 그렇게 얘기하는지 항상 생각하게 된다(Why we think we know what we know). 나 또한 모른다는 상태를 자연스럽게 받아들이고 있다. 니체가 이런 말을 한 적이 있다. 종교는 우리가 생각하고 고민할 수 있는 그 자체를 포기하는 것이라고.

사고 직후 죽음에 대한 경험을 한 이후, 나는 과연 신이 존재하는가, 그렇다면 신은 나에게 어떤 의미가 있는가 하는 문제에 대해서 곰곰이 생각해 보았다. 나는 죽음에 다가가면서 내가 살아온 과정을 뒤돌아보고 때에 따라 반성하며 누군가와 끊임없이 대화했던 것으로 생각된다. 과거에 내가 했던 일 중에 내 의도와는 달리 진행된 일들에 대해서는 억울함을 호소하기도 했고, 나의 본래 뜻을 전하고자 했다. 내 편에 서서 마치 변호사처럼 나의 이야기를 들어주는 존재가 있는 것처럼 나는 누군가와 끊임없이 이야기를 했던 것이다. 아마도 신은 이와 같은 존재가 아닌가 싶다. 이를 통해 내가 새롭게 느낀 점은, 신이 존재하고 존재하지 않고 하는 문제가 중요한 것이 아니라 인간은 누구나 신을 필요로 하게 되는 것이 아닌가 하는 것이었다.

평소 철학에 관심이 많은 내가 좋아하는 지식인 가운데 한 명이 버터란트 러셀(Bertrand Russell)이다. 러셀은 수학자이자 사상에 대한 비평가였다. 1950년에는 노벨문학상을 받았다. 다치기 전 나는 오랜 항해를 할 기회가 많았고, 그때마다 읽고 싶었던 책들을 가지고 가고는 했다. 내가 감명 깊게 읽은 그의 책은 《서양철학의 역사》다. 두꺼운 이 책을 단숨에 읽게 된 계기는 서장을 읽으면서 그가 가진 생각의 매력에 빠져들었기 때문이다. 러셀은 서장에서 우리가 왜 새삼스럽게 철학에 대해 가치 내지는 의미를 두어야 하는지 반문한다. 그는 우리 인간이 진정 알고 있는 것(basis of human knowledge)은 실험과 경험에 의해 얻어진 과학뿐이라고 말한다. 과학을 제외한 나머지에 대해서는 우리가 확신을 갖고 이야기할 수 없는 성질의 것들이다. 그런데 과학은 큰 한계를 지니고 있다. 다시 말해 과학은 불행히도 우리 인간이 가지고 있는 많은 질문들에 대해 답을 줄 수가 없다. 과학은 절대적이나 모든 것에 답을 주지는 못한다. 한 예로서 과학은 왜 우리가 사는지, 선과 악은 왜 있는지, 죽음은 무엇인지 등등에 대한 답을 줄 수 없다. 그래서 사람들은 신학이 이러한 질문들에 대한 해답을 갖고 있을까 싶어 성직자들에게 물어본다. 그들은 이 문제들에 대해 우리에게 그럴싸한 설명을 해 준다. 그러나 전적으로 그 설명들에 기대기는 힘들다. 언제나 의심과 회의가 싹튼다. 러셀은 과학과 신학이라는 양 극단 사이에 놓인 그 넓은 회색지대가 철학의 영역이라고 말한다. 현대인은 과학의 한계와 도그마적인 종교적 답변, 두 극단 사이에 놓일 수밖에 없는데, 이 중간지대가 바로 철학의 영역이라는 것이다.

언론을 통해 나의 이야기가 세상에 알려진 후 많은 사람들의 연락이 줄을 잇고 있다. 어떤 사람은 내 이야기 덕에 희망을 얻었다고 말한다. 어떤 사람은 자신도 비슷한 처지인데 나와 이야기를 나누고 싶다고 말한다. 또 어떤 사람은 나라는 존재 자체로부터 감동을 받았다고 이야기한다.

원하건 원하지 않건 간에 나를 중심으로 일종의 '휴먼 네트워크'가 만들어지고 있다. 하지만 나는 그 네트워크의 중심이 아니다. 일부일 뿐이다. 사람들은 나로부터 많은 것을 배우고 있다고 말하지만, 오히려 내가 그들로부터 위안을 받을 때가 더 많다.

나는 종교 자체를 부정하지 않는다. 나를 도와준 많은 분들이 믿음을 가지신 분들이다. 하지만 내 경험상 우리나라 척추 손상 환자들의 경우 많은 시간과 돈을 비과학적인 치료에 허비한다. 내가 6개월 만에 학교에 복귀했다는 사실이 미국에 있는 병원들에게도 알려진 후 다음과 같은 연락을 받았다. 우리가 너를 퇴원시켰을 때는 곧바로 학교와 사회에 복귀할 수 있었는데 왜 3개월을 한국 병원(서울대 분당병원)에서 더 보냈냐고 하면서, 혹시 그곳에서 우리가 하지 않은 특별한 치료를 받았느냐는 내용이다. 우리나라 언론에는 전신이 마비되는 사고를 당한 지 6개월 만에 복귀한 것이 대단한 화젯거리가 되었지만 실은 3개월 만에 복귀할 수 있었다.

슈퍼맨 with IT

> 손가락 하나 까딱할 수 없고, 말조차
> 할 수 없는 그녀가 나를 웃기고 세상을 감
> 동시키고 있었다. 그 위대한 에너지 앞에
> 나는 한없이 겸손해졌다.

난 당신 나이 때 날아다녔어

마른 체구의 여자가 의자에 눕듯이 깊게 앉아 있다. 눈과 입 옆으로 흐르는 자연스런 주름이 여자의 나이를 말해 준다. 젊었을 때, 여자는 눈부신 금발이었을 것이다. 지금은 백발이 됐지만, 흰색의 머리칼 사이로 엷은 금빛이 남아 있다.

안경 너머의 눈은 맑고 날카롭다. 그리고 깊다. 여자는 컴퓨터 화면을 뚫어지게 쳐다보고 있다. 여자의 목에는 호스가 서너 개 연결돼 있다. 호스는 여자의 뒤로 뻗어나가, 인공호흡기의 이곳저곳에 연결돼 있다.

여자의 뺨에는 콩알만 한 단추 같은 것이 붙어 있다. 누군가 반창

> 필립스는 장애를 극복하고 자기 영역을 개척했다. 아무도 그를 주목하지 않았을 것이다. 누구도 필립스가 그런 능력을 보일 것이라고 상상하지 못했을 것이다. 그는 스스로 일어섰다. 필립스가 나보다 위대한 이유다.

고로 곱게 붙여 놓은 듯하다. 콩알만 한 단추는 컴퓨터와 선으로 연결돼 있다. 컴퓨터 화면에서는 무언가가 정신없이 왔다 갔다 하고, 여자는 불규칙적으로 뺨을 움직인다. 그런데 여자가 턱과 뺨의 근육을 살짝 움직일 때마다 컴퓨터 화면에 떠 있는 아이콘이 클릭된다. 클릭과 클릭을 거쳐 그녀는 온라인 쇼핑을 하고 있다.

쇼핑을 마친 그녀는 문서 작업을 시작한다. 컴퓨터 화면에 자판과 비슷한 모양의 그림이 뜬다. 사용 빈도수에 따라 알파벳이 일렬로 배열된 것이다. 그 프로그램은 일정한 간격으로 커서가 자동적으로 움직이는 구조다. 원하는 알파벳에 커서가 멈추는 순간, 여자는 뺨을 살짝 움직인다. 그러면 알파벳이 쳐졌다.

'a'를 치면 a로 시작되는 단어 중 사용 빈도수가 높은 단어들이 일렬로 뜬다. 다시 커서는 위에서부터 아래로 자동적으로 움직인다. 'air'라는 단어를 치고 싶다면, 커서가 air에 멈출 때 뺨을 살짝 움직이면 된다. 검색 사이트의 '단어 자동조합 기능'을 생각하면 쉽다. 여자는 그렇게 작업을 이어 간다.

내가 마리 프랑스 브루(Marie France-Bru)를 알게 된 것은 2008년 1월 8일이었다. 여느 때와 마찬가지로 나는 인테그라 마우스와 음성인식 프로그램을 이용해 웹서핑을 하고 있었다. 혁신적인 IT 보조기기가 나왔는지 챙겨보는 것은 나에게 중요한 일이다. 상상 같은 일이지만, 생각만으로 움직이는 컴퓨터가 나오면 나의 연구는 중요한 전환점을 맞이할 것이다.

　이 날도 보조기기에 관한 여러 가지 정보를 얻고 있었다. 영어로 보조기술은 'assistive technology'다. 구글(google) 같은 검색엔진에 이 단어를 쳤다. 새로운 것이 없었다. 별 기대 없이 검색창에 'assistive ware'를 쳤다. 한국어로 표현하자면 '보조 소프트웨어'쯤 될 것이다. 그러자 'AssistiveWare.com'이라는 웹사이트가 검색됐다. 호기심이 발동해 들어가 봤다. 그리고 '슈퍼맨'을 만났다.

　사이트에는 보조공학에 의해 탄생한 여러 소프트웨어가 소개되어 있었다. 그리고 나와 비슷한 장애를 가진 사람들의 이야기가 펼쳐졌다. 사이트에는 그들의 이야기가 동영상으로 편집돼 있었다. 중증 장애인들이 보조 소프트웨어를 통해 어떻게 자기 직업을 유지하고 일상생활을 향유하는지 보여 주는 동영상이었다. 그중에서 가장 눈에 띈 사람은 프랑스 여인 마리 프랑스 브루였다. http://www.als-testimony.org/index-en.html가 그녀의 주소다.

　나는 넋을 놓고 브루가 컴퓨터를 사용하는 것을 지켜보았다. 경이로웠다. 나는 그녀가 고작해야 50세 정도일 거라고 생각했다. 그러나 동영상의 마지막에 '브루는 1943년에 태어났다'는 자막이 떴다. 그럼 65세? 그녀의 컴퓨터 사용 능력에 다시 한 번 감탄했다.

　브루는 대학 강사로 평탄한 인생을 살아왔다. 그러나 13년 전, 52세에 루게릭병이 찾아왔다. 에이모트로픽 러테랄 슬레로시스(Amyotrophic Lateral Sclerosis, ALS)라고도 불리는 근위측성측삭경화증. 영어도 한글도 어려운 이 병을 세상에 널리 알린 건 앞에서도 얘기했듯이 메이저리그 뉴욕 양키즈의 전설적 강타자 루 게릭이다. 그라운드를 호령하던 그는 이 병이 발병한 지 2년 만에 숨졌다.

팔다리의 근육이 수축되고, 몸의 기능이 마비되는 병. 원인이나 치료법은 밝혀지지 않고 있다. 사지를 움직일 수 없는 병의 증상은 내가 겪고 있는 장애와 비슷하다. 브루는 50세의 나이에 루 게릭 병 진단을 받고 침대에 누웠다.

그녀의 증세는 심했다. 홀로 숨을 쉴 수도, 말을 할 수도 없다. 호흡은 기계에 의존하고 있다. 그녀의 목에 연결된 호스들을 제거하면 그녀는 15분도 생존할 수 없다고 한다. 그런 그녀가 컴퓨터를 이용해 마음껏 세상과 통하고 있다.

브루가 움직일 수 있는 유일한 근육은 뺨과 턱 근육의 극히 일부분이다. 브루는 그곳에 작은 근육스위치(muscular switch)를 달았다. 컴퓨터를 운용할 수 있는 마우스를 단 것이다. 그리고 그것에 감응해 컴퓨터를 작동할 수 있는 소프트웨어를 설치했다.

소프트웨어는 알파벳과 단어의 조합을 순서대로 보여 준다. 물론 사용빈도가 높은 것을 먼저 지정한다. 브루는 커서의 움직임을 보다가, 자신이 원하는 글자가 나올 때 뺨을 살짝 움직인다. 그러면 뺨에 붙은 스위치가 눌러진다. 그렇게 원하는 글자를 타이핑하고, 심지어는 온라인 쇼핑까지 즐긴다.

브루의 '보조 소프트웨어 사용 동영상'에는 남편과 채팅하는 장면도 담겨 있다. 옆방에서 업무를 보던 남편이 브루에게 말을 걸어왔다. 브루는 웃을 수 없다. 말을 할 수도 없다. 그러나 그는 뺨의 작은 근육 조각으로부터 커뮤니케이션을 시작했다. 두 사람의 채팅은 일상적이고 사랑스러웠다. 재미난 것은, 남편이 전형적인 독수리 타법이라는 것이다. 나이든 분들이 다 그렇듯 인터넷 환경에 퍽 익숙해 보이지는 않았다. 오히려 뺨에 붙은 스위치로 채팅을 하는 브루의 타이핑 속도가 더 빠른 듯했다.

몸의 거의 모든 근육을 사용할 수 없는 브루. 나는 그녀에게서 놀라운 에너지를 느꼈다. 상투적이지만 이런 생각도 했다. 목부터 머리까지 자유롭게 움직이고 느낄 수 있는 나는 얼마나 행운아인가. 나는 말도 하고 호흡도 내 힘으로 한다. 나는 그녀에게 곧바로 이메일을 보냈다.

친애하는 마리 프랑스 브루 여사에게

당신의 이야기를 'AssistiveWare.com'을 통해 봤습니다. 당신의 모습 하나하나가 감동적이었습니다. 나는 1년 6개월 전, 교통사고로 목 아래 전신을 쓸 수 없는 사지마비 장애인이 됐습니다. 그때 44살이었지요.

나는 파리 6대학에 교수로 재직 중인 제롬 디망과 친구입니다. 그 덕에 프랑스와도 인연이 있습니다. 사고 6개월 전에도 프랑스를 방문했습니다. 딸과 함께 들렀던, 〈다빈치 코드〉에 나왔던 성당의 정경은 아직도 눈에 선합니다.

나는 얼마나 행운아인가요. 비록 정상인 폐활량의 40% 정도밖에 안 되지만 스스로 호흡을 하는 데 무리가 없습니다. 말도 유창하게 잘하죠. 밥도 마음껏 먹습니다.

더 긍정적인 삶을 살아야겠습니다.

며칠 후 브루로부터 답장이 왔다.

친애하는 상묵

지난해 친구의 도움으로 사이트를 영어 버전으로 바꿨습니다. 그 전에는 프랑스어 버전만 있었죠. 사이트를 개편한 뒤 찾아온 사람 중, 당신은 처음으로 영어를 사용하는 사람이었습니다. 그것만으로 당신은 참 반가운 분입니다.

나를 보고 미스터 리는 '그래도 나는 행운아'라고 느꼈다고요? 나를 보고 용기를 얻었다고요?

무슨 말이에요! 나야말로 당신을 보고 '나는 복 받은 사람'이라고 느낍니다.

나는 13년 전에 루 게릭 병 진단을 받았지요. 그때가 52세 때입니다.

난 당신 나이에 날아다녔어요.(I was running around at your age.)

난 그녀의 답장을 읽는 순간 소리 내어 웃었다. 폐활량이 크지 않아 남들에게는 '흐허흐허' 하고 들릴지도 모른다. 그러나 나는 정신없이 웃었다. 내 나름대로 유머감각이 있다고 생각했다. 그러나 브루에 비하면 아무것도 아니었다.

'난 당신 나이에 날아다녔어.'

우와, 어떻게 이처럼 긍정적인 마인드를 가질 수 있을까. 웃음을 진정시키고 생각했다. 위대한 에너지가 어디서 나오는지 생각했다.

깊게 눕듯이 휠체어에 앉아 있는 브루를 떠올렸다. 그의 목에 연결된 여러 개의 호스를 생각했다. 그의 깊고 맑은, 그러나 날카로운 눈을 그려봤다. 그녀의 노랗고 하얀, 곱게 빗어 넘긴 머리칼을 떠올렸다. '완전 불능' 상태에 처한 그녀의 육체를 상상했다. 손가락 하나 까딱할 수 없고, 말조차 할 수 없는 그녀가 나를 웃기고 세상을 감동시키고 있었다. 그 위대한 에너지 앞에 나는 한없이 겸손해졌다.

모든 것을 지배하는 엄지

마리 프랑스 브루뿐만이 아니다. 동영상에 담긴 장애인들의 사례 하나하나가 놀라웠다.

스물여덟 살의 청년 마이클 필립스(Mike Phillips)는 미국 플로리다 탬파에 살고 있다. 그는 프로게이머이자 프리랜서 작가다. 그에게는 따라다니는 수식어가 있다.

'모든 것을 지배하는 엄지(One thumb to rule them all).'

동영상은 현란한 게임 장면으로 시작된다. 대표적 타격 게임인 '언리얼 토너먼트(unreal tournament)'가 진행 중이다. 언리얼 토너먼트는 예전의 PC게임 '둠(Doom)'의 발전 형태로 보면 된다. 혼자 즐길 수도 있지만, 인터넷을 기반으로 대전 게임을 할 수도 있다.

게이머는 빠르게 무기를 바꾸며 여기저기서 쏟아지는 적들에 대항

하고 있다. 게임 내용을 보고 있으면, 정신없이 키보드를 두드리며 몰입해 있는 게이머를 상상할 수 있을 것이다. 컴퓨터 화면에 맞춰져 있던 카메라의 시점이 게이머에게로 이동한다. 순간, 충격적인 반전이 나를 맞이했다. 뼈만 남은 게이머가 침대에 비스듬히 누워 있다. 코에는 두개의 호스가 연결되어 있다. 호스와 코의 연결 부분은 머리띠로 단단히 얼굴에 고정돼 있다. 호스는 인공호흡기와 연결되어 있다. 입은 벌려진 채다.

게이머는 팔을 앞으로 내밀고 있다. 그는 엄지손가락으로 작은 원통 모양의 스위치를 작동하고 있다. 많이 움직일 수도 없다. 1~2cm 정도 될까, 아주 작은 움직임이다. 그 움직임으로 게임의 모든 것을 통제하고 있다.

게이머는 필립스. 어렸을 때부터 척수성 근위축증(Spinal Muscular Atrophy, SMA)을 앓아 왔다. 척수와 운동신경이 단절된 병. 중추는 운동신경에 어떤 신호도 보내지 못한다. 증세는 루 게릭 병과 비슷하다.

필립스는 마리 프랑스 브루와 마찬가지로 말을 하지 못한다. 호흡도 제힘으로 할 수 없다. 오직 오른손 엄지손가락의 운동신경이 '아주 조금' 살아 있을 뿐이다. 그의 눈은 멍하니 컴퓨터 화면을 바라보고 있는 듯하다. 그러나 그의 시세포는 두뇌에 충분한 정보를 전달해 주고 있었다. 그의 두뇌 회전은 놀랄 만큼 빨랐다. 그는 게임의 모든 상황을 파악하고 상대를 맞이한다. 비록 엄지손가락 끝부분밖에 움직일 수 없지만, 그것이면 충분하다.

'One thumb to rule them all.'

그는 언리얼 토너먼트뿐만 아니라, 한국에서 큰 인기를 끌고 있는 게임 워크래프트에서도 뛰어난 실력을 보여 주고 있다.

그의 동영상은 세계 최대의 UCC사이트 유튜브(YouTube)에서도 큰 화제가 됐다. 'shannonkuester'라는 아이디를 쓰는 네티즌이 남긴 말이 눈에 띄었다.

> 18개월 된 내 딸도 당신과 비슷한 SMA(척수성 근위축증)을 앓고 있습니다. 당신이란 존재 자체가 나에겐 희망입니다.

필립스는 단순히 취미 생활로 게임을 하는 것이 아니다. 프로게이머로 정식 대회에 참가해 성적을 올리기도 한다. 게이머에만 머무는 것이 아니라, 프리랜서 기자로도 활동하고 있다. 게임과 다양한 소프트웨어에 대한 리뷰를 몇 개의 저널에 기고하고 있다.

필립스는 스물여덟 살이다. 그러나 몸무게는 20kg 남짓으로 보인다. 동영상에는 필립스의 어머니가 아들을 번쩍 안아들고 자동차에 태우는 모습도 나왔다. 그러나 필립스는 식물인간이 아니다. 그는 직업을 가지고 있고, 자신의 전문 영역을 찾았다.

나는 전문직을 찾은 뒤 사고를 당했다. 원래 직업으로 돌아오기 위해 나는 노력했다. 그러나 필립스는 장애를 극복하고 자기 영역을 개척했다. 아무도 그를 주목하지 않았을 것이다. 누구도 필립스가 그런 능력을 보일 것이라고 상상하지 못했을 것이다. 그는 스스로 일어섰다. 필립스가 나보다 위대한 이유다.

세상을 그리다

히스베르트 네이휘스(Giesbert Nijhuis)는 서른아홉 살의 네덜란드인이다. 1995년 크리스마스를 이틀 앞둔 어느 날, 네이휘스는 밴을 몰고 가다가 교통사고를 당했다. 그의 척수 3번과 4번이 손상됐다. 축제 분위기가 달아오른 크리스마스 시즌, 스물여섯 살의 네이휘스는 죽음 직전까지 가는 사고를 당한 것이다.

그의 증세는 나와 놀라울 정도로 비슷했다. 네이휘스는 정확히 목을 경계로, 목 위는 신경이 살아 있고 그 아래는 완전히 마비됐다. 손발을 쓸 수 없고, 몸의 모든 운동신경이 죽었다. 그러나 온전히 말할 수 있고 생각할 수 있다.

네이휘스는 "사고 후 1년 동안은 '나이트메어(nightmare, 악몽)'였다."고 회고하고 있다. 상상도 할 수 없을 만큼 많은 불편함이 그를 괴롭혔다. 욕창과 오토노믹 디스리플렉시아는 눈에 보이지 않는다. 그러나 한순간에 목숨을 앗아갈 수 있다. 왜 악몽이 아니겠는가. 피 끓는 20대 중반에 찾아온 중증 장애를 어떻게 쉽게 받아들일 수 있겠는가.

그는 나와 같은 방법을 택했다. '자기 직업으로 돌아가기'가 바로 그것이다. 새 인생을 시작한 것이다.

그의 원래 직업은 일러스트레이터이자 디자이너였다. CD 케이스 같은 아기자기한 것부터 기업이나 단체의 아이콘까지 디자인했다.

네이휘스도 나와 같은 생각을 했을 것이다.

'머리를 다치지 않은 것이 얼마나 다행인가. 난 행운아다.'

그러나 쉽진 않았을 것이다. 디자이너의 손끝에서 나오는 세밀함을 다른 방식으로 표출한다는 것이 얼마나 어려운 일일까. 우린 간혹 발로 그림을 그리는 화가를 본다. 그리고 입으로 붓을 물고 그림을 그리는 사람을 본다. 그러나 그는 발도 입도 사용할 수 없다. 입을 사용해 그림을 그리려면 어느 정도 몸이 움직여 주어야 한다. 그가 택한 것은 인테그라 마우스와 헤드 마우스다. 어쩌면, 나와 이렇게 똑같을까.

그의 이마에는 늘 스티커 형 센서가 부착되어 있다. 처음 그의 사진이나 동영상을 본 사람들 중에는 "이마의 점이 인상적"이라고 말하는 이들도 있다. 그러나 이마의 센서는 컴퓨터에 장착된 카메라와 감응한다. 머리의 미세한 움직임을 통해 컴퓨터를 작동하고, 세상을 그려 나가는 것이다. 이런 IT기술을 등에 업고, 네이휘스는 웹디자인을 시작했다. 그리고 보란 듯이 재기에 성공했다. AssistiveWare.com에는 그가 디자인한 귀여운 아이콘들이 나와 있다.

그는 멋지게 일상을 꾸려 나가고 있다. 휠체어에 달린 리모컨을 이용해 가전제품과 가구 등을 작동하기도 한다. '재활은 완전히 낫는 게 아니라, 자기 직업으로 돌아가는 것'이라는 재활의 참뜻을 살려가고 있는 것이다.

잠시 딴 얘기를 하자면, 미국 군인병원은 재활의 의미를 상징적으로 보여 주는 곳으로 유명하다. 이라크 전에 나선 미군 중에는 대인지뢰에 의해 다리를 잃은 사람들이 많다. 군 병원의 목적은 이들을 데려다 치료해 집으로 돌려보내는 것이 아니다. 병원은 의족에 익숙하도록 환자를 훈련시킨 뒤 행정병 등으로 보직을 바꿔 정상적으로 군 복무를 마치도록 한다. '자, 이제 나았으니 집으로 돌아가시오'가 아니라, '의족을 달고도 임무를 수행할 수 있으니 다시 군복무를 시작하라'고 말할 수 있는 태도, 그것이 재활이다.

네이휘스는 솔직하다. 그는 여전히 불편하다고 말한다. 맛있는 샌드위치를 손에 움켜쥐고 우걱우걱 씹어 먹고 싶다고 말한다. 홀로 샤워를 하고 싶다고 말한다.

"비가 오거나, 혼자 있을 땐 하루 종일 그래픽 디자인에 몰입한다."

이 말에는 다양한 의미가 담겨 있다. 멋진 재기와 그의 장애. 자기 직업으로 돌아와 일상을 누리고 있지만, 스스로 비를 막을 우산을 들 수 없고 밥을 먹을 수도 없다. 할 수 있는 일과 할 수 없는 일에 대한 명확한 인식. 냉정한 현실 인식 속에서 그는 장애를 극복하고 있다.

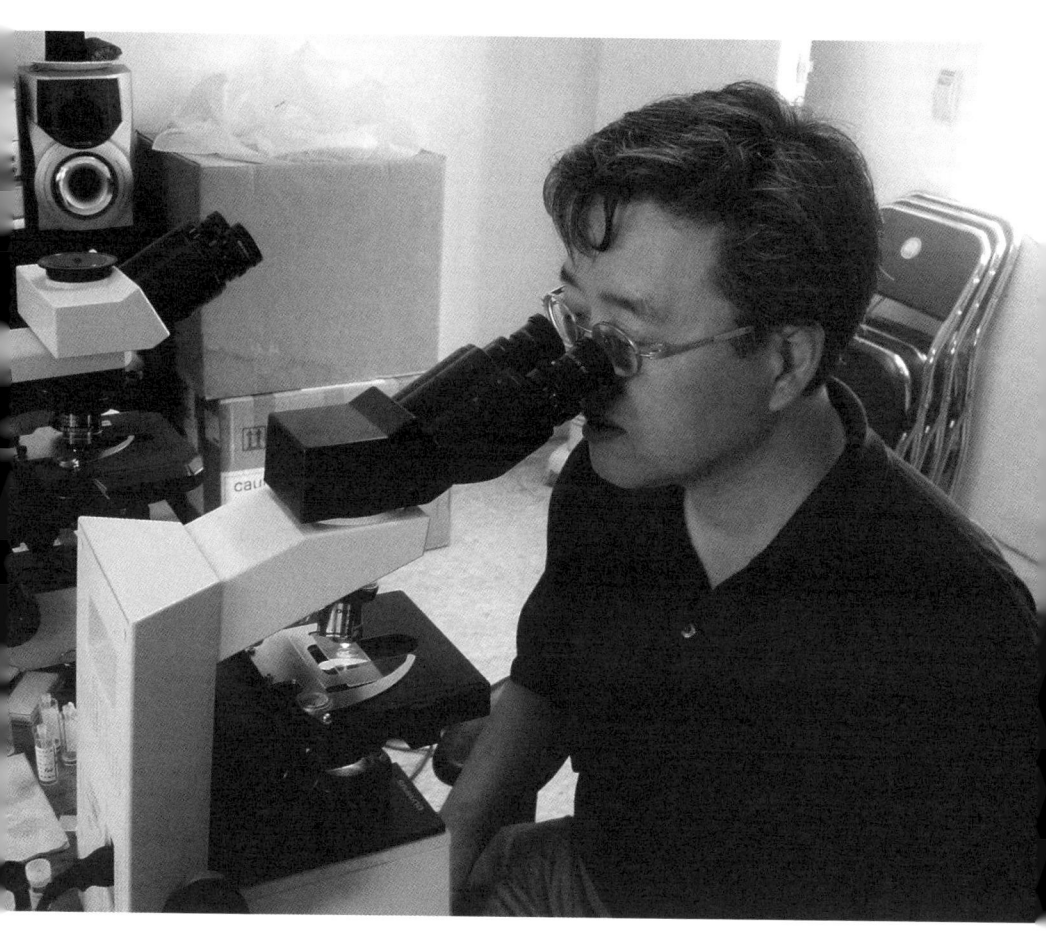

가족이라는
테두리를 벗고

 이상묵 교수는 어깨를 경계로 아래쪽 몸의 신경이 머리와 분리되어 있다. 그 위의 작은 부분은 정상인과 똑같다. 그래서 이상묵 교수는 "제일 무서운 게 치과 치료"라고 농담을 한다.
 "다른 치료는 저항할 수 없지만 치과 치료는 저항할 수 있어요. 고통을 느끼는 대신 저항할 수 있는 거죠. 아프니까 의사에게 화도 낼 수 있어요."
 다른 수술은 겁낼 필요가 없다. 마취하지 않아도 이상묵 교수는 고통을 느끼지 못한다. 혈당이 떨어져 배고픔을 느끼지만, 속쓰림 같은 건 잘 느끼지 못한다. 생리적인 욕구도 느낄 수가 없다.
 그는 자신이 말을 할 수 있는 것을 아주 큰 행운으로 여긴다.

횡격막의 움직임만을 조율할 수 있는 이상묵 교수는 정상인에 비해 폐활량이 매우 적다. 정상인의 최대 40퍼센트라고 한다. 그나마 15퍼센트 정도였던 것을 랜초 병원에서의 재활을 통해 40퍼센트 가까이까지 키웠다. 그는 조용히 이야기할 수는 있지만 큰 소리는 내지 못한다. 폐활량이 적다 보니 가래를 뱉을 때도 큰 어려움을 겪는다. 그가 가래를 뱉을 때면 휠체어를 뒤로 눕혀서 기도를 수평으로 만든 다음 폐의 바람으로 밀어 올린다. 하지만 그는 하늘이 자신의 신체기능 대부분을 빼앗아갔지만 정작 필요한 것은 남겨 놓았다고 자랑한다. 그리고 그것을 큰 행운이라고 생각한다.

사고 자체는 불행했지만 그 이후에 일어난 일들을 보면 너무나 감사할 수밖에 없다고 그는 자주 생각한다. 정상인으로 살 때도 매일 매일이 행복한 것은 아니었다. 지금은 비록 다쳤지만 더 많은 날들을 행복하게 산다고 한다. 44년간 정상인으로 살아봤으니 나머지 인생을 좀 다르게 살아보는 것도 나쁘지 않을 것이란다.

다친 다음 그가 제일 궁금했던 것은, 과연 자신이 얼마나 더 살수 있느냐 하는 문제였다. 물론 일반인도 보장된 수명은 없다. 하지만 그래도 무엇을 기준으로 삼아야 될지가 가장 궁금했다.

이 교수가 서울대 분당병원에 입원했을 때 바로 옆 병실에 그보다 조금 더 심하게 다친 같은 또래의 환자가 있었다. 그는 크리스토퍼 리브처럼 목에 호흡기를 꽂고 있었다. 여러 가지 면에서 그와 비슷했기에 그 환자와 친구가 되었다. 그 환자는 자기가 알고 있는 모든 것을 이 교수에게 이야기해 주려고 했다. 심지어 가족들의 반응과 같은 상세한 이야기도 들려주었다. 지금 이 교수를 돌보는 물리치료사 이능용 씨를 소개해 준 것도 이 사람이다.

이상묵 교수는 나보다 심하게 다친 저 사람이 십 년을 살았다면 나도 십 년 정도는 내다볼 수 있을 것이라는 기대를 갖게 되었다. 그런데 우연히도 옆 병실에 있던 그 환자는 2007년 2월에 갑자기 세상을 떠났다. 이 교수는 그 사람이 자신에게 용기와 희망을 주고 갔다고 곧잘 이야기한다. 최근에 이 교수는 활동 범위가 넓어지면서 자신보다 장애의 정도는 덜하지만 이십 년 가까이 산 사람들도 만났다. 심지어 이 교수같이 다친 후 아이를 출산한 여성장애인도 만났다.

제2의 인생을 선물 받은 그는 앞으로 얼마를 더 살 수 있는지를 보고 계획을 세우는 것에 따라 삶을 바라보는 자세가 달라질 수밖에 없다고 말한다. 농담으로 그는 만약 자신이 일 년밖에 못 산다면 가족과 부둥켜안고 남은 시간을 보내겠다고 했다. 만약 오 년밖에 살 수 없다면 비례대표로 국회의원이 되어 국가에서 지원하는 아홉 명의 건장한 보좌관들을 거닐고 다니겠다고 한다. 하지만 십 년 이상을 산다면 학자로서의 꿈을 저버릴 수가 없다고 한다. 다른 일을 하기에는 남은 시간이 너무 많기 때문이다.

그의 인생에 가장 큰 영향을 준 사람은 아버지였다. 그러나 그는 아버지가 반대하는 길을 택했다. 그리고 그것이 가장 보람된 일이었다고 말한다. 이 교수의 아버지는 대단히 현실적인 분이다. 때때로 그의 아버지는 사업은 일찍 망할수록 좋다고 말하고는 했다. 왜냐하면 초기에 망하면 혼자 망하지만, 나중에 사업이 크게 벌어졌을 때 망하면 온 가족과 주위 사람들이 함께 피해를 보기 때문이다. 또 벼슬은 참봉 이상은 하지 말라고 했다. 그가 언론에 노출되었을 때 아버지는 그게 아주 위험한 일이라고 했다. 잘못하다가는 아들이 구세주 역할을 맡게 되지 않을까 걱정했던 것이다. 이 교수는 그의 아버지가 정해 놓은 금기사항을 모두 어긴 셈이다. 그는 한 번 죽었다가 살아났기 때문에 두 번째 인생에서는 겁날 게 없다고 농담한다.

다치기 전 이상묵 교수는 학생들이나 동료 교수들과 함께 하는 회식을 즐겼다. 그런데 이제는 그럴 수가 없다. 첫째, 서울대학교 주변의 음식점들은 모두 방바닥에 앉는 식이기 때문이다. 예외가 있다면 중국집이다. 그래서 그는 업무상 젊은 아이들이 바글거리는 압구정동이나 청담동에 갈 수밖에 없다고 농담을 한다. 아직까지 시도한 적은 없다. 그리고 그는 백화점을 자주 가게 되었다고 한다. 호텔의 경우 카펫이 많아 전동 휠체어의 바퀴가 잘 돌지 않기 때문이다. 반면 백화점에는 식당가가 있고 대부분 대리석이 깔려 있을 뿐만 아니라 문턱도 없어 다니기가 편하다.

장애인이 겪는 어려움은 크게 세 가지라고 한다. 첫째가 경제적인 어려움, 둘째가 사회적인 어려움, 그리고 셋째가 가족 간의 갈등이다. 이 교수는 첫 번째와 두 번째 어려움은 그나마 잘 극복해냈다. 문제는 이 교수가 전혀 예상치 못했던 세 번째 어려움이다. 처음 자신이 다쳤을 때만 해도 가족이 똘똘 뭉쳐 위기의 순간을 잘 넘겼다. 그는 과학자이기 때문에 현실을 직시했고 또 그 덕분에 빨리 사회에 복귀할 수 있었다. 그가 어느 정도 안정을 찾자 가족들에게 그의 사고로 인해 누적된 피로가 나타나기 시작했다. 그가 특히 걱정한 것은 어린 세 자녀에게 끼칠 영향이었다. 장애인 아버지로서 어떤 역할을 할 수 있을지 고민했다. 그런데 한번은 그의 미국 동료가 이런 말을 들려주었다. "지난 통계를 보면 정상적인 부모 밑에서 자란 아이들보다 장애자 부모 밑에서 자란 아이들이 더 사회에 잘 적응하고 훌륭하게 자란대." 그는 이 말을 듣고 고무되었다고 한다.

물질세계는 금방 바뀔 수도 있지만 사람들의 의식구조와 습관은 오랜 기간이 지나도 쉽게 바뀌지 않는다. 장애인을 기피하는 것이라든가, 여성을 비롯한 사회적 약자들을 무시하는 사회적 현상들은 우리가 현대 정보사회에 살면서도 의식구조는 옛날 농촌사회를 벗어나지 못했기 때문에 발생하는 것이다.

"제가 한국에 돌아올 무렵, 저희 부모님께서는 단체관광을 엄청 다니셨어요. 너무 많이 다니셔서 몇 년 뒤에는 신문 광고를 봐도 갈 만한 데가 없다고 하실 정도였어요. 주변 사람들은 아버님께서 혹시 몹쓸 병이라도 걸린 게 아닌가 걱정도 하고, 어떤 분들은 은퇴 후에 여행사를 차리려고 하느냐고 했대요. 그래서 제가 아버님께 물어봤어요. 평소에 그다지 여행을 좋아하시는 것 같지 않은데 왜 그렇게 많이 다니시냐고."

그러자 이 교수의 아버지는 이렇게 대답했다.

"내가 자랄 때는 내 평생 가까운 일본이라도 한 번 갈 수 있을까 생각했다. 그런데 세상이 좋아져서 전 세계를 이처럼 다닐 수 있다는 것은 나의 삶에 대한 축복이자 노력에 대한 대가지."

소를 팔아 자식을 대학 보내던 시절을 보낸 우리는 한 세대 만에 세계가 주목하는 국가로 발돋움했다. 문제는 과연 우리 자신이 거기에 걸맞게 행동하고 있느냐 하는 것이다. 자식을 위해 엄청난 돈을 들여 과외를 시키고, 축적한 부를 대물림하기 위해 무리한 행동을 하는 것이 우리의 현실이다. 그는 우리 사회가 겪고 있는 문제와 갈등에 대해 이렇게 말한다. "그것은 아마도 우리가 너무 빨리 성장해서 그런 것 같아요." 이제 동물적 본능에서 벗어나 현대 사회에 사는 인간답게 우리의 의식과 습관을 바꿀 때가 되었다.

이 교수는 자신이 한국에서 경험한 과학은 먹고살기 위한 몸부림이었다고 말한다. 그는 나에게 아래와 같은 일화를 소개해 주었다.

정확한지는 모르겠지만, 아마도 시카고 부근 페르미 랩(Fermi Lab)처럼 미국 정부가 후원하는 국립연구소에서 일어난 일일 것이다. 하루는 미국 국방부 관계자들이 그 연구소에 감사를 나왔다. 그들 중 수장인 장군이 연구소의 소장에게 말했다. "당신 연구소에 국가는 국민의 세금으로 매년 엄청난 지원을 하고 있습니다. 특히 국방 관련 연구를 위해 우리 국방부는 큰 지원을 아끼지 않고 있습니다. 그런데 내가 보기에는 과연 당신네들이 하는 연구가 미국 국방과 안보에 어떤 기여를 하는지 잘 모르겠습니다. 거기에 대해서 우리가 납득할 수 있도록 설명해 줄 수 있습니까?" 그러자 연구소의 소장이 대답했다. "Sir, what we do here makes this country worth defending for.(장군님, 우리가 여기서 하는 연구가 이 나라를 왜 적으로부터 지켜야 하는지 그 이유를 제공하고 있습니다.)" 미국 혼자 잘 먹고 잘살기 위해서가 아니라 미국은, 미국이라는 거대한 나라만이 할 수 있는 연구를 통해 인류 발전에 기여하고 있는 나라이기 때문에 당신들이 외부의 적으로부터 이 나라를 지켜야 한다는 이야기다. 우리가 지금보다 더욱 잘살게 되면 고민해 봐야 할 문제가 아닐까 생각한다.

가족이라는 테두리를 벗어나 우리 사회와 전 인류를 생각해야 할 때가 이미 다가와 있다.

오대양을 누비며 지구의 비밀을 캐고자 했던

어릴 적 그의 꿈은 지금도 계속되고 있다

휠체어 위의 과학자, 이상묵 교수.
그는 장애를 가진 뒤 자신의 세계가 오히려 더 넓어졌다고 말한다